教育部人文社会科学重点研究基地成果
中国语言文学国家"双一流"建设学科成果

汉语方言语法研究丛书

顾问　邢福义　张振兴

主编　汪国胜

汉语方言否定范畴比较研究

陈　芙◎著

中国社会科学出版社

图书在版编目（CIP）数据

汉语方言否定范畴比较研究/陈芙著. —北京：中国社会科学出版社，2023.1
（汉语方言语法研究丛书）
ISBN 978 – 7 – 5227 – 0870 – 6

Ⅰ.①汉⋯ Ⅱ.①陈⋯ Ⅲ.①汉语方言—否定（语法）—方言研究 Ⅳ.①H17

中国版本图书馆 CIP 数据核字（2022）第 172158 号

出 版 人	赵剑英
责任编辑	张　林
特约编辑	张　虎
责任校对	高　婷
责任印制	戴　宽

出　　版	中国社会科学出版社
社　　址	北京鼓楼西大街甲 158 号
邮　　编	100720
网　　址	http://www.csspw.cn
发 行 部	010 – 84083685
门 市 部	010 – 84029450
经　　销	新华书店及其他书店

印刷装订	北京君升印刷有限公司
版　　次	2023 年 1 月第 1 版
印　　次	2023 年 1 月第 1 次印刷

开　　本	710×1000　1/16
印　　张	17
字　　数	272 千字
定　　价	99.00 元

凡购买中国社会科学出版社图书,如有质量问题请与本社营销中心联系调换
电话：010 – 84083683
版权所有　侵权必究

总　　序

　　20世纪80年代以来，随着汉语方言研究的拓展和深化，方言语法的研究越来越受到学界的关注和重视。这一方面是因为方言语法客观上存在着不同程度的不容小视的差异，另一方面是因为共同语（普通话）语法和历史语法的深入研究需要方言语法研究的支持。

　　过去人们一般认为，跟方言语音和词汇比较而言，方言语法的差异很小。这是一种误解，让人忽略了对方言语法事实的细致观察。实际上，在南方方言，语法上的差异还是不小的，至少不像过去人们想象的那么小。当然，这些差异大多是表现在一些细节上，但就是这样一些细节，从一个侧面鲜明地映射出方言的特点和个性。比如，湖北大冶方言的情意变调，① 青海西宁方言的左向否定，② 南方方言的是非型正反问句，③ 等等，这些方言语法的特异表现，既显示出汉语方言语法的丰富性和复杂性，也可以提升我们对整体汉语语法的全面认识。

　　共同语语法和方言语法都是对历史语法的继承和发展，它们密切联系，又相互区别。作为整体汉语语法的一个方面，无论是共同语语法还是历史语法，有的问题光从本身来看，可能看不清楚，如果能将视线投向方言，则可从方言中获得启发，找到问题解决的线索和证据。朱德熙和邢福义等先生关于汉语方言语法的许多研究就是明证。④ 可见方言语法对于共同语语法和历史语法研究的重要价值。

---

① 汪国胜：《大冶话的情意变调》，《中国语文》1996年第5期。
② 汪国胜：《从语法角度看〈现代汉语方言大词典〉》，《方言》2003年第4期。
③ 汪国胜、李曌：《汉语方言的是非型正反问句》，《方言》2019年第1期。
④ 朱德熙：《从历史和方言看状态形容词的名词化》，《方言》1993年第2期；邢福义：《"起去"的普方古检视》，《方言》2002年第2期。

本《丛书》由教育部人文社会科学重点研究基地华中师范大学"语言与语言教育研究中心"筹划实施并组织编纂，主要收录两方面的成果：一是单点方言语法的专题研究（甲类），如《武汉方言语法研究》；二是方言语法的专题比较研究（乙类），如《汉语方言疑问范畴比较研究》。其中有的是国家或教育部社科基金项目的结项成果，有的是作者多年潜心研究的学术结晶，有的是博士学位论文。就两类成果而言，应该说，当前更需要的是甲类成果。只有把单点方言语法研究的工作做扎实了，调查的方言点足够多了，考察足够深了，有了更多的甲类成果的积累，才能更好地开展广泛的方言语法的比较研究，才能逐步揭示汉语方言语法及整体汉语语法的基本面貌。

　　出版本《丛书》，一方面是想较为集中地反映汉语方言语法的研究成果，助推方言语法研究，另一方面是想为将来汉语方言语法的系统描写做点基础性的工作。《丛书》能够顺利面世，得力于中国社会科学出版社张林编辑的全心支持，在此表示衷心的感谢。《丛书》难免存在这样那样的问题，盼能得到读者朋友的批评指正。

汪国胜

2021 年 5 月 1 日

目　　录

第1章　绪论 ·· (1)
　1.1　选题背景 ·· (1)
　1.2　研究现状 ·· (2)
　　1.2.1　现代汉语共同语的研究 ···························· (3)
　　1.2.2　否定范围和否定焦点的研究 ······················· (10)
　　1.2.3　方言否定的研究 ···································· (14)
　1.3　研究目的及思路 ·· (19)
　　1.3.1　研究目的 ·· (19)
　　1.3.2　研究思路 ·· (20)
　1.4　语料来源 ·· (22)
　1.5　相关说明 ·· (22)

第2章　否定概说 ·· (23)
　2.1　否定的内涵 ·· (23)
　　2.1.1　否定的界定 ·· (23)
　　2.1.2　否定的涵义 ·· (29)
　2.2　否定的类型 ·· (30)
　2.3　肯定与否定的区别与联系 ······························ (31)
　　2.3.1　肯定与否定句法的不对称 ·························· (32)
　　2.3.2　肯定与否定语义的不对称 ·························· (38)
　　2.3.3　肯定与否定范围的不对称 ·························· (44)
　　2.3.4　否定句式与其他句式间的互通性 ··············· (44)

2.4 否定的跨层级性 ……………………………………… (45)

第3章 汉语否定标记的层级性 ……………………………… (48)
3.1 方言"不"类、"没"类、"别"类否定语义的合音形式 ……………………………………………… (49)
3.1.1 "没"类否定标记的合音 ……………………… (49)
3.1.2 "别"类否定标记合音 ……………………… (49)
3.1.3 方言合音形式的表义内容 ………………… (51)
3.2 "普—方"之间否定标记的跨层级性 ……………… (53)
3.3 合成否定复合词 ……………………………………… (57)
3.4 否定标记构成的固定词组 …………………………… (65)

第4章 否定形式 ……………………………………………… (68)
4.1 普通话否定形式"不""没₁" …………………………… (69)
4.1.1 普通话"不"的语义特征 …………………… (69)
4.1.2 普通话"没₁"的语义特征 ………………… (73)
4.1.3 "不""没₁"对谓词的选择性 ………………… (81)
4.2 汉语方言的"不"类词和"没₁"类词 …………………… (88)
4.2.1 汉语方言"不"类词的主要类型和地域分布 … (88)
4.2.2 汉语方言"没₁"类词的主要类型与地域分布 … (99)
4.3 方言"不""没₁"类否定形式的特殊用法 ……………… (110)
4.4 "没₁"类词与"没₂"类词的形式关系 ………………… (118)
4.5 "别"类否定词 ………………………………………… (131)
4.5.1 普通话"别"的语义特征及对谓词的选择性 …… (132)
4.5.2 方言"别"类词的主要类型与地域分布 …… (138)
4.6 否定标记系统的相对独立性与互动开放性 ………… (142)
4.6.1 否定标记系统的相对独立性 ……………… (142)
4.6.2 汉语方言否定标记的互动开放性 ………… (145)
4.7 否定形式的形义分配 ………………………………… (148)
4.7.1 否定形式的多义性 ………………………… (148)
4.7.2 否定意义表达形式的多样性 ……………… (152)

4.8　方言的否定叹词 …………………………………（157）
   4.9　小结 ……………………………………………（163）

第5章　否定的指向 …………………………………（165）
   5.1　否定指向的相关理论说明 ……………………（165）
      5.1.1　否定指向的概念与性质 …………………（165）
      5.1.2　否定范围的右项原则 ……………………（167）
   5.2　方言的否定指向 ………………………………（170）
      5.2.1　否定词的右向否定 ………………………（170）
      5.2.2　否定词的左向否定 ………………………（175）
   5.3　"状语+否定词"结构的溯源 …………………（185）
   5.4　小结 ……………………………………………（189）

第6章　否定副词的历时演变 ………………………（190）
   6.1　"不"类否定词的历时考察 ……………………（190）
   6.2　"没"类否定词的历时考察 ……………………（198）
   6.3　"别"类否定词的历时考察 ……………………（223）
   6.4　"非"类否定词的历时考察 ……………………（228）
   6.5　古代汉语否定形式的形义分配 ………………（232）
   6.6　小结 ……………………………………………（240）

第7章　结语 …………………………………………（242）
   7.1　本书的特点与认识 ……………………………（242）
      7.1.1　本书的特点 ………………………………（242）
      7.1.2　本书的认识 ………………………………（244）
   7.2　本书的不足 ……………………………………（245）

参考文献 ……………………………………………（249）

后记 …………………………………………………（262）

第 1 章 绪论

1.1 选题背景

否定是一个重要的语义、语法、功能范畴，其本身具有相当重要的研究意义。否定是客观世界普遍的本质属性之一，否定同肯定一样，普遍存在于人类的各种语言中，否定是人们认识、把握、表达客观世界的重要范畴。人们在认识世界、交际往来的过程中，也随时会对事件、性状、动作等进行否定表达。语言否定是形式和意义的统一体，语言否定是将人们逻辑认识上的否定投射到具体的语言结构中，由某种否定形式表达一定的否定意义，在语言否定里，不联系语义纯形式的否定或不联系形式纯意义的否定都是不可能存在的，因此，语言否定不会是单纯的逻辑意义上的否定，也不会是单纯形式句法上的否定，而是以"句法—语义"为基础的否定。否定是一个古老的研究课题，古希腊哲学就对否定问题有过论述。从汉语语法研究的角度来看，自《马氏文通》开始，学者们从结构、语义、功能、认知等各个角度研究讨论了一些否定问题，取得了一定的研究成果。随着语法研究的深入，越来越多的学者开始认识到语法范畴研究的重要性。汉语方言学最初的研究点主要集中在语音，而后开始有对词汇、语法的关注。关于汉语方言语法的研究，常见的有以下两种：一是微观对方言中具体词语、特殊格式等句法构造进行描写与解释；二是宏观描写各个方言的语法系统。方言语法的研究虽然起步较晚，但也取得了许多相当有价值的研究成果，这些研究成果为进行跨方言的比较提供了丰富的语料基础，在这些研究成果的基础之上，跨方言对比研究成为目前方言语法新的研究趋势。

本书的立足点是以跨方言比较为视角的否定研究。关于方言中的否定研究，长期以来比较偏重于对各方言否定标记词的描写上，从类型学的角度对方言否定的研究尚不多见。我们认为，如果我们能够把视野拓展到汉语的各个方言中，能够站在多方言角度把与否定相关问题搞清楚，那么应该对汉语、汉语方言研究都有所帮助，且能加深整个现代汉语语法研究的深度和广度。刘丹青（2009）说："我们在强调分析方言语法时，不仅要关注语法手段的差异，也要注意由于形式的语法化而导致语法范畴的变化和发展。目前方言语法研究在语法范畴方面相对薄弱和零碎，所以这是一个值得加强的领域。"[①] 因此，我们认为，在汉语各方言的基础上对否定做专门的、系统的考察是很有必要的，比较普通话与方言、方言与方言间一些有代表性的否定问题，有助于深化对现代汉语否定系统的认识，进一步发现否定本身的价值与独特性，提供更多的具有类型学意义的实证，更好地了解汉语各个方言的关系。

1.2 研究现状

从目前来看，汉语语法学界围绕否定这一中心问题，对有关的语法事实做了深入的挖掘、调查、描写、分析、解释，不断地提出新问题，拓展新的研究领域，借鉴新的研究方法，出现了一大批高水平、高质量的论文和专著。本书回顾了现代汉语共同语的研究成果，按照研究的热点问题，综合目前笔者所见的研究成果，对历年来有代表性的论著做系统的梳理和总结。考虑到近些年来否定范围与否定焦点问题受到学者们的普遍关注，本书也有对否定范围指向性的讨论，于是我们采取将否定的范围与焦点问题单列出来，概括所取得的一些重要成果。最后，我们回到方言研究的层面，回顾方言否定所取得的主要研究成果。通过回顾，我们希望了解学者们主要关注哪些否定问题，对这些焦点问题学者们提出了哪些解决意见，获得了哪些有建设性的成果，留有哪些不足和

[①] 刘丹青：《语法化理论与汉语方言语法研究》，《方言》2009年第2期，第112页。

尚在的问题。

1.2.1 现代汉语共同语的研究

在现代汉语普通话中,引起学者们普遍关注和广泛讨论的否定问题主要有几个方面。

1.2.1.1 关于否定标记的研究

这是学界最早关注的否定问题之一,也是否定研究中较为基本、中心的问题,关注点主要集中在现代汉语否定词的类型、各个否定词的用法、否定词的归类等问题上,这方面的研究成果颇丰。吕叔湘(1942)在《中国文法要略》中对汉语里的各种否定词进行了较为细致、深入地描述,比较了各种否定词的用法,使我们对否定词有了一个较为清楚的认识,吕先生认为"不"用在动词、形容词、助动词、副词前表示否定的语义,是起否定作用的副词,有时候还具有关联、镶嵌的作用,副词"不"用来否定在时间上将要进行的某种动作行为,且往往包含着对主观意志的否定。普通话中名词前的"没(有)"是动词,动词、形容词或助动词前的"没(有)"是副词,普通话里"没(有)"是个词性不同但语式相同的兼类词,用在体词前是动词,相当于古汉语的"无";用在谓词前是副词,相当于古汉语的"未"。高名凯(1948)的《汉语语法论》讨论了否定词的词性问题,高先生不同意语法学家一向把否定词看做一种副词,而是认为其实否定词也不见得是副词。高先生通过分析得出以下结论:"古文里,名句的否定式大体是用'非'字,平常动句的否定式用'不',而'有'的否定式则用'无'。"[①] 刘世儒(1959)的《"不"字用法汇释》是一篇对"不"做专题性研究的文章,这篇文章对"不"的用法做了较为细致周到的分析与归纳。赵元任(1979)在《汉语口语语法》中对否定问题做过以下几点讨论:一,副词一般是不能单独使用,独立成句的,单音副词中唯一例外的是"不",单用的"不"可以认为是叹词(跨类),且"不"一般还含有"不肯、不愿意"的意思;二,有些由动词性词语演变而来的副词,单独用的时候似乎恢复了动词性,不再像个副词了,如"摔了没有?——

---

① 高明凯:《汉语语法论》,商务印书馆2011年版,第498页。

没有";三,"非(要)"是强势肯定副词,如"他非要自己来","非(要)"可以理解为是成套连词"非……不……"的省略。多音节否定副词"不如、不妨、绝不、毫不"等,"不"以外的部分是黏着语素。邢福义(1982)的《论"不"字独说》研究了用于独说的"不",邢先生以敏锐的眼光发现了独说的"不"与其他情况下"不"的细微差别。邢文中独说的"不"是指单独使用的和其他句法成分间不存在结构关系的"不"的用法,具体表现在单独的一个词"不"和叠用形式的"不",该文认为这类语言环境中"不"有以下两种作用:一是"简明否定",这时的"不"可以看做是独词句;二是"修订引进",这时的"不"可以看做是插说成分。[①] 朱德熙(1982)在《语法讲义》中认为现代汉语的否定副词只有一个"不",其他的都是动词,像"有三尺长、没有一列火车(那么)长"这类结构都是连谓结构。太田辰夫(1987)考察最先用为否定的"没"是对"无"的代替,"没"开始只是动词性的,后面都是带体词性宾语,用于否定谓词的副词"没"来源于表否定领有意义的动词"没","没"否定谓词性成分的用法大约出现于宋代。殷兴鹰(1991)的《现代汉语否定词的句法、语义、语用平面考察》通过对现代汉语否定词的多方面研究,认为现代汉语的否定词在否定句中的职能不单是纯粹的表示否定意义的载体,而应该把它们看做是否定义与情态义或与时体义的联合体,现代汉语的否定词在现代汉语词类系统中应该纳入助词一类。李瑛(1992)的《"不"的否定意义》通过对能与"不"字直接组合的词与同"不"不能直接组合的词的比较,得出以下结论:"不"在句法上的格局由"不"所表达的意义决定,"不"除了表示单独否定外,还经常带有说话者或句子主语的主观性或主动性。史锡尧(1995)的《"不"否定的对象和"不"的位置》描写了"不"的分布位置以及"不"与动词、形容词的组合情况,文章区分了"不"和"没"的用法,"不"常常带有说话人的主观意愿,"没"则通常表示一种客观性说明,从时间上来看,"不"否定的对象具有未然性的时间特点,而"没"否定的对象具有已然性的时间特点。在否定形容词时,"不"否定的是事物具有的某种性质状态,

---

① 邢福义:《论"不"字独说》,《华中师范大学学报》1982年第3期,第126页。

"没"否定事物这一性质状态的变化过程。戴耀晶（2000）在《现代汉语否定标记"没"的语义分析》中考察了否定"量"的范围，文章对比了否定词语、连动结构、冗余否定结构的语义范围，以此反映出否定在语义上所表现出的独特性。戴先生（2001）的《汉语否定表达的语义分析》集中讨论了现代汉语否定所表达的语义问题，对否定的语义含义、语义特点等问题做了描写与解释。关于这一问题，学者们研究最多的否定词是"不""没有""别"这样的常用否定词形式。这些文章有的对某一否定词的用法做了深入、细致、全面的描写工作，有的针对某一否定词的某种特殊用法进行研究，有的则对不同的否定词做比较性的研究，取得了大量的研究成果。

1.2.1.2 关于否定句划分标准的研究

这个问题也是学界关注到的比较早的否定问题之一，主要流行的有三种标准，一种是形式标准，如金兆梓（1922）、吕叔湘（1942）；一种是意义标准，如黄廖本（1991）；一种是形式和意义并重，如王力（1943）、张园（1988）。在这个问题下延伸出另一个重要问题：否定句的形式标志是什么？这个问题也有很大的争议，具体表现在：第一，什么词能归类为否定词？否定词的特征是什么？一些具有否定意义的词语，如"很难""拒绝""否认"等是否应归入否定词的范围中。第二，反问句是不是否定标记的一种。吕叔湘（1942），王力（1943）都讨论了反诘语充当否定作用的问题。关于否定的划界问题，我们会在第2章"否定的界定"中做详细讨论，此处不复赘述。

1.2.1.3 关于肯定与否定关系的研究

这是近些年来否定研究的热点问题，学者们借鉴语言类型学、语用学、功能认知学、篇章学的一些理论和方法，对此做了详尽周密的解释与分析。学者们关注的主要是肯定与否定语义对立的消失，肯定与否定句法结构上的对称与不对称等问题。黄盛璋（1954）在《否定与逻辑——否定词的习惯用法》里列举了一些用否定与肯定表达意思一样的例子。朱德熙在《说"差一点"》（1959）就关注到了"差一点 VP"和"差一点没 VP"结构，他在《汉语句法中的歧义现象》（1980）中总结出了一条规律："凡是说话人企望发生的事情，肯定形式表示否定意义，否定形式表示肯定意义；凡是说话人不企望发生的事情，不管是肯定形式还是否定形式，意思都是否定的。"① 贾甫田《现代汉语中形式上的否定与语义上的否定不一致的几种情况》（1986）收集、整理了肯定与否定形式意义相同的几种情况。吕叔湘（1942）将这种现象概括为"否定作用的模糊化"。研究这个问题的代表性学者应属石毓智（1992）和沈家煊（1999）。石毓智（2001）的《肯定和否定的对称与不对称》从认知语言学的角度研究了汉语中的种种否定现象，它的核心就是"离散与连续""定量与不定量"，石文谈到某成分能否受否定成分修饰的根本是该成分是否定量，然后用"离散与连续"的概念解释"不"和"没"用法上的差异。该文还总结出了一套自然语言肯定和否定公理。文章中还分析了否定结构中疑问代词、副词等词的语义变异、羡余否定、现代汉语否定标记系统的形成过程等问题，区分了现实句和虚拟句，认为否定句跟疑问句之间的关系更为密切。石文挖掘深入，分析细致，并从认知学的角度予以明确地描写和解释。沈家煊（1999）的《不对称与标记论》也是关于否定研究的一本代表性著作。沈先生把语言类型学、语用学、篇章语言学和认知语言学的一些理论和研究成果结合汉语语法的现实问题，将描写和解释相结合。书中阐明了否定句相对肯定句的有标记性质，论述了否定范畴内部有标记和无标记的对立，从语用、认知等方面来说明肯定否定的对立在一定条件下消失的原因，并用语言交流策略来解释跟双重否定有关的不对称现象。戴耀晶（2000）讨论对比了否定词语、连动结构、冗余否定结构这三类结构的语义范围，以此反映出否定在语义上表现出的特点。戴耀晶（2000）在《试论现代汉语的否定范畴》中考察描写了肯定范畴与否定范畴在句法、语义上的不平行性，并从语义上解释了产生这种不平行性的语义机制。

1.2.1.4 关于汉语否定格式的研究

在对否定的研究中，有不少学者关注到了一批带有否定词的特殊否定格式。马清华（1986）的《现代汉语的委婉否定格式》认为汉语中的"不大、不太、不很、不够"这一类结构都可以看做是汉语的委婉否定格式，马文对该格式的句法构造、结构内涵、功能表现等方面做了

---

① 朱德熙：《语法讲义》，商务印书馆2005年版，第65页。

深入而细致的分析。丁雪欢（1995、1998）发表了《语言运用中"连"字句肯定式与否定式的选择》和《"连"字句肯定式与否定式之间的互转》，这两篇文章都涉及"连"字句否定式中的用法。前一篇文章主要说明的问题是"连"字句后项否定形式受制于"句法框架、格式语义，该句式选择肯定或否定形式要受到表达效果、语用价值、语境因素、社会因素、风格因素等条件的制约"。① 后一篇文章主要说明"连 X 都 VP"在一般情况下后项肯定式和否定式之间可以互相进行转换，但是如果"X"和"VP"之间存在的是逆反关系的话，这些句子的互转将无法进行。吴剑平（1996）《副词修饰含"不/没有"的否定性结构考察》量化分析了"不/没有"同 514 个副词搭配的否定性结构的使用情况，从肯定和否定的角度把副词分为肯定性专用肯定、否定兼用和否定性专用这三类副词。洪波、关键（1997）描写了"不、没（有）"否定非自主动词的情况。李宇明（1998）的《"一量＋否定"格式及有关强调的问题》讨论了格式"一量＋否定"，文章分析了该格式的句法特点，并且通过比较和"一量＋否定"有关的其他强调结构，总结出属于这类结构共有的强调规律。袁毓林（1999）的《并列结构的否定表达》从逻辑的角度分析了为什么像"吃饭喝水、愁吃愁穿"这类谓词性并列结构不能受"不、没"等否定词的修饰，文章还比较了汉、英两种语言否定并列式表达上的异同。彭小川（1999）的《副词"并"、"又"用于否定形式的语义、语用差异》从否定的角度对副词"并""又"做一区分，文章指出"并"和"又"的语法意义分别是"'并'的语法意义是强调事实或看法不是所认为的或可能会推想的那样，'又'的语法意义是从否定的角度来强调理由，进而加强对某种行为、做法或心态的否定"。② 袁毓林（2000）的《连谓结构的否定表达》讨论解释了连动式、兼语式和介词结构做前段的谓词连用式这三种结构的否定表达形式。袁毓林（2000）的《否定式偏正结构的跨维度考察》中分析了否定词"不、没"跟其他做状语的副词、形容词等成分同现

---

① 丁雪欢:《语言运用中"连"字句肯定式与否定式的选择》,《语文研究》1995 年第 4 期,第 33 页。
② 彭小川:《副词"并"、"又"用于否定形式的语义、语用差异》,《华中师范大学学报》1999 年第 2 期,第 16 页。

的条件。马真（2001）在《表加强否定语气的副词"并"和"又"》论述了语气副词"并"和"又"有加强否定语气的作用。具体来说，"并"用于说话人否定或反驳别人或自己原先的某种看法，语气副词"又"一般直接用于否定句子的前提条件，起加强否定语气的作用，听话人通过否定前提条件来达到否定说话人意见的目的，从某种意义上讲，这是一种间接否定的方式。胡清国（2004）的博士论文则主要考察了否定格式。文章主要讨论了"V不C""不V了""一量（名）+否定"等几类否定结构。

1.2.1.5 关于双重否定与否定程度的研究

吕叔湘（1985）认为语言上双重否定有两种不同的结果，分别是强化肯定和对肯定的减弱。吕先生还观察到不同否定形式间存在否定强度上的差异。吕先生举出这样一个例子："过筛子又过箩的材料，还能假吗？能假得了吗？"吕先生说："这个例子说明（1）'能假'和'假得了'作用不同，否则用不着同时用上；（2）'假得了'比'能假'分量重，所以搁在后头。"[①] 沈家煊（1999）着重讨论了"判断语词"和双重否定。张伯江（1996）在《否定的强化》中研究了汉语否定式的否定等级。他把北京口语里的否定形式分为简单否定式、能愿否定式、补语否定式等形式，通过对实际语料的调查，得出不同的否定式否定的强度不同，他认为这其中的规律在于一个肯定或否定的判断，背后都有一个听说双方共同认可的中性判断（预设），否定程度弱的否定式一般不对这个预设进行否定，而否定程度强的否定式会把预设一并否定。

1.2.1.6 关于否定与疑问范畴关系的研究

吕叔湘（1942）在考察否定词的来源时认为汉语里的句末疑问词"吗"源自否定词"不（无）"，这一论断从词演变的角度证明了疑问词和否定词之间的某种渊源关系，也为疑问和否定这两个范畴之间存在的某种内在联系提供了证据。王力在讨论"什么"的三种"活用法"中提出"什么"可以用来表示坚决的否认，或强烈辩驳，这应该是最早关注到的疑问代词"什么"表否定的用法。袁毓林（1993）发现否定

[①] 吕叔湘：《吕叔湘文集》第3卷，商务印书馆2004年版，第516页。

式"吗"问句与肯定式"吗"问句虽然在句调等构成方式上相同,但在预设、疑问程度等方面却不一样。肯定式"吗"问句是真性问句,而否定式"吗"问句是一种非真性问,两者的区别之一是前者一般要求回答,后者一般不需要回答,这一发现指出了是非问和否定关系密切之所在。沈家煊(1999)提出"是非问跟否定一样,都是对有关命题的'非肯定',疑问跟否定是相通的"。[①] 沈先生进一步谈道:从情态上讲,假设句、是非问句、否定句是相通的,都属于"非现实句",否定句跟疑问句、条件句等一样都不是对现实的明确肯定。

1.2.1.7 否定其他若干问题的讨论

高名凯(1948)把否定看成是命题的一种,高先生研究了为什么同样的作用要有许多不同的否定字眼、汉语否定词的来源等问题。胡裕树(1987)主编的《现代汉语》采用全新的角度来看待否定,胡先生把否定同肯定一起理解为是语用平面的一种表现,把肯定和否定看做是句子的口气。陈平(1985)的《英汉否定结构对比研究》从句法、语义的角度分析了英、汉两种语言中由否定成分构成的否定结构,比较了这两种语言在否定结构方面的异同。随着研究的深入,学者们对否定研究的角度越来越多,发现的有价值的研究问题也越来越多。沈家煊(1993)的《"语用否定"考察》根据语用学中的"适量准则"和"适宜条件"考察了汉语中的五种语用否定。李宇明(1998)《形容词否定的不平行性》是对形容词否定式的专文论述,文章探讨了各种不同种类的形容词和处于不同级次的形容词在肯定与否定上的表现。张谊生(2000)研究了否定副词与其他副词的共现规律。金颖(2001)研究了否定语素复合词的有关问题。否定语素参与构词后它们既可以形成一个全新的否定载体,又可以不同程度地脱离否定范畴,出现否定语素意义的弱化甚至消失。文贞惠(2003)的博士论文考察了汉语的否定范畴,该文主要的研究点在否定的主客观性、静动态性。还讨论了否向副词的判别标准、否向副词的类别、否向副词的语用价值等问题。

综观现代汉语本体的否定研究,虽然在某些问题上仍存有不少的分

[①] 沈家煊:《不对称和标记论》,商务印书馆1999年版,第54页。

歧与争议，但不可否定的是，对该问题的研究确实取得了令人瞩目的成绩。学者们视野开阔，发现的问题层出不穷，极大地扩大了研究领域。学者们在对语言事实进行全面、细致地发掘与描写的基础上，也力图从多角度分析解释问题，极大地拓宽了研究的深度。学者们从专注于句法格式的研究，转变为联系语义、语用的多角度、多层面研究，从单纯在汉语本体内部的考察发展到联系普通话、方言、古代汉语的综合比较研究。

1.2.2 否定范围和否定焦点的研究

否定的范围和焦点也是目前学界较为关注的问题之一，取得了相当多有价值的研究成果，鉴于否定范围是本书重点讨论的内容之一，以下我们对该问题的研究成果做较为细致地梳理归纳，整理出学者们对该问题的一些基本态度与看法。① 高名凯（1948）认为否定是对整个命题的否定，不过，因为语言的表达并非是纯粹的逻辑思想的表达，多少会带有一定的表情成分，结果就会出现否定词随着注意点的变化而加在不同的句法成分上面，高先生把加在系词或主要词语之上的否定看作是绝对的否定命题，而把加在其他着重点所在的否定看作是相对的否定命题。沈开木（1984）着重讨论了"不"字的否定范围、否定中心（即"焦点"），得出的结论主要有："不"字的否定范围在"不"字后面，但当主语是逻辑宾语时，"不"的否定范围有的可以回溯到主语；"不"在句中的位置一般出现在谓词性短语的前面，不出现在整个主谓短语前面，但是"不"也是可以否定包括主语所表示的内容在内的语义的；"不"的否定范围里存在着一个否定中心，这个中心为听话人提供新的信息。沈先生的文中还关注到"不"字句的语法结构可以跟其否定的意义内容不相一致，具体来说，当"不"字的否定范围限于动词性、形容词性短语时，"不"字句的结构跟语义一致，当"不"字的否定范围包括到了主语时，"不"字句的结构跟其语义不一致。吕叔湘（1985）认为否定句存在着否定的"范围"和"焦点"，吕先生指出，

---

① 本书不涉及否定焦点问题，原因是焦点同语用关系密切，在语用上做否定焦点的跨方言比较难度很大，且目前关于研究方言否定焦点的文章也非常少见，这是方言应该加强研究的问题之一。现代汉语本体对否定焦点问题的研究已经取得了许多有价值的研究成果。

"不""没"的否定范围一般是其后的全部词语，否定句中的否定焦点一般是句末重音所在的位置，但如果前边的成分带有对比重音的话，否定的焦点就移到带有对比重音的句法成分上了。黄致伟（1986）、张园（1988）都认为否定焦点同语用之间有密切的联系，他们总体的观点是否定词的否定范围是它可能作用到的最大语义范围，而一般的情况是，否定焦点的位置基本是在否定范围内部，对否定焦点的确定一般要在对比重音和语境等语用因素的帮助下完成。钱敏汝（1990）的《否定载体"不"的语义——语法考察》一文从语义、语法的角度对否定载体"不"的否定范围和否定焦点进行了多个层次上的考察。徐杰、李英哲（1993）认为否定是非线性的语法范畴，否定词与否定内容之间没有确定的前后语序关系，因而否定词没有独立的辖域，它作用于全句，不存在独立的否定范围；并且否定句也并没有一套属于其本身独立的中心，否定的中心就是句子的焦点。他们还指出，否定中心的选择取决于独立于否定本身的焦点选择。否定这个句法范畴仅仅是对肯定的改变，并没有改变原句的焦点。他们还认为否定词除了有实现否定范畴的功用外，还有强化焦点的作用，否定词强化的就是原肯定句的焦点。沈家煊（1999）认为在一般情况下，一个句子中被否定成分的位置总是在否定词的后面，如果出现在否定词的前面，那就需要附加一些标志，如特殊重音等。对徐杰、李英哲（1993）的说法，袁毓林（2000）有不同的看法，袁先生认为：（1）否定有独立辖域，在无标记的情况下，否定的辖域一定是否定词之后的成分，在有标记的情况下，否定的辖域可以回溯到否定词前的成分。（2）否定有属于自身独立的焦点，否定句的焦点和否定词的否定中心是可以分离的。在无标记否定句中，否定的焦点同全句的焦点重合，一般的位置都是在句子的末尾处；只有在有标记的否定句中，特别是句子中出现的是非常规焦点，如焦点由强调标记强制规定，在这样的情况下否定的焦点才可以跟全句的焦点相分离。（3）否定的辖域和焦点跟否定词有直接的语序关系，否定词的语序安排是存在有突出、特定的语义效用的。但袁先生也在文中承认"不过话说回来，根据篇章语用学中的可处理原则，把焦点放在句子末尾，把逻辑算子置于其辖域之前，都是有效的便于听话人信息加工的表达方式"。① Lee 和 Pan（2001）也认为否定词有自己的辖域，即否定词只否定其右侧的成分。李宝伦、潘海华（2005）进一步指出，否定词在没有焦点的情况下否定靠近否定词右侧的成分，形成毗邻否定，但如果否定词后面有焦点存在，否定词否定焦点成分。范晓、张豫峰（2003）认为当否定范围内只有一个成分时，这个成分无疑就是否定焦点；当否定范围内不止一个成分时，否定焦点与句子的预设有关。一般情况下，预设是不被否定的，有可能成为句子否定焦点的成分是说话人所关注的表达重点。例如：

昨天晚上，小王没11点前回家。（回家了，但不在11点钟以前。）

他不是河南人。（他是人，但不是河南人。）

上述例句否定范围是多成分的，但只有加点部分才是否定焦点。就汉语的句子来看，谓语部分中的状语、定语和补语经常会成为否定焦点。

熊仲儒（2005）借用句法规则、显著规则和默认规则解释了否定和焦点的关联。他认为，"否定的对象常常是否定词后面的成分或成分的成分，或者说否定的对象常常位于否定词之后是遵从了默认规则……只有在有对比焦点的时候，才会去跟对比焦点关联是对显著规则的遵从，而默认规则和显著规则又都要受到句法规则的制约。"② 熊又从语感角度分析了为什么不同学者得出的否定和焦点的关联性结论不一致，他的解释是当显著规则高于默认规则的时候，否定和焦点关联（如：吕叔湘1985；徐杰、李英哲1992）；当默认规则高于显著规则的时候，则否定的焦点和否定句的焦点是可以不一致的（袁毓林2000）。胡建华（2007）肯定了否定词只能在一个局部区域内进行操作，作为焦点敏感算子的否定词并不否定其局部辖域之外的焦点。否定词在语义上并不是对否定焦点的单独否定，而是否定由不同焦点投射而成的焦点词组 FP。

---

① 袁毓林：《论否定句的焦点、预设和辖域歧义》，《中国语文》2000年第2期，第106页。

② 熊仲儒：《否定焦点及其句法蕴含》，《中国语文》2005年第4期，第304页。

焦点的种类可以分出多种，信息属性也不尽相同。刘丹青、徐烈炯（1998）以【+/-突出】和【+/-对比】两对功能为参项，把焦点分为"自然焦点""对比焦点"和"话题焦点"。张伯江、方梅（1996）指出，"由于句子的信息编码往往是遵循从旧到新的原则，越靠近句末信息内容就越新。句末成分通常被称作句末焦点，我们把这种焦点成分称为常规焦点。"[1] 刘丹青（2008）特别指出虽然汉语的句末常是焦点所处的位置，但难以将句末位置看作焦点所居的固定句法位置，较突出的一点是在复杂句法结构中句末焦点的范围有模糊性，我们很难确认句末焦点位置的具体起讫点，也就是句末焦点到底是指向句尾的某一成分还是句尾的某一些成分。如"这么多年过去了，他还没在北京立住脚"中的焦点是"在北京立住脚"还是"立住脚"，难以确定，因此刘先生主张通常所说的汉语的句尾焦点大体上应该理解成是一种语序倾向。跟自然焦点相比，对比焦点总是需要借助于一些特定的语言手段。移位是强调焦点的重要手段之一，很多语言在一个句法结构中给焦点安排有一个固定的位置，这些语言有将焦点移动到这个固定句法位置的规则，这个位置可以是在句首、句尾或句子结构中的其他地方。句首被很多语言用来放置焦点，成为一个焦点的句法位置，古代汉语是该类型的代表。众所周知，古代汉语中的宾语成分时常前置到动词或介词之前，尤其是疑问句和否定句中的代词宾语。方梅（1995）指出，在句法平面上，凸显焦点的手段可以是焦点标记词的添加使用，也可以通过转移焦点成分位置这样的移位手段来实现，"是"是现代汉语最常用、最典型的焦点标记词。徐杰（2004）提出，除了"是"，汉语中也有一些成分对焦点特征比较敏感，"在没有焦点标记词的情况下，它们比较容易成为焦点成分"[2]，徐先生把这种形式称为"焦点敏感式"。它们跟"是"的区别是"是"纯粹是为了表达焦点的焦点标记词，而"焦点敏感式"只不过是对焦点特征比较敏感，这些语法形式都有着本来的基本职能。文中讨论的"焦点敏感式"主要是跟"就"和"才"相连的句法成分、数量词语和"把"字句。

---

[1] 方梅：《汉语对比焦点的句法表现手段》，《中国语文》1995年第4期，第279—288页。

[2] 徐杰：《普遍语法原则与汉语语法现象》，北京大学出版社2000年版，第82页。

总的来说，学界对否定范围和焦点的研究成果颇丰，也不可避免地产生了一些争论和分歧。比如，学者们争论否定是否有自己独立的辖域，否定的辖域到底有多大，否定词到底管到哪里。有些学者认为否定范围是否定词后面的全部词语，而有些学者则认为否定范围应该包括否定语义可能覆盖到的最大区域，一个句法结构在语义上有可能被否定项否定的成分都应该属于否定范围，否定范围可以是在句子中否定词后边的位置，也可以包括否定词前边的词语。对于否定焦点的研究，近年来讨论的问题主要集中在否定是否有自己独立的焦点。一种观点认为否定句有属于自己本身的独立于句子焦点之外的焦点，否定句中的否定算子和焦点无关，否定句的焦点和否定的焦点是可以不一致的，如袁毓林（2000）；另一种观点认为否定句中否定算子和焦点关联，否定句没有独立的否定焦点，否定焦点和句子的自然焦点或对比焦点重合，如徐杰、李英哲（1996）。

1.2.3 方言否定的研究

从目前来看，现代汉语方言研究最突出的成果集中在对某一方言否定形式（多是否定标记词）意义与用法的描写上，比较集中于对否定标记"不""没""别"类词的研究，特别是"不"类词和"没"类词，有些方言论著关注与否定相关的一些词汇、格式的用法，对否定进行跨方言比较的论著虽然出现了一些，但在研究的数量和程度上是远远不够的。以下我们按照时间顺序，对关于方言的否定研究加以梳理归纳。王力（1943）曾说桂林一带方言以"没"字当"不"字用，"没"读音如"媚"。陈章太、李如龙（1983）谈到"冇"是常见的俗字，"冇"的本字不明。李如龙、张双庆（1992）指出客家方言的 m 本字是"毋"，客家各点都发鼻音 [m^2] 或 [$ŋ^2$]，俗写作"唔"。林伦伦（1993）注意到普通话中的"有没有""是不是"等结构在广东闽方言中常常将肯定成分与否定成分拆开而将否定成分置于句末，潮汕话的是非问常用"……抑+否定成分"，雷州话的是非问常用"……无呣"，如："潮汕话：你有书抑无？你是中国人抑唔是？你晓英文抑唔晓？你爱去北京抑勿？雷州话：你有书无呣？你是中国人无呣？你想去北京无呣？"林文还提到除了"是不是"有时可用跟普通话相同的句式表达，但该用法限制在有一定文化水平的人群中,其余各例句通常都是按上述例子说的。另外,林文还提到潮汕话表示否定时多用副词"唔""唔曾",而雷州话则多用"无",且"无"不仅仅有表示存在的意义。比较:"普通话:我不去。我没空。潮汕话:我唔去。我唔闲。雷州话:我无讨去。我无闲。"邢福义的《否定形式和语境对否定度量的规约》(1995)将普通话和各种方言相联系,选取了一些非常有代表性的否定问题进行讨论,文章角度新颖,论据充分,论述全面。邢先生的文章主要由三部分组成。第一部分讨论否定形式。邢文以普通话的"不""没""无"作为比较基点,把普通话、武汉话和海南黄流话作为三个视点来视察,得出的结论是跟普通话的"不""没""无"相比较,武汉话的否定形式又是少了,又是多了。至于海南黄流话,其否定形式只有一个"否",绝对少于普通话。第二部分讨论含否定形式的句法构造。邢先生认为方言包含否定形式的句法构造也有所不同,武汉话和海南黄流话,都有一些不同于普通话的包含否定的形式。比如,武汉话里有如下说法:"窗户是不是开倒在?"等于说:"窗户是不是开着?"武汉话"是不是"的正反叠用形式跟普通话相同,可是句末得附加上一个"在"。邢先生总结道:"否定形式进入句法结构,很能反映方言特色。否定形式用在结构中间时状况如何,特别是否定形式用在结构末尾时状况如何,怎样同别的形式构成表述框架,都是值得作深入研究的课题。"[①] 第三部分讨论了语境对否定度量的规约。邢先生的这篇文章深入浅出,对日后的否定研究有很强的指导意义。甘于恩、邵慧君的《汉语部分南方方言否定副词的类型比较》(1996)是基于跨方言否定比较层面上较有代表性的文章之一,该论文从类型学的角度,对部分南方方言否定副词的用法进行了分析比较。刘纶鑫(1999)对否定词"不"在赣语中的使用规律总结如下:"赣北与赣中的一部分地区说'不',赣中'不''呒'兼用,赣中南部、赣南则说'呒'。"[②] 庄义友(2001)认为闽南话的福州话、潮州话等对已然的否定能分出"无"和"未"的区别。钱乃荣(2002)详细描写了上海话的否定词及一些常用

[①] 邢福义:《否定形式和语境对否定度量的规约》,《世界汉语教学》1995年第3期,第5—11页。

[②] 刘纶鑫:《客赣方言比较研究》,中国社会科学出版社1999年版,第36页。

的否定形式，并将其与苏州、扬州等方言进行比较。普通话用在动词、形容词前的否定标记"不"，各方言都有与之对应的否定词，它们也有很明显的音形对立。官话多为双唇音声母的"不"，湘语、赣语等方言中也大多读为双唇音 p 开头的音节。潘悟云（2002）从来源的角度考察了方言中的否定词，潘先生认为吴语多为唇齿音声母，如上海［vɐʔ］、苏州［fəʔ］、温州［fu］，其本字就是"不"；客家话、闽语、粤语多为自成音节的鼻音类，语音形式为［n̩］、［m̩］、［ŋ̍］，记做"唔""吥""怀"或"勿"。客家话和粤方言多读为阳平，闽语多读为阳去；在写法上，广东以"唔"较为通行，福建以"怀"较为通行。甘于恩《广东四邑方言语法研究》（2002）中详细比较了广东四邑话中否定形式的用法差异。如表示动作的客观否定，广州话用"冇+动词"的格式，如"冇去"（没去），而"还没去"（持续至现在），则说成"未去"。四邑话的表达与广州话有所不同，多用合音否定词［maŋ^{22}]（"未曾"的合音），如"台山话：［miaŋ^{31}] 去。开平话：［maŋ^{22}] 去"，即是说，四邑话一个"未"的语法功能就覆盖了广州话"冇"和"未"两个词的语法功能。否定词还经常会与其他词发生合音，如，甘文中分析到否定词"唔"读音为独立成音节的 m，因此在语流中很容易同其他词发生合音现象，如广州话的［mou^{351}] 即是"唔好"（"不要"）的合音，开平、新会、恩平话［maŋ^{22}]（"未曾"的合音），恩平话的［mou^{55}]（"唔可"的合音）以及台山话的［mei^{33}]（"唔知"的合音），这种合音形式与原来的副词相比，有的性质没发生变化仍然是副词性的（如"未曾"的合音），有的性质发生了一定的变化，如"唔系""唔可""唔知"的合音形式已带有动词的性质，从否定副词的合音形式看，四邑话比广州话丰富一些。甘文还注意到四邑话有一种周遍性的否定句很特别，甘文举的例子是，当"一句"做"听"的宾语且表周遍性的否定的语义时，通常采用"动词+唔（否定词）+趋向动词（见）+句"的语序，说成"我都听唔见句"，意思是"我一句也听不见"。只有新会话与广州话一样，将数量短语安放在否定结构之前，说成"我一句都听唔到"，但补语只能用"到"，不能用"见"，这种语序其实已经跟普通话没有什么差别了，不过，甘文并不确定四邑话的这种语序到底是否具有普遍性，即是否可以类推到其他句子中。甘文中还提到四邑话中一种使用否定标记的特殊的反复问句"A 不（唔）"，恩平、新会话的反复问有一种格式"形容词＋唔"，句末以否定词煞尾，广州话没有这种语序，广州话用"形＋否定词＋形"，甘文指出不应该把"形容词＋唔"看做是"形容词＋唔＋形容词"减省后面的一个形容词而成的格式，恩平、新会话"形容词＋唔"的格式其实来源于闽语的语法底层，反映的是古代汉语的传统格式，"形＋否定词＋形"是近现代汉语的新兴格式，广州话里"唔"（不）是不自由的，"唔"不能单独回答问题。彭兰玉的《衡阳方言研究》（2002）谈到衡阳方言中否定式的强弱问题，主要讨论了该方言中的强程度否定式与弱程度否定式，衡阳方言中的强程度否定式有"连不 X""蛮不 X""很不 X""好不 X"等形式。另外，衡阳方言中副词"连"表程度时不单用，总是与否定词"不""莫"结合来表示对行为性状的彻底否定；弱程度否定式有"不吗""不太""不蛮"等，其中"不太、不蛮"相当于"不很"，"不吗"相当于"不怎么"。詹伯慧（2002）认为广州话对已然的否定能分出"冇"和"未"的区别。"冇"是客观报道未发生；"未"表示应发生而到说话时尚未发生，含有预设。辛永芬（2006）指出浚县方言的"冇"实际上是"没有"的合音形式。覃远雄（2003）在《汉语方言否定词的读音》中对汉语方言否定词的读音做了较为全面、详尽的比较分析。王洪钟（2008）对海门话的否定词及其相关格式做了研究，讨论的否定词有"弗、朆、奥、呒得、呒处"，讨论的否定格式主要是反复问句。王文考察的基本结论是海门话的"弗"主要用于否定主观意愿、习惯行为等未然的情况。"朆"主要用于否定已然的行为或状态；"奥"既可以表示劝阻或禁止，也可以表示否定性的主观意愿；"呒得"既可以否定领有与存在，也可以表示不许可；"呒处"主要用于否定动作行为的可行性。胡光斌的《遵义方言研究》（2010）指出遵义话的"未必"用于动词、动词短语或主谓短语之前，表示反问的语气，相当于普通话的"莫非，难道"，常与副词"还"配合使用。如："拿都拿来了，未必你还好意思拿回去呀。"它还可以表示揣度或怀疑的语气，相当于"莫非"；如"衣服都拿走了，未必他回来过呀？"，普通话的未必不表示反问语气，也不表示揣度或怀疑的语气，而是表示一种委婉的否定，相当于不一定。罗昕如（2011）对湘语否定词"不"的规律总结如下:"北部的湘语大多说'不',中南部的湘语多为自成音节的鼻音类否定词,有些地方'不''唔'兼用,南部的湘语还有当'不'讲的否定词与当'没有'讲的否定词同形说'冇'/'冒'的情况。"罗文将湘语与赣语联系比较得出:当"不"讲的否定词在湘语与赣语中的南北分布比较一致,这是两者关系密切的一种体现。罗文中还描写了湘语中一种包含否定形式的特殊句法构造"连+否定词+VP/AP/NP",该句式"连"表强调语气是副词,表示"根本、一点都/也"的意思。"连"后接否定词,构成否定句,组成的句子称为"连"字句。"连"字句在湘语中使用频率高,分布范围广,是湘语中一种很常见的句法形式。如:"连不喜欢咯块布;连不能干一点;连不讲话;连不聪明",罗文总结,"连"的上述用法在《现代汉语方言大词典》(李荣,2002)中未见于外区方言,只有柳州方言有类似用法。"连"字句应该是湘语的一个有特色的句式。

  孙立新(2007)的《西安方言研究》指出西安方言的"把"字句同普通话"把"字句的区别。普通话把字句中的否定副词和能愿动词做状语时,一般要置于把字之前,不能置于把字之后,但西安方言的把字句不受这一条件的限制,如"张龙把活没做完咋能下班?"西安方言中的这种否定副词"没、不"后置的表达方式很普遍。在西安方言中,表示对性质、状态的否定时,常用的表达方式是"不A、不A一点、一点也不A",普通话中,只有"不A、一点也不A"格式,没有"不A一点"格式。在西安方言中,以上三种否定表达式的语义轻重有着明显的不同。"不A"是一般性的否定,程度最轻;"不A一点"的否定更重一些;"一点也不A"否定的语义最重。西安方言的动词"知道"的肯定形式与普通话相同,但其否定形式与普通话不同,普通话是"不知道",而西安方言是"知不道"。方言否定涉及的问题方方面面,我们在调查、分析语言事实的时候要细致、认真地观察、描写,全面、周到地比较、分析与归纳,以免漏掉一些有价值的语言信息。

1.3 研究目的及思路

1.3.1 研究目的

汉语方言的否定研究，多数成果集中在对单一方言否定标记的意义与用法的描写上，而从整体汉语的角度对否定进行跨方言比较研究的成果相对缺乏，但进行跨方言的系统比较研究是非常有必要的。不进行系统的比较研究，很难发现方言否定呈现的整体共性及其内部的差异，也很难发现方言否定与普通话间的共性和个性。因此，本书站在"整体汉语"的角度，以汉语方言否定为研究对象，选取一些有代表性和可行性的否定问题，对否定进行专题研究，目的是通过比较，描写归纳出否定在不同方言中、在方言与普通话中表现出的共性和差异性，以期对所研究的汉语否定问题有一个较为细致的分析，深化对汉语共同语和方言的认识。本书希望达成以下目标：

（1）在充分占有方言语料的基础上，对所研究的否定问题做全面、细致地描写，并从中发现、总结规律。如我们在收集大量方言语料的基础上，归纳出方言中否定标记合音形式的类型，方言否定标记的跨层级性。方言否定标记的常见类型、地域分布；方言否定标记的相对独立性和互动开放性。

（2）通过普通话与方言、方言与方言、普通话与古代汉语、方言与古代汉语的比较，全面展现否定在"普—方""方—方""古—普""古—方"所表现出的共性与差异性。比如，在对否定标记的历时考察中，我们将古代汉语、普通话、方言常用的否定标记进行比较，得出哪些否定标记从古代汉语一直沿用至今（在普通话和方言中都使用），哪些否定标记现在还在方言中得以保存。

（3）方言否定标记的特性表现。集中体现在一个是对否定指向的研究中，我们比较了普通话和方言之间程度词等做状语与否定标记连用时，其在位置、意义和否定指向上的差异；另一个是对否定形式与意义之间的形义分配问题。我们总结出方言否定形义之间的"一对一""一对多""多对一"等形义分配类型。

1.3.2 研究思路

1.3.2.1 研究方法

本书采用的最基本的方法是比较法。从共时的角度看，本书主要包括有方言和普通话的比较、方言和方言之间的比较，从历时的角度看，主要是现代汉语普通话、方言和古代汉语的比较。本书在研究过程中，综合运用了"两个三角"的研究理论，特别是"普—方—古"大三角理论，以"普—方""方—方"的比较、对照为研究视角，对汉语方言的否定进行了多角度的动态考察，又从"古—普""古—方"的角度，考察了否定标记词在普通话、方言中的共时分布与其在古代汉语中的历时表现。另外，本书也注重从"表""里""值"多角度出发，对相关问题进行详细分析。

1.3.2.2 研究对象

本书以否定范畴为研究对象，立足于否定范畴本身，集中于对否定标记词做共时与历时角度的集中研究，包括它的形式、意义、用法与作用域等问题；通过比较分析，深化对否定范畴本身的认识，也为深入研究汉语其他范畴提供新的角度。

1.3.2.3 研究思路

本书的研究思路如下：

（1）通过对各大方言区否定语料的收集与研究，选取有价值且具有可行性的否定选题，对这些选题展开全面、细致地描写与归类，从而展现其在方言中的使用、分布等基本面貌。

（2）通过对各方言之间、各方言与普通话之间的共时比较，展现单方言内部、各方言的共性与差异。

（3）通过分析各否定标记形式的历时演变过程，从"方—古"的研究角度出发，考察各否定标记在古代汉语的使用和在方言中的保留情况。

全书分成七大部分。第1章是绪论；第2章是否定概说，主要立足于普通话，总览了与否定相关的重要问题，其中也有少量内容涉及方言；第3章讨论了不同层级的否定标记；第4章讨论了否定形式，重在对方言否定形式类型和用法的描写与总结，从中归纳出一些有价值的规律；第 5 章讨论否定范围的指向性问题；第 6 章在对主要否定标记词历时描写的基础上，比较了否定标记词在共时与历时上的共性与差异性。第 7 章为结语，指出本书的成绩、不足与遗留问题。具体章节内容的分配如下：

（1）绪论。指出了本书研究的理论背景，对否定的研究成果进行了较为全面的梳理和评述，并说明了本书所使用的研究方法、研究思路以及语料来源。

（2）否定概说。首先指明否定的内涵与意义以及语法学界对否定的普遍界定，规定了本书所要涉及的否定内容。然后对否定的类型、肯定与否定的区别与联系、肯定与否定的不对称、否定的跨层级性等问题进行综合论述。

（3）汉语否定标记的层级性。本章讨论了方言"不"类、"没"类、"别"类否定语义的合音形式。"音—方"之间否定标记的跨层级性表现，以及一些合成复合词与否定标记构成的固定词组。

（4）"不""没""别"类否定形式。这一章选取现代汉语普通话中最常用的三个否定词"不""没""别"为研究对象，首先介绍了普通话中"不""没""别"的语义、基本用法以及同谓词间的搭配规律，关注的问题主要体现在以下几个方面："不""没""别"类词在方言中的基本类型和地域分布；方言中"不""没""别"类词区别于普通话的特殊用法；方言否定动词"没"与否定副词"没"的对应关系；方言否定形式的多样性（多对一：多种形式对应一种否定意义）和多义性（一对多：一种形式表达多种否定意义）；方言否定叹词的使用情况，方言否定标记间的相对独立性与互动开放性。

（5）否定的指向。首先介绍了否定的指向、右项原则等基本概念，结合大量方言材料说明，否定不仅可以是对否定标记右项成分的否定，也可以指向否定标记左侧的成分。

（6）否定副词的历时演变。本章综合归纳了"不""没""别""非"类否定词的历时演变情况，也从"古—方"考辨的角度，考察了其在方言与古代汉语中的对应性关系。

（7）结语。总结全书，指出本书主要取得的成绩与不足，并提出了今后值得继续探讨的课题。

1.4 语料来源

本书的语料主要来源于：

（1）各方言词典、汉语方言大辞典、各方言专著和方言地图

方言词典主要参照李荣（1991—1998）主编的《现代汉语方言大词典》分卷本，该论著涉及济南方言、牟平方言、哈尔滨方言、杭州方言、扬州方言、东莞方言、长沙方言、南昌方言等 42 个方言点，另外是许宝华、宫田一郎（1999）主编的《汉语方言大词典》，这两部词典对词的释义清楚，用例丰富，对我们的研究具有重要的指导意义和参考价值。各方言专著主要参考吴启主主编的"湖南方言研究丛书"，鲍明炜、顾黔主编的"江苏方言研究丛书"，汪国胜（1994）《大冶方言语法研究》，钱乃荣（1992）《当代吴语研究》，阮桂君（2006）《宁波方言语法研究》等方言研究专著。方言地图主要参考曹志耘（2008）主编的《汉语方言地图集·语法卷》。

（2）公开发表的文献或专著中的例句，本书有些例句出自方言研究的相关文献。

（3）本书还有少量例句是笔者调查的内容，主要是母语郑州方言和郑州周边的开封、洛阳、商丘等方言。

1.5 相关说明

（1）我们在有些引用的方言例句后注明了其在普通话中的意义，标注方法是在引用例句后的（）内注明，引用语料的作者及时间仍是使用例句后加（）的方法注明。

（2）为了论述的方便，疑问句中的谓词我们不再区分动词和形容词，而统一用"VP"来表示。

第 2 章 否定概说

2.1 否定的内涵

2.1.1 否定的界定

否定与肯定相对，语言上的肯定与否定反映了人们对事物正性、反性与肯定性、否定性的主观认识，否定本身就是一个十分重要的语法范畴。语言上的否定体现了人类对客观世界的主观判断与认识。王力（1951）认为在现代中国的国语里是不存在有任何否定性的观念的，一切否定性的关系都是建立在肯定性的观念之上的。钱敏汝（1990）认为任何具有扬弃作用的语言单位即具有否定意义，这样的语言单位可称为否定载体。李宇明（2000）提出语言学研究的否定范畴指的是与肯定形式相对立的否定形式。否定式与否定不同，否定式是在肯定式上添加否定标记所构成的结构，无论客观逻辑意义如何，语言都能让人们把一个概念否定成与之相矛盾的概念。沈家煊（1999）认为同其他陈述句一样，否定性陈述句也要能提供一些新的信息，但是肯定句和否定句所提供的新信息不同，前者所提供的信息是告诉听者所不知道的信息，而否定句提供的信息则是对听者可能相信的某种情况的否认和反驳，也就是说，在一般情况下，否定句总有一个预先假设的相应的肯定句命题，换句话来说，肯定句是将说者知道而听者不知道的信息告诉听者，否定句是说者对听者所相信的某种情况的反驳，从而说明说者掌握的才是正确的信息。从语篇传递信息的角度分析，"否定"这个言语行为就是对听者预先可能持有的某种假设的反驳和否认。我们知道，认知心理学中有"图像"（Figure）和"背景"（Ground）的概念，事件的发生变化，事情的出乎意料，变化性与突发性这些都极易引起人们的注意，这种引起人们注意的新信息相当于"图像"，而那些不易引起人们注意的信息相当于"背景"，将"图像"与"背景"的概念运用到肯定句与否定句中，就是否定句提供的一般是"背景"信息，肯定句提供的一般是"图像"信息。

通过语言化我们可以将一个认知范畴上的否定观念形成语言世界中的"否定范畴"，语言中的否定范畴是一个重要的语义语法范畴，也是一个重要的语用功能。作为投射到语言系统中的否定范畴，其否定的意义必然需要通过具体的形式、手段这样的语言载体来实现，不同的语言有各自不同的否定表达法，有的语言在主要的词上利用音调的变化来表示否定，有的语言则在主要的词上加上一个附加成分来表示否定。例如，爱尔兰语的 domelim（我吃）为肯定，而 nitoimlim（我不吃）则为否定。立陶宛语之 neszù（我穿）为肯定，而 nèneszu（我不穿）则为否定。汉语则和英、法、德语相同，是用一个独立的特殊语法成分（即虚词）来表示否定的。古代汉语常用的否定词有"不""否""无""非""弗""勿""未"等，这几个虚词的用法各不相同（参高明凯，1948）。就现代汉语而言，表达否定意义的形式可以有很多种，常用的是否定标记词的使用，语气或语调，一定的句子格式或具体的语境等，都可以负责传达否定内容，这就出现了否定表达的意义与表达形式之间不一致的情况，句子里可以没有否定词，却可以表达否定的意义。这里就出现了一个否定结构界定的问题，我们是以形式为纯粹标准，把出现否定标记的统一看做否定结构，而把没出现否定标记的统统排除在否定结构之外，这样的结果是那些含有否定形式，但并不表达否定意义的结构仍要归入否定之类，而那些不含有否定形式，但表否定意义的结构不归入否定之类；还是以意义为标准，只要表达的是否定意义，不论是否出现否定标记，这个结构就可以看做是否定性的结构。以上两种判断标准，在现代汉语语法界各有其支持者。有的学者主张采用形式标准，如金兆梓在《国文法研究》认为，肯定句与否定句的分别只需要看句子中是否有"不""无""非""弗""莫"等否定副词。吕叔湘在《中国文法要略》也指出，否定的句子必须要有否定的字样。有的学者主张采用意义标准，黄伯荣、廖序东（1981）的《现代汉语》主要从句子的逻辑意义出发，认为对事物作出了否定性判断的句子都可以称为否定句。如果采用意义标准的话，除了用"不""没"等否定标记之外，那些含有否定意义的词语、语气、语调、语境等多种手段都能达到否定的目的。目前学者们争议的中心问题概括来说就是是否能达到否定目的的手段都能归入否定结构之列，换言之，就是是不是所有表达否定意义的形式都可以纳入否定结构。众所周知，汉语中有相当多带有一定否定意义的词语，如"免得、难以、艰于、很少、拒绝、懒得、后悔、缺乏、难免"等，对由这些含有否定意味的词语构成的表示否定意义的句子是肯定句还是否定句学界存在分歧：袁圣（1951），祝鸿喜（1960），徐仲华（1959），郭昭穆、汪坤玉（1985）等都认为应该看作否定句，相比较与那些使用"不""没"等显性否定标记的否定句，这可以看作是由隐性否定方式构成的隐性否定结构。郭昭穆、汪坤玉（1985）虽然也赞成由这些含有否定意味的词所组成的句子是否定句，但他们认为"本身含有否定意思的词应该限制在从它的词形结构上就能显示出否定意思的范围之内，而像'后悔、埋怨、拒绝'之类的词不应算在内"。甘于恩（1989）认为这种结构只能认为是肯定性结构，甘文的主要观点是从词汇的语义上讲，不能把所有反义词的关系统一视为肯定与否定的关系。虽然逻辑上肯定和否定的关系一定是矛盾关系，但反过来并不成立，也就是说，逻辑上的矛盾关系不能一概而论，全部视为肯定式和否定式，即便从修辞学上来解释，"反面"和"正面"也经常伴随有感情色彩，在一些情况下缺乏客观的衡量标准。他还指出："……即便是词中带有否定词素的动词、形容词（如'否认、无能、非议'等），用作谓词时也只能当成肯定式……这些词素已不能独立做句子成分，而是固定为复合词的组成部分。"[①] 我们同意甘先生的观点，也认为由这些含有否定意味的词语表示的否定意义的句子是肯定句不是否定句。如果把它看做肯定句，就是混淆了语法上的否定同逻辑上的否定。逻辑上通过否定意味的词语所作的否定逻辑判断，并不能全部都认定为是否定在语法上的表现。对于那些由否定词素组成的动词、形容词的性质，我们

---

① 甘于恩：《再论现代汉语的肯定式、否定式及有关问题》，《暨南大学学报》1989年第3期，第87—92页。

也赞成甘先生所言的"这些词素已不能独立作句子成分，而是固定为复合词的组成部分"，因此，我们也不把含有这些词语的结构看做是否定结构。就现代汉语普通话而言，"不""没""别"是最常用的否定标记词，它们既可以和其他语素组合成词或词组，也能够独立充当句法成分，在一些情况下还可以单说单用。而像"非、莫、无"等，在古代汉语中可以独立充当句法成分，但在现代汉语普通话中它们的独立性已基本消失殆尽了，最常用的用法是和其他语素一起组合成词，如"非但、莫不、无非、无从"等等，已经不能看做是现代汉语的否定标记了。还有一类介于两者之间，如"未"，它在极少数情况下可以独立使用，很多时候也是和其他语素组合成词使用，如"未必、未曾、未免"等。

除了这些含有否定意义的词语，语气语调也能传达否定的意义，最突出的表现是反问句，反诘能否看做是一种否定形式呢？反问句是一种较为特殊的疑问句，且它同否定的关系密切，反问句虽然在语表形式上是一般问句的形式，但反问句其实并不是真正的有疑而问，只是用问的形式表示肯定或否定的意见态度，是一种无疑而问。反问句的语里意义与其语表形式相反，肯定的语表形式表示的是否定的语里意义，否定的语表形式表示的是肯定的语里意义，从这个角度上讲，反问句确实本身就具有否定作用。吕叔湘（1990）指出："反诘实在是一种否定的方式：反诘句里没有否定词，这句话的用意就在否定；反诘句里有否定词，这句话的用意就在肯定。特指问和是非问都可以用做反诘句，而以是非问的作用为最明显。"[1] 从吕先生的论述中我们可以看出吕先生把反诘看做是一种否定的方式。吕先生认为反诘可以算做是一种否定的方式，没有否定词的反诘句，句子表达否定的用意；有否定词的反诘句，句子表达肯定的用意。[2] 有不少学者同吕先生的意见一致，李宇明（1990）认为反问句的主要作用就是否定，反问句本身就是一个表示否定意义的否定形式。文贞惠（2003）认为反问句都具有否定的功能，因此应该把它看做是一个否定标记。曾毅平、杜宝莲（2004）认为，

---

[1] 吕叔湘：《中国文法要略》，商务印书馆1990年版，第291页。
[2] 吕叔湘：《中国文法要略》，商务印书馆1990年版，第291页。

转换是反问句实现其否定功能的重要手段，转换具体包括有两个方面，分别是表层与深层的结构转换和语气转换。总之，概括来说，学者们对反问句的基本认识是反问句就是通过疑问这一间接手段侧面表达说话人对某事的否定性意见，反问语气是反问句表达否定意义的重要因素，相比较与直接使用肯定句或否定句，反问句往往比两者的语气更强，更有力量。张伯江（1996）提到反问句的否定程度很高，证据是在几种否定式并列的时候，反问句通常位于其他否定式之后。反问句在表达否定意义的时候，往往还使语句带上了"提醒、反驳、催促、强调、讥讽"等较为强烈的感情色彩。郭继懋（1997）提出反问句除了有达到否定言论或行为的目的外，还附带说话人较强的主观语气、情绪意义。关于反问句中否定语义的来源，也有不少学者做出过论述。主要的观点有以下三种：一种观点认为反问句的否定语义来源于反问句的疑问代词，如吕叔湘（1953）指出反问句中的"哪（哪儿、哪里）、什么"等疑问代词起否定作用，邵敬敏（1996）认为在反问句中出现的"什么"并不负载疑问信息，而它的作用是加重反问语气，从而强化否定的性质。李一平（1996）认为反问句中疑问代词"什么"已经基本失去其疑问的语义，而多表示的是否定和贬斥的意义。姜炜、石毓智（2008）则直接将"你跑什么，还有事跟你说呢！"这类的"什么"看做否定标记。一种观点认为反问句的否定语义来源于句子的语气。如许皓光等（1985）认为反问句的否定语义来自构成反问语气的主要手段，包括有语境、副词、重音、语序等。胡德明（2010）认为反问句的否定语义来自于反问语气。在胡文中语调、重音、语速、疑问形式、语气词、副词、情态成分等都被看作是反问语气的形式手段。还有一种观点认为反问句的否定语义来源于语境，如刘松汉（1989）、李宇明（1990）等。邵敬敏（1996）认为反问句的表层形式虽然是一种疑问格式，但说话人自身并没有什么不确定，相反说话人其实对某事已经形成一个鲜明的态度，邵先生认为，"这种疑问形式是要获得对方的赞同，而并不是要求对方回答，并且，反问句对对方的意见和态度有潜在的强烈的导向性，说话人传递给对方的是一种强烈的认同性的约束力量，这种强烈的认同性是反问句重要的语用目的。"① 有些学者还指出如果某个疑问代词经常性地出现于反问句中，这个疑问代词的最终结果是沦为一个"主观性"的语用标记。不管反问句的否定语义是否来源于语境，不可否认的是，反问句对语境有很强的依赖性，我们确定反问句，都需要在上下文和一定的语境中进行，但是，如果我们一旦确认了反问句，反问句句式本身就带有了一定的否定意义。另外，许多学者还发现否定词同反问句之间似乎存在一种天然的联系。赵元任（1979）认为肯定式的"吗"尾是非问是一种中性问，说话者对询问的内容并不预设肯定答案或否定答案，问话人认为答话人可以作肯定性或是否定性的回答，但当问句里出现否定词的情况时，问话人则希望答话人给出一种肯定性的答复，也就是说，问话人总是希望得到与问句相反的答句。

张伯江（1997）认为"不"等表示明确否定态度的词语，使命题由中性命题变成有明显倾向性的命题。关于否定词与反问句的联系，学界较有代表性的观点是：否定词是有标记的形式，反问也是有标记的形式，由上述两种有标记构成无标记关联模式，所以，否定词很容易进入反问句中。虽然反问句的判定通常需要借助一定的语境，但只要认定了某个结构是反问句，反问句的表层结构与深层语义间就始终存在着矛盾的否定关系，从这个角度讲，反问句似乎能被看做是一种句法上的否定性标记。但从另一个角度看，这样做也会造成一定的麻烦，突出表现在反问句缺乏句法形式上的依托，如果把这种没有形式上依托的形式也归入否定句，就会造成否定结构丧失明确的辨识性标志，也导致了其包含的内容过分庞杂，容易使我们将句式与句式的表达效果这两个概念相混淆，反问手段是否应该看做是一种否定格式呢？反问手段表示的否定是否应看做是一种否定性结构呢？我们在此不敢妄加断言，留待进一步的研究与思考。以下是反问句的例子：

你好意思这么对人家？
你何必同这种人计较？
谁知道呢？

---

① 邵敬敏：《现代汉语疑问句研究》，华东师范大学出版社1996年版，第32页。

你装什么深沉呢？
他正在出差，这会儿怎么过来？
你说的像话吗？
你难道不是这个团体中的一员？

除了以上这些，我们还可以用"反语"来表达否定的意义，如：

甲：她这个人太聪明了。乙：是的，她太聪明了，都聪明过头了。
甲：她太爱美了。乙：是的，她太爱了，都美得过头了。

这些例子中，乙说的"太聪明了""太爱了"是反语，正话反说，有讽刺的意味。虽然反语也表达否定的意义，但它明显是一种修辞手段，显然不能归入语法上的否定，如果非要把它们看做是否定结构的话，也应该把它们归入语用否定。

上面说的情况是不含有否定标记词但句子表达否定的意义，与之相对的情况在汉语中也存在。汉语中有些出现否定标记的句法结构在意义上也可以是不表示否定概念的，吕叔湘将这种现象概括为否定作用的模糊化，如双重否定。

2.1.2 否定的涵义

叶斯柏森（Jesperson）的名著《语法哲学》（The Philosophy of Grammar）中专门用否定（Negation）一章来研究否定这个范畴在语言中的表现。叶氏在调查了大量语言之后，得出结论：人类语言中的否定区别于数学上的否定，否定词含义都是"少于、不及（lessthan）"，语言中的否定是不完全否定。如"不温"指低于"温"的程度，含义是介于"温"和"冰冷"之间，而不在"温"和"热"之间。"He does not read three books in a year（他不是一年读三本书）"，该句的意思是他读的书在一本和三本之间，不超过三本，但也不是一本也没有。汉语中否定词"不""没"用于否定结构之后，表达的否定也是一种不完全的否定，含义也是少于、不及。我们用以下的例子来具体说明。如"这面墙不白"。"不"不是对该形容词本义的完全否定,而只是否定形容词的程度。例句是说"白"的程度不高,但这面墙的颜色确实是"白"的,"白"的本义仍然保留着。说"他没修五门课"是说他修课的数量低于五门,但也不是说他一门也没修低到零的程度,也不能是多于五门。说"他没学三个小时"是他学了但时间上不到三个小时,"没"并不是对"三个小时"全量上的否定,它的意思是少于或接近只是没达到三个小时的量。石毓智(2001)指出由于"不"和"没"具有上述的否定含义,"不"和"没"就要求其所否定的词在概念上需要有量的伸缩性,即能够在一定的数量量幅中伸缩,石先生将这种在量上具有一定伸缩的词称为非定量词,该类词都可以用"不"或"没"否定。而那些在语义上只表示一个点的词,没有空间容下否定后的含义"少于、不及",就称为定量词,它们都不能用"不"或"没"修饰。否定是有一定量域的。对某一个量 X 的否定,一般都不是对量 X 的全量否定,而是意味着肯定一个接近 X 的较小的量,否定的量域是大于或等于 X 的量。这里顺便提及一个问题,叶斯柏森的名著《语法哲学》中否定一章,还有一个问题值得我们思考。叶氏提到在否定表述的历史中有一种奇怪的变动现象。这种变动现象具体来说就是:因为句中另外某个词需要重读,否定副词经常弱读,以示对比。但是当否定词成为一个纯粹的前附、音节,甚至成了一个单个音的时候,人们觉得它太弱了,必须加上某个词使之强化,而这个附加的词渐渐地就被当做否定词本身,然后这个词可能跟原先那个词一样发展。这样就出现了弱化与强化不断交替的现象,由于有把否定词置于容易脱落(通过句首省略)的句首的趋势,弱化和强化的交替现象就引起了一些奇特的结果。

2.2 否定的类型

从否定性质的角度来看,否定这个范畴内部有两种性质的否定:"语义否定"和"语用否定"。"语义否定"否定的是事物的存在或事件的真实性;"语义否定"否定的是句子的真值条件,真值条件指某个句子若想为"真"所必须符合的条件,"语义否定"是对"衍推义"的否定,是一种无标记的显性否定结构。如果我们把眼光从句法语义平面延伸至语用平面，就有了相对于"语义否定"而言的另一种类型的否定，即"语用否定"。与"语义否定"相对，"语用否定"否定的是语句的适宜条件，"适宜条件"指为了达到特定的目的和适应当前的需要，语句在表达方式上应该满足的条件。"语用否定"相对"语义否定"而言，不是否定句子的真值条件，而是否定句子表达命题方式的适宜性，"语用否定"是对"隐涵义"或"预设义"的否定，是一种有标记否定。例如：

今天外面很冷，不暖和。（语义否定）
今天外面不是暖和，而是很热。（语用否定）

以下例子中的否定仍是语用否定：

是什么"有点儿难看"，而是十分难看，特别难看。
他们都说这部电影还行，我觉得不是还行，而是非常行。
他们两个根本就谈不上分手，他们压根就没开始过。

从形式上看，否定隐涵义或预设义的语用否定，通常使用否定标记"不"，且有一些额外的标志，汉语一般要在"不"后加"是"，说成"不是"。无标记否定可以单独成句，有标记否定不能单独成句，后面一般有一个接续的表示申辩或解释的肯定小句，"不是……而是……"或"不是……是……"已经成为语用否定的经典格式。

从否定标记的角度看，否定还可以分为有标记否定和无标记否定。有标记否定是指使用了否定标记的否定结构，无标记否定是指不用否定词却仍然表示否定意义的语言现象。

2.3　肯定与否定的区别与联系

沈家煊（1999）按照传统的标记理论并参照 Greenberg（1966b）和 Croft（1990）为跨语言比较归纳了六条有标记项和无标记项的判别标准，其中有两条是组合标准与频率标准，组合标准指一个语法范畴中用来合成有标记项的语素数目比无标记项的多，至少也一样多。频率标准指无标记项的使用频率比有标记项的高，至少也一样高。在肯定与否定这对范畴中，否定大多都有形式上的否定标记，不同语言否定标记的数目不一，但总体来看，否定句需要比肯定句多加一个标志，否定句的形态比相应的肯定句来得复杂。从使用频率说，肯定句的使用频率大大高于否定句。根据 Givon（1984）的统计，英语学术论文中否定句只占5%，在小说中否定句也只占12%（引自沈家煊1999）。

2.3.1 肯定与否定句法的不对称

从逻辑上讲，肯定和否定是一对对称的语义范畴。肯定的反面是否定，否定的反面是肯定。但是自然语言的肯定和否定并不是完全对称的，某个词或某种语法结构只有肯定或否定一种形式，与其相对的另一种形式并不存在，或是否定一个肯定或否定句不一定得到一个与其相对的意思，汉语中有些词可以被否定，有与其肯定式相对应的否定形式，而有些词不能被否定，没有与其肯定式对应的否定形式，这些都体现了肯定与否定间的不对称性。近年来，关注研究较多的问题主要是：

第一，现代汉语各词类肯定与否定的用法。现代汉语各词类都存在一些词，一般只用于肯定句或只用于否定句。石毓智（2001）认为现代汉语的动词、名词、形容词、介词等词类都有定量与非定量的分别。不同词类定量与非定量的判定方法不同，但总的规律是：定量词不能用"不"或"没"否定，非定量词可以用"不"或者"没"否定。例如：

　　这项工程不需要这么多人。（"需要"是不定量动词）
　　*这项工程不得这么多人。（"得"是定量动词）
　　院里没车了。（"车"是不定量名词）
　　*院里没车辆了。（"车辆"是定量名词）
　　街上没有行人了。（"行人"是不定量名词）
　　*街上没有人类了。（"人类"是定量名词）

对于非定量形容词来说，连续性是其最典型的数量特征，因此，在对形容词的否定上，"不"比"没"的使用更为自由，如"她这个人不懂事",几乎所有介词具有的都是非定量性,如"他不比他个高"。另外,时间名词"今天、明天、今年、明年、最近、近来、今后、以后、平常、年代、古代、当代、期限、中期、期间、期限"等不能受否定词修饰。

汉语副词中有些副词专用或倾向于在肯定结构中使用,郑剑平(1996)考察了现代汉语514个副词修饰"不/没有"否定性结构的情况,统计出肯定性结构专用副词(肯向副词)187个,约占36%,否定性结构专用副词(否向副词)13个,约占总数的3%。通常来说,任何话语都带有主观性,不带有说话人态度、感情、视角的语句是不存在的。沈家煊(2001)将主观性定义为"主观性(subjectivity)是指语言的这样一种特性,即在话语中多多少少总是含有说话人'自我'的表现成分。即说话人在说出一段话的同时总是还表明自己对这段话的立场、态度和感情。"① 语言中表达主观性的手段很多,副词就是其中一个很重要的表现手段。大多数专用于或倾向于在否定结构中使用的副词,一个共同点就是它们的功能基本都是用来加强、强调否定语气的,否定结构中使用这些副词的目的正是说话人为了强调自身的主观情感、心理偏向,这些副词其实是一种表达增量的手段(参李善熙2003)。例如:

这件事我万万没想到会演变成这样。*这件事我万万想到会演变成这样。
这种事断不会再发生。*这种事断会再发生。
我绝不答应。*我绝答应。
他压根不想这么做。*他压根想这样做。
他从不迟到。*他从迟到。
这件事没有丝毫征兆。*这件事有丝毫征兆。

石毓智(2001)从词语本身所含的"量"的概念出发,总结了一条"自然语言的肯定和否定公理",用这一公理解释以下这些结构为什

---

① 沈家煊:《跟副词"还"有关的两个句式》,《中国语文》2001年第6期,第487页。

么只有否定式，没有肯定式。例如：

这件事没辙了。＊这件事有辙了。
他一口烟都不沾。＊他一口烟都沾。
他没出过半毛钱。＊他出过半毛钱。

石毓智的公理规定语义程度极小的词语，只能用于否定结构；语义程度极大的词语，只能用于肯定结构；语义程度居中的词语可以自由地用于肯定和否定两种结构之中。上述例子中的"辙、沾、半毛钱"很明显都是语义程度极低的词，因此它们只能用于否定结构，而不能用于肯定结构。类似的词还有"介意、铭记、景气、鼎盛"等，其中"介意、景气"是表极小量的动词、形容词，一般只能用在否定结构中，与之相对的"铭记、鼎盛"是表极大量的动词、形容词，一般只能用在肯定结构中。我们知道汉语中的"V 不 C"相对于它的肯定式"V 得 C"一直以来都是强势格式，表现在"V 不 C"的使用频率远远多于"V 得 C"，甚至一些结构只有"V 不 C"没有相应的"V 得 C"。刘月华（1980）对曹禺、老舍等人的 110 万字的作品进行统计分析，结果"V 不 C"的使用频率是"V 得 C"的 50 倍，石文认为这也可以用"肯定和否定公理"来解释，"V 得 C"与"介意"类词一样，肯定程度很低，根据自然语言的肯定否定公理，它们的否定式"V 不 C"自然比其肯定式"V 得 C"的使用频率高得多。

第二，现代汉语中的一些结构只有肯定式或只有否定式。

如果一个句子中的程度补语前加上了形容词性的修饰语，那么这个句子只有肯定式，而不能用否定式。例如：

他歌唱得好极了。＊他歌唱得不（没）好极了。
他唱得难听透了。＊他不（没）唱得难听透了。
他已经忍够了。＊他已经不（没）忍够了。

如果一个句子中名词的前面有数量短语的修饰，那么这个句子的动词前不允许有否定词的出现。例如：

找一个问题提问。*不/没有找一个问题提问。
出一笔钱旅游。*不/没有出一笔钱旅游。
盛一碗汤喝。*不/没有盛一碗汤喝。

如果一个句子的主语由"一量名"结构充当，则该句的谓语动词前一般需要出现否定词，即该结构只有否定式，没有肯定式。例如：

一口烟都没沾。*一口烟沾。
一碗汤都没喝。*一碗汤喝。
一个学生都没来。*一个学生来。

邢福义（2001）的"句管控"理论可以很好地解释该问题。"句管控"指的是句法机制对各种语法因素的管控作用。"句管控"包括"句法管控"和"句域管控"，"句法管控是指语词组合的配置需要受到句法规则的管束和作用，涉及的是具体语言片断的句法语义格局；句域管控则是指不同句法领域对语法事实的管束和作用，涉及的是具体语言片断的动态语境。"①

也就是说，一个小句除了所要表达的实际的语义内容外，往往还可以概括出一个更加抽象的句式意义，"一量名+否定"格式通过语序的颠倒来表达一种彻底完全否定的句式义，该格式义对小句内部各语法单位就产生了管束的作用，表现在其中的数词必须是表示最小义的"一"，量词的语义量也必须是最低语义级层次，这样才能与该格式的格式语义相匹配。

重叠式基本不与否定相匹配。重叠是调量的一种语法手段。李宇明（1996）指出词语的重叠跟量的变化有关，词语重叠是量变化的一种语法手段。名词的重叠可以使量增加，甚至增加到周遍性的量。例如：

人人都想来北京。

---

① 邢福义：《说"句管控"》，《方言》2001年第2期，第97—106页。

条条大路通罗马。

动词的重叠也可以使量减少。朱德熙（1982）认为现代汉语动词重叠式表示时量短、动量小。李宇明（1996）指出，有些动词重叠表示动作反复的次数少、持续的时间短。邢福义（2000）强调，"VV"和"V—V"是同义形式，它们在时量上表示动作的短摆，在分量上表示动作的轻化，在说话口气上表示动作的随意。例如（转引自邢福义2000）：

至于孩子，可以先送到他奶奶那里，寒暑假再回去看看他。
我只是想试一试，看看能不能改变自己的命运。

这些例句都不能用做否定形式。例如：

*至于孩子，可以先送到他奶奶那里，寒暑假再回去不（没）看看他。
*我只是想不（没）试一试，看看能不能改变自己的命运。

不管是量的增加或减少，重叠式都表达了某种定量化的概念。又如：

足足开了半天。*足足没开了半天。
他闲时就喝喝茶，听听音乐。*他闲时就不喝喝茶，不听听音乐。

如果动词的前面有表示"完成"意义的时间副词的修饰，句子不能再出现否定词。例如：

他已经毕业了。*他不/没有已经毕业了。
他曾经参加过工作。*他不/没有曾经参加过工作。

如果动词后有表示完成的体助词"了"、表持续的体助词"着",句子也不能再出现否定词。例如:

他没去出差。*他没去了出差。
他正吃着饭。*他没/不正吃着饭。

除了以上这些,汉语中还有许多结构只有肯定式、没有否定式或只有否定式、没有肯定式,如(以下例子中用"Neg"代表"不""没"等否定形式):

我刚讲哪儿来着。*我刚 Neg 讲哪儿来着。
这顿饭吃得别提多带劲儿了。*这顿饭吃得别提多 Neg 带劲儿了。
你刚都去哪儿了？*你刚都 Neg 去哪儿了？
有一说一。*有一 Neg 说一。
一言不发。*一言发。
我才不干呢。*我才干呢。
非卖品。*卖品
不锈钢。*锈钢

如果再进一步看,否定内部也存在不对称现象。具体来说,有些语法结构既可以被"不"修饰,也可以被"没"修饰,但有些语法结构具有"择一性",即只能被"不"或只能被"没"修饰。石毓智(2001)总结出"没"否定的是具有离散量词义的词,而"不"否定的是具有连续量词义的词。石文认为"离散"和"连续"可以跨越不同的词类,也可以不考虑它们本身所表示的具体的概念内容,只要它们具有共同的数量特征,就会有相应的句法表现。例如:

还没有周一呢,你慌什么？*还不周一呢,你慌什么？
苹果不新鲜。*苹果没新鲜。

第三，描写性语句同否定结构间的互斥性。陈述性语句是客观陈述对事物的属性和行为，描写性语句则是要把人和事物描写得更加具体形象，它重在对事物形象地表现。从语言风格上来看，陈述性语言质朴，描写性语言往往要求有一定的文采，常使用比喻、比拟、夸张、排比等修辞手段。与陈述性语句相比，描写性语句具有一定的主观性。这类增强生动性的描写手段同否定结构间存有互斥性。例如：

她长得白白的，胖胖的，非常可爱。＊她长得不白白的，胖胖的，非常可爱。
沏了一壶浓浓的茶。＊沏了一壶不浓浓的茶。

第四，存现句同否定结构间的互斥性。存现句既包括由空间名词性词语充当主语的句子，表示事物的存现处所；也有指在某时间存在、出现、消失的句子（范晓1998）。存现句一般很少用于否定句中。例如：

桌上摆着一本书。＊桌上不/没摆着一本书。
门口站着一个人。＊门口不/没站着一个人。
昨天来了两名客人。＊昨天不/没来了两名客人。
今天来了一批新货。＊今天不/没来了一批新货。

从话语篇章的角度说，始发句在话语中的目的是明确地告诉听话人一个新信息，肯定句用来传递新信息，而否定句是用来否认或反驳某个已知信息，存现句在篇章中经常作为始发句出现，因此，存现句与否定结构之间相排斥。

以上种种句法结构上肯定和否定的不对称，都在一定程度上体现了"句管控"的作用。我们上文提到的种种小句结构，都是发挥了各自句法机制的作用对结构中的肯定性或否定性起到一定管制。

2.3.2 肯定与否定语义的不对称

关于肯定与否定语义不对称的研究主要集中在以下几个方面：
第一，从逻辑上讲，肯定形式表达肯定意义，而否定形式则表达与肯定意义相对的否定意义，而在一些句法结构中，肯定式和否定式表达的意义相同，肯定和否定的对立消失。这个问题的典型代表就是已经引起诸多学者兴趣的"羡余否定"。所谓羡余否定，就是指那些虽然在形式上含有"不、没、别、非、未"等否定成分，但实际上并不表示否定的语言现象（参看朱德熙1982、沈家煊1999、张谊生2003、申小龙2003）。例如：

　　一会儿饭做好了 = 不一会儿饭做好了
　　一会儿水开了 = 不一会儿水开了

沈家煊（1999）认为这可以用心理视角来解决，表现在说话人的主观角度存在有一个心理上的期待值。"一会儿"相对于两个心理上的期待值，"一会儿"既可以和比"一会儿"小的量"零"相对，也可以和一个比"一会儿"大的量相对，而"不一会儿"只相对于一个比"不一会儿"大的量，当和一个比"一会儿、不一会儿"大的量相比较时，"一会儿"和"不一会儿"都是一个负值，是在期待值的量上"减去"一个量，在这种情况下"一会儿"和"不一会儿"等义。总之，心理期待量的正负值决定了"一会儿"和"不一会儿"的对立与统一。

例子：

　　差点儿没摔倒 = 差点儿摔倒
　　差点儿没闹笑话 = 差点儿闹笑话

针对这种肯定与否定对立消失的现象，学者们做出了如下解释。朱德熙（1982）总结出了两条规律："（一）凡是说话人企望发生的事情，肯定形式表示否定意义，否定形式表示肯定意义；（二）凡是说话人不企望发生的事情，不管是肯定形式还是否定形式，意思都是否定的。"沈家煊（1999）从心理期待正负值的角度给以解释，认为"如果把如意的事看做正值，不如意的事看做负值，那么这种现象实际上也跟心理期待的正负值或标记性相联系，说话人期望发生的事情是正值，'差点儿'表示否定，'差点儿没'表示肯定，两者对立；说话人不期望发生的事情是负值,'差点儿'表示否定,'差点儿没'也表示否定,两者对立消失。"① 石毓智(2001)认为朱先生的两条规律有很多例外,提出用"积极成分"和"消极成分"来分别替换"企望发生的事"和"不企望发生的事"。文中认为积极成分述补结构的述语和补语之间是松散可分离的关系;消极成分的述语和补语之间是紧密不能分离的关系,"差点儿"和"没"是等值的否定词,用"差点儿"和"没"一块否定积极成分时,相当于对积极成分的结果否定了两次,整个句子仍是肯定含义;当"差点儿"和"没"都出现于消极成分之前时,其中一个失去了否定的功能,只起加强否定语气的作用。

例子:

好不蛮横＝好蛮横(肯定义)
好不糊涂＝好糊涂(肯定义)
好不讲理＝好讲理(否定义)
好不公平＝好公平(否定义)
好不知足＝好知足(否定义)

上述例子中的"好不蛮横、好不糊涂"表达的是"蛮横、糊涂"的意义,而"好不讲理、好不公平、好不知足"表达的是"不讲理、不知足、不公平"的意义,这一现象可以用"礼貌原则"来解释。礼貌原则指用言语进行评价,尤其是评价人的社会行为时,对坏的要说得委婉,对好的要说得充分。一般来说,对缺点的批评是一种有损对方面子的行为,不宜直接使用贬义词,因而往往用"不"加相应的褒义词来代替;贬义词用"不"否定之后用"好"来加强,结果是"好"和"不"结合成一个加强副词"好不",意思等于"好"。而上述例子中的"讲理、公平、知足"是一类表示在特定社会和文化中的道德规范或行为准则的道义词,这类道义词是一类特定的带有社会性的褒义词。同上一种情况相似,人们在礼貌原则的驱使下,通常不直接使用贬义词,如"蛮横",而是使用"否定词＋褒义词"的形式,

---

① 沈家煊:《不对称和标记论》,商务印书馆1999年版,第119—122页。

与前一种情况不同的是，这种情况下的"不"是一个否定前缀，"不"和后面的褒义词联系紧密。

　　石毓智（2001）解释了"好不容易＝好容易"这一现象，石文认为副词"好"与程度词"十分、非常"等基本相同，都是表示程度深的意义，但是"好"比"十分、非常"等多了一层感叹语气，这样被"好"修饰的形容词就有了令人吃惊的性质。"容易"的语义为"做起来不费事"，这与"好"的感叹语气不大相符，因此就产生了词义的偏移，使"容易"与"不容易"的语义相当。

　　汉语里肯定与否定对立消失的句式大多发生在消极意义的词语上。例如：

　　　　人难免犯错＝人难免不犯错
　　　　以免再次发生此类事件＝以免不再发生此类事件
　　　　怪我来早了＝怪我不该来早了
　　　　就差写小结了＝就差没写小结了
　　　　我真后悔跟他生气＝我真后悔不该跟他生气

　　正如Jespersen（1924）指出的因为原来的句子含有否定的意思而又没有明确表达出来，说话人感到有必要强调否定的意思以免误解，于是就加上实际上是赘余的否定词……一般总是在否定不如意的事情时这种强调否定尤为重要。

　　第二，双重否定的意义，数学中两个负号相加得正，语言不是数学，语言的否定词不可能等同于数学中的符号，因此数学中的两个负号得正的规则在语言中并不适用。Jesperson曾经说过语言有自己的逻辑，只要两个否定词指的确实是同一个概念或同一个词（作为特殊否定），结果总是肯定的。任何语言概不例外，例如：notuncommon（不是不普通），notinfrequent（不是不经常）。Jesperson指出复杂的说法，语气总是弱一些，这种用法的心理上的根据是，用两个互相抵消的否定词兜圈子，涣散了听话人的精力，此外还显示说话人在一定程度上犹豫不决，而这种犹豫不决的含义在直率的、干脆的common或infrequent中是没有的。该问题在汉语中主要有两种情况：一是一句话先后用两个否定词起到的是双重否定的作用。如"没有人不去""非这样做不行"之类，这种结构先后用两个否定词，表达的是肯定的语义，但是语气要比单纯肯定句委婉。二是有"判断语词"的双重否定。这种情况下的双重否定并不是简单的负负得正，而是大大改变了原来单纯的肯定意义，突出地体现在含有能愿动词的句子里（吕叔湘 1987；沈家煊 1999）。这跟"判断语词"的语义强度有关，语义等级上的中项跟强弱项形成对立。例如：

今天不能不去＝今天必得去≠今天能去
你不会不知道＝你一定知道≠你会知道
他不敢不做＝他只能做≠他敢做

第三，有时形式上对应的否定式和肯定式，意义上却不对称。例如：

他这人不错。
这样的问题他都能解决，真不简单。
这个东西不难吃。
他做菜的手艺可不含糊。

例子中"不错"形式上是"对"的否定式，但不表达"对"的意思，而是"好"的意思。例子中的"不简单"形式上是"复杂"的否定式，但不表达"复杂"的意思，而是"有能力、有才干"的意思。例子中的"不难"形式上是"难"的否定式，但不表达"难"的意思，而是表达"味道不错"的意思。例子中的"不含糊"形式是"清楚、明白"的否定式，但不表达"清楚、明白"的意思，而是表达"不赖，较好"的意思（参看张斌 1998）。

第四，肯定式和否定式中名词宾语、疑问代词、副词等所指意义上的不同。肯定句和否定句中名词宾语在所指上有区别，例如：

今天上午他接待了一名应聘者。

? 今天上午他没接待一名应聘者。
今天上午他没接待那名应聘者。

在一般的肯定句中，动词后带"一"的名词宾语一般表达的是"专指/不定指"的意义，而在"今天上午他没接待一名应聘者"，这句话如果成立"一"一般都重读，表示"他上午连一名应聘者也没接待"的意思，"一名应聘者"失去了"专指/不定指"的意义，而表达任指义，由此可见，否定句不是用来引入新信息和新的所指对象，而是否认或反驳已经引入的信息和所指对象（参看陈平[①]1987；沈家煊1999）。

否定结构中的疑问代词常常会丧失疑问功能，如"这本书不怎么好"中的"怎么"表示的意义是这本书勉强可以，但算不上好。"没有谁是完全值得信任的"中"谁"表示的意义是完全否定，即"所有的人都不能完全信任"。

有一些副词用在否定结构中的作用是加强否定语气，如下列例子中的"又""才""并"：

敢怒又不敢言？
说了又能有什么变化呢？
他才不会讲这种话呢。
这种食品是否有毒有关部门并未作出明确答复。

第五，疑问句肯定形式和否定形式的表意并不相同。有学者已经注意到肯定形式并没有对肯定内容加以突出，而否定形式则是对否定内容予以突出，因此，肯定形式的疑问句是无偏向的中性疑问，否定形式的疑问句则是带有一定偏向性的问句。例如：

他昨天来上学了吗？（无偏向，肯定、否定同样关注）
他昨天没来上学吗？（偏向于关注否定的情况，表明说话人的

[①] 陈平认为，"专指/不定指"：指说话人指某一事物，听者不知道或不熟悉其所指。专指/定指：说话人指某一事物，听者知道或熟悉其所指。任指：说话人没有指某一事物。

实际看法）

2.3.3 肯定与否定范围的不对称

众所周知，从信息传递的角度讲一个句子一般包含已知信息（旧信息）和未知信息（新信息）两个部分，"已知信息"是听者已经知道的旧信息，一般由主语部分表达；"未知信息"是听者还不知道的新信息，一般由谓语部分表达。否定的范围一般只限于谓语部分，并且多集中在状语、补语、定语这些一般不是构成谓语所必需的句法成分上，这些成分往往容易"吸引"否定词，从而使否定的范围在谓语部分中进一步缩小（参沈开木 1985，饶长溶 1988）。例如：

他们按规矩办事。
他们不按规矩办事。

例子中肯定句的肯定范围一般是"按规矩办事"，既肯定"按规矩"，又肯定"办事"，而例子中否定句的否定范围通常只是"按规矩"，不包括"办事"。又如：

我没有做错事。（做事了，但没错）
瓶里没装满水。（装水了，但没满）
我还没睡够呢。（睡了，但没够）

2.3.4 否定句式与其他句式间的互通性

"现实"（realis）和"非现实"（irrealis）是属于情态范畴的两个概念。情态一般是说话人对命题态度或认识状况的反映。现实情态表达现存的、实际的事情；非现实情态表达尚未发生的、虚设的事情。吕叔湘（1942）在考察否定词的来源时就注意到了疑问词和否定词的渊源关系，吕先生认为汉语里的句末疑问词"吗"源自否定词"不（无）"。沈家煊（1999）、石毓智（1992）也都提出"疑问跟否定是相通的"观点。沈先生指出，"是非问和否定一样，都是对有关命题的非肯定，疑问跟否定是相通的。"沈家煊（1999）依据情态的现实与非现实性，将句子分为"现实句"与"非现实句"，"非现实句"包括假设句、是非问句与否定句，否定句与假设句、是非问句间是相通的，从情态上讲，否定句跟疑问句、条件句等非现实句一样都不是对现实的明确肯定。具体的证据主要有：

第一，否定句和是非问句相通，证据来自拉丁语、土耳其语等一些语言中疑问词和否定词采用相同的形式。另外，汉语里的句末疑问词"吗"源自否定词"不（无）"（王力 1980；吕叔湘 1982；太田辰夫 1987）。否定句跟特指问句的相通之处在汉语里更明显：你操什么心？＝你别操心！他怎么知道？＝他不知道。

第二，一些在现实句中不成立的结构，在假设句、否定句等非现实句中却可以使用。例如：

有一个是一个。＊有一个不是一个。我不相信在那种情况下他还能有一个不是一个。

买多少送多少。＊买多少不送多少。如果买多少不送多少，你到时去找他算账。

2.4 否定的跨层级性

普通话中否定标记与各语言单位间的组配能力非常强，且组配后形成的语言单位类型丰富，有动词、形容词、副词等实词性词或短语，也有连词等虚词性词或短语。本节主要讨论否定在以下两个方面的跨层级性。

首先，否定标记可以和语素、词、词组、小句等各个层面的语法单位进行组配，从而发生作用。这在普通话或方言中都有不少用例。例如：

普通话：不止｜不过｜不及｜不可｜不宜｜不要｜不答应｜不合适｜不值得

方言①：不个（不过）｜不已（不止）｜不犯（不值得）｜不吃劲（无所谓）｜不吃货（不太好）｜不合牙（合不来）｜不好瞧（丑）

其次，由否定标记参与构成的词或短语类型丰富，有动词、形容词、副词、连词等词语类型。这在普通话或方言中也有很多用例。例如：

北京：他今天未见准［uei⁵¹ tɕian⁵¹ tʂuən²¹⁴］来。｜他那程子没短［mei³⁵ tuan²¹⁴］（经常）上这儿来。

四川成都：这袋大米不了［pu²¹ liau⁵³］（不只）百斤。｜有了核桃，未必［uei²¹³ pi²¹］（难道）还愁锤锤？

云南昭通：某人不了（不只）四十。

河南洛阳：这东西值一块钱还不已［puθi⁴²］（不止）哩！

河南安阳：不拣（不管）｜不论谁都行，只要把事办成。

东北：不（要不是）办公社，还得守锅转。｜这事不着你来，准出差儿不可。

广东广州：不子［pɐt²⁴ tʃei²¹］（也许）其又想去呢。｜不搂［pɐt⁵⁵ lɐu⁵⁵］（一向、从来）都食烟。

广东揭阳：原来伊照力，未过［bue¹¹ kue²¹³］伊个成绩向好。（原来他这么努力，难怪他的成绩那么好。）

上海：讲勿定［vəʔ¹² – 11 din²³］伊勿会来勒。

湖南长沙：你讲起来未倒［uei²¹ tau⁴⁵］（倒、倒是）还易得啊，做起来就有那样好办哒。

湖北广济：其吃了饭也不未［pu²¹³ ui¹¹］（可能、也许）。｜冒回去也不未。

福建厦门：不只［put³² si⁵³］相当好。

辽宁大连：不叫［pu²¹³ tɕau⁵³］（如果不是）天下雨，我们就

---

① 此处方言中的用例均来自于许宝华、宫田一郎主编《汉语方言大辞典》，中华书局1999年版。

出去了。

山西忻州：你穿的衣裳少，不们［pəʔ² məŋ³¹］（难怪）凉得肚儿肚里疼哩。

山西忻州：开会的人不产［pəʔ² tsʻa ʔ ³¹³］（不只）有工人，还有学生。｜真儿他未将［vei⁵³ tɕia ʔ ³¹³］（未必）上班。

山东博山：不格［pu³¹ kei²¹］（可能、也许）是他。

山东西北部：他大哥在外省做事，一年也不准回来一趟。

山东淄博：不着［pu³³ tʂuə⁰］（要不是）你和我说，我差点儿忘了。

山东寿光：不就［pu²¹³⁻¹³ tsiəu²¹］（要不）你去，不就我去，去一个就行。

在普通话和方言中，在定标记参与构成的结构类型丰富，又如（下表）：

表 2-1　　　　　　　　否定标记构词举例

	普通话	方言
副词性结构	不只、不妨	不了（不只）；不子（也许）；不未（也许）；不只（相当）；不则（不只）
动词性结构	不依、不给、不行	不干（不答应）；不比（不给）；不中（不行、不可）；不分（不服气）；不犯（不值得）
连词性结构	不过，如果不是	不个（不过）；不叫（如果不是）；不居（或者）
形容词性结构	不坏、不差	不歹（不坏）；不占（不合适）；不亚（不差）

第3章　汉语否定标记的层级性

"不""没"是普通话基本的否定标记。方言中否定标记的情况看起来数量众多，形式繁复，但不难看出，和普通话一样，各方言区基本否定标记（单纯否定标记形式）的数量也比较有限，比如吴语天台话基本的否定词是"弗/没/哴"3个，吴语海门话基本的否定词只有"弗"，"哴"只是该方言中一个基本的否定黏着语素，闽南方言普遍通行的基本否定词有"唔、无、未、免"4个。在上文的描写中，有一个问题值得特别关注，就是在这些否定形式中的合音现象，也就是说，由语音缩合构成的否定形式。有些方言中看上去繁多的否定形式，其实不少都是由该方言基本否定标记同其他语素或词构成的缩合型的合音词。单纯的否定标记同某些常用的语素或词连用久了，两者之间的结构组合关系逐步固定，在语音上发生一定的合音变体，逐渐缩合成一个音节，就形成了缩合型的合音词。合音词在汉语中普遍有之，各大方言都基本存在由音节缩合形成的合音词，以普通话"甭"为例：就否定形式来看，跟否定意义相关的合音词在方言中的数量也不在少数。下面我们就着重对合音否定形式进行讨论。关于这个问题，我们主要从两个方面考察：①基本否定意义"不""没""别"的合音形式。该方面我们主要关注"不""没""别"这些基本否定意义在方言中有哪些合音表达形式；②除了表达"不""没""别"这些基本的否定语义外，方言中的合音词还表达哪些语义内容。

3.1 方言"不"类、"没"类、"别"类 否定语义的合音形式

3.1.1 "没"类否定标记的合音

吴语中的"没"类否定标记合音现象普遍，吴语中"没"类与"不"类否定标记之间存在源流关系。例如：

海门：
今朝我曾勿［fən^{53}］带钞票，先问你借点。（今天我没带钱，先向你借一点。）｜你可能眼眼头曾勿听清楚我话点何。（你可能刚才没有听清楚我说了什么。）｜夷倒看上去仍曾勿大老嘞。（他看上去倒仍然没怎么老呢。）

海门话中"没"类否定标记的常用形式为"弗"（"不"类基本否定标记）加上表示已然意义的时间词"曾"，组合成"弗曾［fəʔ^4 dzən^{24}］"，合音成"曾勿"，读做［fən^{53}］。而且"弗曾"经常发生连读音变，"弗宁［fəʔ^4 ȵin$^{24-53}$］、曾勿宁［fən^{53} ȵin$^{24-53}$］"均为"弗曾"的连读音变。

天台：
昼饭吃过也勿曾？（午饭吃过了吗？）

"勿曾［vəŋ^{224}］"由否定词"勿［vøʔ^{23}］"和"曾［zəŋ^{224}］"组合而成，相当于普通话的否定副词"没"。

3.1.2 "别"类否定标记合音

"别"类否定标记合音现象在各大方言区普遍存在。

吴语：
海门：

你香烟末奥［ɔ⁵³］吃特，老酒末吃点弗关个。（你烟呢别抽了，酒呢喝一点没关系。）｜动画片脱戏曲片我奥看个。（动画片和戏曲片我不要看的。）｜鱼烧特太咸特，夷特裁奥吃。（鱼烧得太咸了，他们都不要吃。）

海门话中的"奥［ɔ⁵³］"是"弗要［fəʔ⁴iɔ³⁴］"的合音变体，意思是"别、不要"，既可以是表示对他人某种动作行为的禁止或劝阻，又可以否定说话人本身的主观愿望。

天台：
尔勿要进去。（你别进去。）

天台话的"勿要"由否定词"弗/勿"和"要"两个词缩合而成，读音取了"弗/勿"的声母［f］，韵母取了"要"的韵母［iau］，类似反切，"勿要"读为［fiau］。

福建漳州：
许款侬，勿爱甲伊交朋友。（那种人别跟他交朋友。）
福建泉州：
莫用安呢七说八说说好唔！（别这样胡说八道好吧！）｜莫用，莫用去。（别，别去。）

相当于普通话的"别"，用于劝说的否定词，福建漳州用"勿爱"，合音读为［mai⁶］。福建泉州用"莫用［boʔ⁸ioŋ⁵］"，合音读为［bɔŋ⁵⁻³］。福建厦泉漳地区还有"唔通"，可以合音读为［maŋ¹］，也用来表示"别，不要"，如：

即两日我无闲，叫伊唔通来。（这两天我没空，叫他别来。）｜小弟仔嘞睏，唔通吵。（小弟弟在睡，别吵。）

3.1.3　方言合音形式的表义内容

除了"不""没""别"这三类基本的否定标记词存在有合音现象外，在一些方言中，否定标记词经常与其他一些词发生缩合，形成多种否定语义的合音词。来看天台话的"孬":

桌酒孬吃咯。

天台话的"孬"读做[fau]，有两种意义：①不能、不可以，指情理、道义、道理上的"不可为"；②不便、难以，指某种动作行为很难接受，容忍度很差。既可以理解成这桌酒因某些原因不能吃，又可以理解成这桌酒饭菜质量太差不能吃。在有些情况下，"孬"只能有一种理解。

广东话：孬懂（不好懂）

再来看该方言中的"勿会":

勿会做（不会做）｜勿会来（不会来）｜勿会好（不会好）｜岩头勿会硬过钢铁（岩石不会比钢铁硬）

"勿会"由"勿[føʔ⁵]"与"会[ɦuei³⁵]"组合而成，读音上发生缩合，连读为，表示"不会、不肯、不可能"。

闽语：

闽方言中福建永春话表示"不要、不用"的劝阻语义时，常用合音形式"勿爱"，如：

伊的代志，咱唔爱插手。（他的事我们不用管。）

普通话的"不会"基本表达三个意义：①主体不具备处理某件事情的能力：他不会打字；②主体虽然具备处理某件事情的能力，但主体主观上拒绝该种动作行为的发生：这么无聊的事儿，我是不会做的；③表示说话者的主观评议：没有收到邀请函的，是不会出席的。

泉州话表示"不会"的意思，可以用"未"和"会"的合音形式，独用否定词"勿会 [bue]"，上面所说的"不会"的三个意思，都可以单独用"勿会"表达，例如：

我勿会洗碗。（我不会洗碗。）| 我家已无闲，我勿会洗碗。（我自己都没空了，我才不洗碗呢。）| 因仔勿会晓说话，汝甭计较。（小孩子不会说话，你不用计较。）| 无请伊来，伊勿会来。（没请他来，他不会来。）

"甭"是"唔"和"通"的合音，通行于南安、安溪等地。"不消"还可以用来表示禁止或劝阻，多用于祈使句，例如：

孩子的事儿你不消担心，我来解决。（孩子的事你别担心，我来解决。）
不消喝了，再喝豆醉了。（别喝了，再喝就得醉。）
不消相信他，他是个骗子。（别相信他，他是个骗子。）
这些话你不消跟他说哈，他听倒啦要生气。（这些话你别告诉他，他听了会生气的。）

上面所讨论的这些合音词，都是单纯否定标记加合其他语法单位成分而成的"复合物"。这些合音词，在大量方言中都存在，只是数量的多寡上有差异。比如，北京话中只有一个"甭"，河南话中有和普通话"没有"对应的合音"[mou]"，与普通话"别"对应的"不要"的合音"[biao]"等。在对现有方言材料的调查整理中，我们发现，由基本单纯否定标记所构成的合音词，这种语言当中发生的合音现象，在吴、闽方言里表现得较为突出。

3.2 "普—方"之间否定标记的跨层级性

普通话否定标记"不""没""别":①a. 可以和其他语素组合成词、词组或句子等语言单位,充当结构中的某种成分。b. 可以单说单用,单独回答问题,是自由的成词语素。②从功能上看,普通话否定标记基本可以组合成动词性(不/没/别吃)、副词性(不止、没准)还是形容词性(不/没熟)的功能成分。这里我们探讨的层级性主要有两个方面:①语法单位的级别:否定标记是语素、又或是词成分?②语法功能的层属:由否定标记构成的结构是动词层、副词层、形容词层的语法功能结构?在这一思路下,"整体汉语"下的"不"类、"没"类、"别"类否定标记在语言结构系统中的层级表现如何呢,下面我们来看具体的情况表现。先来看否定标记和其他语素组合成词、词组或句子等语言单位的情况。

吴方言海南话中的"呒"可以用来组合成词或词组:

呒吃头(不值得吃)|呒来生(没有收入)|呒搭煞(为人不厚道,不值得交往)|呒数目(没准儿,可能)

海门话中的"呒"本身不能单用,不能独立充当句法成分,只能与其他语素或词组合后方能单用或做句法成分。

弗二弗三(不正经)|弗上台盘(上不了场面)|夷自家弗想做生活,还要碍脚碰手。(他自己不想干活,还要碍手碍脚。)|小李个脾气性庚一点也弗像夷特爷。(小李的脾气性格一点儿都不像他父亲。)|我曾勿看见老张。(我没有看见老张。)|我早日头曾勿脱你话一声,话特你就弗忘记脱特。(我早上没有跟你说一声,说了你就不会忘记了。)

海门话的"弗"表"不"的意义,既可以充当其他结构中的语素,也可以做否定性副词,"曾勿"表"没"的意义,"弗""曾勿"都可以独立充当句法成分。海门话中的否定标记既有黏着性的"呒",又有自由的"弗、曾勿",既有不能独立使用的语素,又存在可以单用的词。

天台:
弗上弗落(不三不四)｜弗吃(不吃)｜弗大(不大)

再来看否定标记构成动词层、副词层、形容词层等语法功能结构的情况。下面具体说明。
动词性结构:

河南郑州:不成(不长)｜那里土不行,不成粮食。(那里土质不好,不长粮食。)
河南郑州:不带耍赖的(不能耍赖)
河南开封:这儿做的不胜(不如)哪儿做的。
江苏盐城:一分钱没得,不过了(不活了)。
河北:你还说,别人都不待(不愿)听了。
四川成都:找死,活得不爱(不耐烦)了。
福建:不狸(不来)
湖北武汉:不消去得,冒得人。(不用去,没有人。)
广东阳江:无驶你去。(不用你去。)
广东海丰:伊食食连擦嘴之无敌,就去咯。(他急急忙忙吃了些饭,连嘴都来不及擦就走了。)
江苏江阴:勿排(不止)这点。
江苏苏州:勿碍(没关系)
上海:勿习上(不学好,不求上进)
浙江嘉兴:勿去开会未得个。(不去开会没有关系。)
福建泉州:怀甘(舍不得)
福建松江:怀让去。(不必去。)
福建永春:今日落雨,汝怀甬出门。(今天下雨,你不要出门。)

泉州：即本代志无影（无迹）甭黑白说。（这件事没发生过，别乱说。）

广东广州：呒该（不敢）｜唔切（来不及）｜今日落雨都唔定（今天说不定会下雨）

江西莲花：唔肯（不愿意）

四川西昌：唔干（不依）

江西瑞金：唔晓（不知道）

上海：我身体呒啥。（我身体没有什么。）

浙江宁波：心里叫哭，嘴里还得连声说："呒搅"（没什么）。

天津：刚买一副手套就没了一只。（刚买一副手套就丢了一只。）

浙江杭州：钞票没见。（钞票不见了。）

江苏阜宁：没杀（淹死）

山东：没上（丢失）

副词性结构：

福建厦门：你当唱歌，我不当讲话。（你唱歌，我不该讲话。）

湖南长沙：那只猪不肯（不止）一百斤。

山西榆次：吃不迭饭就走了。（来不及吃饭就走了。）

河南郑州：能得不轻。（太逞能了，含有否定性贬义。）

山东西北部：他在外省做事，不准（不一定）回来。

广东广州：唔通系你？（难道是你？）

广东揭阳：少块布质地无若好，价钱呀无若便宜。（这块布质地不很好，价钱也不很便宜。）｜天乌乌，惊畏欲落雨，无哩勿去。（天色黑沉沉，恐怕要下雨，倒不如不去。）｜唔单你要去，伊阿也欲去。（不光是你要去，他也想去。）

福建泰宁：唔用（不必）

广东广州：佢冇话无故缺席。（他从不无故缺席。）

上海：讲勿定（不定）伊勿会来勒。

江苏吴江：勿管那哈（不管怎样）

福建厦门：未八（未曾）

泉州：即常婚礼唔若（不止）一百张桌。｜明日唔免考试。（明日不用考试。）

山西忻州：未从你叫他，就主动来哪。｜明天未将（未必）刮风。

湖南长沙：咯件事情我未倒（倒是）有听见讲过。

北京：他今天未见准（不一定）去。

东北：他未起见（不一定）去。

重庆：不等哭，再哭我要打你哈。（不许哭，哭我就打你。）｜这件事情不消你说，我老早豆晓得了。（这件事情不用你说，我早就知道了。）｜天儿还不当太热，适合出去旅游。

福建永春：汝怀免再来咯了，我明日去。（你明天不用再来了，我明天去。）

福建泉州：当时阮掠伊无法。（当时我们没有办法抓住他。）｜连一丝仔钱抑无通出。（连这点钱都不肯出。）｜伊身体无诺好势。（他身体不怎么好。）

浙江宁波：吰毛去。（不要去。）

山东：没哩（难道）

山东：没是高（很高）

形容词性结构：

北京：你越闹越不象（不像话）了。

东北：他这次考的真不善（不错，很好）呢。

广东梅县：两个人不刚。（两个人不友好。）

四川成都：也不争这几个钱。（也不差这几个钱。）

山东聊城：他唱的不离（不坏；过得去）。

福建莆田：无可（不合算）；无额（不够，短少）

福建仙游：无糜（饭、肉等食物不烂）

广东吴川：冇兴（不时尚）

江苏苏州：勿入味（不通情理，惹人讨厌）

广东广州：唔妥（身体不太舒服）｜唔夹（两人不和）

上海：勿切尺（不敢练，不能随机应变）｜天底下不公平的事体勿勿少（很多）啊！

浙江黄岩：勿好过（不好过，烦恼）

福建漳平：怀着（错，不对）

广西柳州：没乖（调皮）

贵州黎平：没和（关系不好）

3.3 合成否定复合词

单纯或合音的否定标记通常都可以加其他的语法单位复合而成一个新的复合词或词组。普方之中都大量存在这些由单纯或合音否定标记构成的复合词（词组）。"复合的否定词"一般由否定形式和另一个并无否定意义，表其他类意义的词（语素）组合而成。复合否定词前后的组词成分也常在一起使用，结构关系相对紧固，但与合音词不同，组词的前后成分间在读音、书写上均界限分明，不发生读音上的合音，书写上的连体形式。而且，如果进一步观察，不难发现，在由各种否定式组成的词语当中，普方之间必然会出现一些同音词或近音词，这些同音词或近音词之间也自然会有或多或少、或远或近的语义差异。以下我们来探讨方言中的复合词（词组）。

普通话中，"不等"是形容词，用在名词或名词词组后面，表示不相等，不一样。重庆话也用"不等"，但与普通话中"不等"的句法语义特征完全不同。重庆方言中"不等"不是一个词，而是一个词组，表达有两个义项。第一："不等"表示禁止、不允许，如：

图书馆有规定，不是我们学校的学生不等进去。（图书馆有规定，不是我们学校的学生不许进去。）｜不等哭，再哭我要打你哈。（不许哭，再哭我就打你。）

第二："不等"是对"等候""等待"的否定。例如：

天都要着黑完了，我不等小王了。｜我不等他豆没得人等他得了。

普通话中的"不存在"，一方面可以表示比较具体的语义内涵，否定标记"不"对动词"存在"的实际否定，表示一种现实意义的不存在性。另一方面也有实际语义的虚化，表示一种心理虚拟假设意义的不存在，这种意义随着交际目的的不同，可以做出不同的解释。从语用上看，可以表达一种谦虚、推谢、安慰之类的言语行为。例如：

甲：这件事太感谢您了。乙：没什么，不存在啊。

表示"客气了，没关系"。

甲：她明天不会不来吧。乙：你给她说了半天，她都答应了，放心吧，不存在。

表达的意义是对对方忧虑的安慰。

这些意义，虽然不是"不存在"在普通话中的典型用法，但也有一定频率的使用。"不存在"的这些意义在重庆话中也使用，而且非常普遍，是一种典型用法，例如：

甲："这件事情豆麻烦你了哈。"乙："不存在。"
甲："又打扰你了，真过意不去。"乙："有哈子嘛，不存在。"
甲："这件衣服不是棉的，哈怕要着起球。"（这件衣服不是棉的，恐怕会起球。）乙："放心嘛，不存在。"
甲："这次考试好难哦，我真担心我过不了。"乙："哎呦，你复习得惩个好，不存在。"

以上的例子中"不等"的第一个意义"不许"与普通话差异较大，而"不等"的第二个意义"不存在"表示的意义与普通话差异不大。

闽方言中主要的合音词有：

（1）唔是：不是。

如：

我记得唔是对即兜行。（我记得不是从这儿走。）

"唔是"也可以用来表否定的判断。

（2）唔若：不止、不仅。

如：

一斤唔若八角。（一斤不止八毛钱。）｜唔若无了本，也阁有趁。（不仅不赔本，还有赚的。）

（3）唔免：别。

如：

唔免等伊，伊家自会来。（别等他，他自己会来。）｜我的意见汝唔免共伊讲。（我的意见你别告诉他。）

闽语中的"唔免"和"免"意义相同，都表示劝阻意义的"别、不要"，"唔免"不是"不免"而是"免"的意义，两者在用法上没有什么区别，在语气上"唔免"更为随和，"免"较为生硬。看来，闽语中"唔免"与"免"，看上去有肯定、否定相对立的语义，实则在这两种形式间肯定与否定的对立消失。从中也可以看出，像普通话"好容易＝好不容易""差点儿＝差点儿没"之类的肯定与否定对立消失的情况在方言中也存在。

（4）无影：没的事。

（5）无啥：没什么。

如：

A：汝升官唠是呢？——B：无影，七讲八讲。（你升官了是吗？—没影的事，胡说。）｜路中无啥通食。（途中没什么可吃。）

闽南话"无啥"表示对程度高的否定,"无影"表示对事实的否定,相当于普通话的"不是""没什么、不怎么""没的事"。

(6) 无偌:没怎么、不怎么。

如:

争差无偌钱,太合伊讲价啊。(相差没多少钱,别同他还价了。)|即帮做了无偌好势。(这次做得不怎么好。)

(7) 无通:不能、不得、不肯。

如:

有什么消息伊也无通共我讲。(有什么消息他也不肯跟我说。)|车路开过来就无通清净。(马路通过来就不得清净了。)

(8) 无管:不管。

如:

无管怎样无闲,汝也着去。(不管怎么忙,你也得去。)|无管好歹,该做就着做。(不管好与坏,该做就得做。)

(9) 不致:不至于。

如:

汝总不致来害我。(你总是不至于来害我吧。)

"不"在闽南话中的使用频率不高,不能单用,但可以组合成一些否定词,而且像"不止""不致"的意义和用法已经和普通话没有明显的差别。

(10) 未是:慢着、且慢。

如:

未是，等一下则来。（慢着，等等才来。）｜未是，着阁参详嘞则讲。（且慢，还得商量商量再说。）

(11) 不止：相当。
如：

伊写美术字不止好看。（他写美术字相当好看。）

(12) 勿会：闽语的"勿会"一般认为是"唔解"的合音，它同普通话"不会"也是同异相间，具体表现在：同普通话一样，可以做助动词，用来否定具备某种技能或办事能力。例如：

我勿会拍桌球。（我不会打乒乓球。）
汝勿会晓讲话，不离得罪侬。（你不善于说话，常常得罪人。）

普通话的"不会"可以做谓词，后面直接带宾语成分，闽语的"勿会"很少这样使用，经常是在"会、勿会"后加上表"知晓"意义的"八"，如：

普：我不会英语。
福州：伊勿会八英语。（他不知晓英语。）

普通话和闽语的"不会""勿会"在一定语境中既可以解释成"不会"，也可以解释成"不"，"会"的意义发生一定程度的虚化。其实，"不会"带有的【+主观】性语义，主体对某种情状的主观评价，本就和"不"有很多相通的表义特征。如：

普：这个人不会好＝这个人不好｜他头脑不会清楚＝他头脑不清楚｜今天不会冷＝今天不冷｜那件衣服弄得到处是油，不会洗干净的＝那件衣服弄得到处是油，洗不干净的。

福州：只隻侬勿会好。（这个人不好。）｜伊头脑勿会清楚。（他头脑不清楚。）｜今旦勿会清。（今天不冷。）｜个衫物到净油渍，洗勿会白。（那件衣服弄得都是油，洗不干净。）

闽方言"会、勿会"能单独回答问题，如：

A. 伊头脑会清楚勿会？（他的头脑会清楚不会？）B. 会；勿会（会；不会）

同普通话相比，闽语中"勿会"的意义受上下文语境的影响更大，随之表义也更为多变、复杂，如：

兴死，支铁锤勿会锤着伊。（还好，铁锤没锤着他。）｜尾鱼掠勿会紧，乞伊走去。（那条鱼没拿紧，让它给跑了。）｜个衫洗勿会白，还一搭一搭。（那件衣服没洗干净，还斑斑点点的。）

上面例子的"勿会"的主观评议色彩几乎消失殆尽，近于"没"，表对某种客观结果的否定。

支刀磨着一大旰还勿会利。（这把刀磨了大半天还不快。）｜个奴图生来勿会肖伊阿父。（那孩子长得不像他父亲。）｜件衫贵是勿会贵，是块色无若好。（这件衣服贵是不贵，只是颜色不太好。）

上面例子"勿会"的主观色彩也大幅度弱化，近于"不"，表对某种客观性质状态的否定性描写。

乡里内卖余粮个人加，只卡车装勿会了。（村里卖余粮的人多，一只卡车装不下。）｜南南一下睏去，你就是在伊耳边块放大炮也节伊勿会醒。（南南一睡着，就是在他耳边放炮都惊不醒他。）

在上述格式的影响下,"勿会"表示"不可能"的意义,即对中心谓词所代表的动作行为可能造成或达到的结果进行否定。

吴语天台话中也有此类情况。"呒此"表"不能",如:

梗绳忒细,呒此用。(这根绳太细,不能用。)｜件衣裳介碎,呒此著也了。(这件衣服那么破,不能穿了。)｜冬至过也了,小麦呒此种个。(冬至过了,小麦不能种了。)

其他例子如:没动:毫无办法。如:

要地震凭啥人都没告动。(要地震谁也没办法。)

弗勒:不得,不能。如:

弗勒吃(吃不成)｜弗勒种(种不成)

弗该:不该。如:

弗该讲(不该讲)｜弗该相(不该看)｜弗该介胖(不该这么胖)

勿要:不要。如:

我要碗粥,饭勿要去。｜A. 鸡子要也勿? (鸡子要吗?) B.——勿要去(不要)

以下我们根据《汉语方言大辞典》再列出一些相关的例子,见表3-1。

表 3-1

否定词	<方>语义	例子
不多	新疆吐鲁番：<副>不经常	
不论	北京：不在乎<动>	这孩子就是好学点儿，吃穿上倒不论
不肯	湖南长沙：<副>不止	那只猪不肯一百斤
不乖	陕西绥德：<动>小孩有病	娃娃这两天不乖，到医院看给下儿
不和	天津：<动>有病	不和了，吃点儿药吧
不带	东北：<动>不许；不能	咱们玩到可以，可不带要赖的！
不轻	河南洛阳：<副>很（表示否定别人）	这孩子可真是烧得不轻
不是		
不派	江淮官话：<动>不该	江苏镇江：腊月里不派打雷
不爱	西南官话：<动>不愿意；不耐烦	四川成都：你活得不爱了，要找死是不是
不准	晋鲁官话：<副>不一定	山东西北部：他大哥在外省做事，一年也不准回来一趟
不屑	西南官话：<形>不好	贵州兴义：你这样整看来不屑
不得	江淮官话：<动>不会	江苏南京：怕他不得在家
不得	西南官话：<动>不同意	云南昆明：我挨他赔礼道歉了，他还是不得
不遇	江淮官话：<动>不相往来	江苏镇江：这回吃了他的亏
不睬	西南官话：<动>不怕	四川成都：壮汉在黑瓮瓮的山洞里根本不睬，径直往纵深处走去
不管	中原、西南官话：<动>不可以，不行	江苏徐州：此处不管小便
不上相	江淮官话：<动>不守规矩	江苏镇江：这孩子不上相，不要睬他
未必	西南官话：<副>难道	四川成都：有了核桃，未必还愁锤锤
没神	中原官话：<形>指人老不识趣	陕西户县：跟青年人开玩笑没高没低，看你个老没神的

续表

否定词	<方>语义	例子
未通	闽方言：<副>未可	闽南：侬到未齐，未通开会（人没到齐，且慢开会）
未曾	闽方言：<副>还没有	闽南：未曾三寸水，就卜爬龙船（还没有三寸水，就想划龙舟）
不二过	闽方言：<副>不过	闽南：不二过，伊也是为着汝好（不过，他也是为了你好）

3.4 否定标记构成的固定词组

普通话方言中都有由各种否定标记构成的一定格式的固定词组。这些固定词组当中有相当一部分是拷贝结构，其中绝大多数是同一个否定标记的拷贝，也有不同否定标记的拷贝，如普通话"不清不楚、不三不四、不明不白、没日没夜、没轻没重、无风无浪、无法无天、无坚不摧、无商不奸"。这种情况方言中也普通存在，比如：胶辽官话的"不过不济"表"不够，不清楚"，西南白话的"不张不耳"表"不理"，晋鲁官话"次次搭搭"表"没趣"，闽语"无向无续"表"文章很不顺口"。以下我们根据《汉语方言大辞典》再列出一些相关的例子，见表3-2。

表3-2

词语	词义	例子
不二不三	言语或行为不正派，流里流气（专跟一些流里流气的人来往，要学坏的）	西南官话。四川成都：专跟一些不二不三的人来往，要学坏的。
不引不诱	自发出现	晋语。山西忻州：未两个不引不诱的成啊。（那两个自然而然地成了。）
不吃不斗	形容一个人既不接受别人的意见，又不提出反驳的意见。	北京：这个男人不吃不斗，怎么能把他说通了。（这个男人固执己见，也不沟通，怎么能把他说通了）

续表

词语	词义	例子
不丢不沓	吃得津津有味	晋语。山西忻州：他不丢不沓的，几口就把一个饼子吃啊。（他吃得津津有味，几口就把一个饼吃了）
不丢不睬	不理睬	江淮官话。江苏盐城：他架子嫌大，送礼把他总不丢不睬的。（他架子大，给他送礼从不理睬的）
无大无细	（小辈对长辈）不懂礼貌	闽语。广东揭阳：孥仔孥无大无细。（小孩子不能没大没小不懂礼貌。）
无千无万	成千成万，不计其数	吴语；客家话（他毫无心思做设计工作）
无心无事	毫无心思，缺乏心计	闽语。广东揭阳：伊无心无事唔适合做设计个工作。（普通话解释）
无心无性	脾气好，不容易发脾气	闽语。广东汕头：伊个人无心无性。（他这个人脾气好）
无心无魂	记性不佳，不留心	闽语。广东汕头：伊读书无心无魂，考试唔及格。（他读书不用心，考试不及格）
无水无汁	（吃饭时）没有汤水	闽语。广东汕头：无水无汁，撮饭恶食死。（没有菜汤，这饭真难咽。）
无头无落	心神不定	中原官话。江苏徐州：整天无头无落，不知干啥好。（整天心神不定，不知干什么好）
无村不歹	什么粗话都说	江淮官话。江苏镇江：他说起话来无村无歹，不要跟他啰嗦。（他说起话来什么粗话都说，不必跟他啰嗦）
无底无个	什么都没有，什么都不是	闽语。广东汕头：只间房内无底无个。（房间内什么都没有）
无定无着	不一定，没准儿	闽语。广东揭阳：伊有珍时来，有珍时无来无定无着。（他有时候来，有时候不来，没有一定。）

续表

词语	词义	例子
无轻没重	使劲过大，未掌握好分寸	晋语。山西忻州：这人打娃娃们动咾的时候无轻没重的，你也不怕打坏？（这人打娃娃们动手使这么大劲，你也不怕打坏？）
无亲无情	没亲没故	闽语。广东汕头：我在上海无亲无情。（我在上海没亲没故）
无情冇事	无所事事	湘语
勿得勿然	只得这样，不得不如此	吴语。上海：我硬劲要伊做，伊也就勿得勿然，只好做。（我一定要他做，他也就只能这样，只好做）
呒要呒紧	（做事）松松垮垮	上海：快点，勿要呒要呒紧。（快点，做事别松松垮垮）
没大没细	指年轻人说话不注意尊重长辈	闽语
没巴没鼻	没头没脑；没缘由的	徽语。安徽：这桩事体没巴没鼻的，叫阿人从哪里下叉（下手）。（这件事没头没脑，叫人如何下手）
没头没脸	不管什么地方	山东：这妇人便去脚后扯过两床被来，没头没脸只顾盖。（这妇人从脚后扯来，两床被子，只管胡乱盖）
没着没落	心神不定	山东枣庄：这几天他没着没落的。（这几天他心神不定好）
没将没就	生活奢侈，丝毫不讲节制	晋语。山西忻州：你成天没将没就的，哪儿来兀么多钱。（你成天生活这么奢侈，哪儿来那么多钱）
没倒没正	轻重不分，本末倒置	天津：她自己就没倒没正的，能把孩子教育好？（她自己没轻没重，能把孩子教育好？）
唔快唔活	不舒服，不快活	闽语。广东汕头：在广州亲情块企了唔快唔活，伊猛猛转来只内。（在广州亲戚哪儿住他觉得不舒服，赶快回家。）
莫知莫觉	形容反应迟钝，一无知觉	吴语

第4章 否定形式

邢福义（1995）曾提出："普通话和方言，方言和方言，它们之间的语法差异有一个重要的方面，就是否定形式。"①"不""没""别"作为普通话最常用、最基本的否定形式，各方言都有与之对应的形式，为了行文方便，我们把方言中相当于普通话"不""没""别"的否定形式分别称之为"不"类词、"没"类词、"别"类词。本章我们联系普通话和各种方言，讨论"不""没""别"类否定形式。从构成类型上来看，现代汉语的否定词有三种基本构成类型：一是单纯词，这是否定词最基本的形式，如"不、没、别、未"等；二是缩合（合音）词，由单纯的否定词同某些连用已久的词组合固定后，通过音节的缩合而成，"缩合"的原因是在口语中两个紧密相连的词（字）经常连读，从而造成这两个词中出现某些音素的脱落而缩成一个音节，这些词在书写形式上为了体现一个音节对应一个汉字的原则，也往往把原来的两个汉字拼合写成一个字，如"甭"等；三是复合词，复合词由以上两类词（单纯否定词或缩合否定词）复合其他词形成，复合词的结构紧密固定，更像是一个词而非词组，如"不能、没法、不得"等。单纯词是否定词最基本的形式，其余两种类型均是在这一基本形式上构成。从古代汉语一直到现代汉语，基本的否定副词主要有："不、没、没有、非、别、休、勿、甭、莫"，派生的否定副词如："不必、不曾、未曾、未尝、无须"等，总的来说，现代汉语普通话最常用的单纯否定词是

---

① 邢福义：《否定形式和语境对否定度量的规约》，《世界汉语教学》1995年第3期，第5页。

"不""没（有）""别"。不过，一些否定词在普通话中也有少量零星地使用，这主要有"非、无、未、休、否"等。本章我们联系普通话和各种方言，主要讨论以下几个问题：①普通话"不""没$_1$""别"的语义特征及对谓词的选择性；②方言中对应于"不""没$_1$""别"的基本形式类型和主要地域分布；③方言"没$_1$"与"没$_2$"的形式关系；④方言否定形式的多义性和否定意义表达的多样性；⑤方言否定叹词的使用。

4.1　普通话否定形式"不""没$_1$"

4.1.1　普通话"不"的语义特征

对于普通话的"不"，学者已经做过不少研究，一致认为"不"是副词，用在动词、形容词、助动词、副词前起否定作用，主要用于否定意愿和情状，有时候，还有关联、镶嵌的作用。当修饰动词性词语时，"不"用来否定将要进行的某种动作行为，是对动作行为本身的否定，且往往包含着说话人的主观意志，是一种带有主观性质的否定。所谓"主观否定"，是指从主观角度来否定事件。主观否定有三种类型：主观意愿；主观判断；主观心理。

第一，主观意愿。主观意愿表示说话人对自身主观意愿、态度的否定，表示的意义是主语的否定性表态，主语在客观上具备达成某事的条件或能力，但是在主观上不愿意做或至少目前不愿意做。例如：

我不来。
我不和她一起。
我今天不去，明天去。
我现在不做，待会儿再做。

第二，主观判断否定。具体有以下三种：
（1）表示说话者对某人或某事属性、关系的主观认定，常用来否定"是、像、算"这类表示判断意义的属性、关系类动词。例如：

> 他长得不像他妈。
> 他不是老师。
> 他不算领导。

（2）表达说话者对某事是否可能发生的判断，"不"后常跟"能、敢"类词。例如：

> 这天不可能晴。
> 她不敢一个人过马路。

（3）表示对某事物不具有某种性质的判断，通常带有说话人对事物是否拥有某种属性的主观认识，"不"后常跟性质形容词。例如：

> 这次考试题不难。
> 今天天不热。
> 时间不早啦，该回家了。

虽然人们对"早不早、热不热、难不难"的判断具有一定客观的标准，但是无法避免说话人对该性质或状态的认定带有一定程度上的主观性。

第三，主观心理否定。它是对某种主观心理的否定，"不"常和表示心理状态的词语搭配使用。例如：

> 她只和自己比，并不嫉妒别人。
> 他从不轻易发表言论。
> 老师对这次的考试结果并不满意。
> 不为什么，我就是不喜欢她。
> 我明天不想去。
> 我并不懂你。
> 他对这儿并不熟悉。

这些表示心理状态的词语存在典型与非典型的差异，两者的区别在于典型的心理活动往往是人在无意识中、自觉地进行的，如"不喜欢、不羡慕、不想、不顺眼"等，非典型的心理活动则需要借助一定的客观意识成分，它既包括有主观心理因素，又包含有一定的现实性成分，如"不懂、不知道、不熟悉、不认识"等。

普通话的"不"包含有一定的主观性语素，表示对意欲的否定时，我们会经常地使用到意欲词，如"不要、不愿、不用"，但在某些情况下，借助于一定的语境，即使不使用意欲词，听话人也能清楚理解"不"所要传递出的哪种意欲意义。例如：

天气不好，不是我不去，而是小张不去。（不愿意）
三十岁以上的去，所以你不去，小张去。（不用）

值得注意的是，以上这些虽然都表示主观否定，但其内部在主观程度上存在差异。表主观意愿的否定明显地表现出人对某种行为的主观意志、主观态度。人们在进行判断活动时是在一种普遍性、常识性标准的约束下进行的主观评价判断，因此表主观判断的否定包含着一定量的客观性成分。表主观心理状态的否定在主观性上虽不及表主观意愿的否定，但比表主观判断的要强，因为心理上的许多活动是说不出原因的。正如一句广告词说的那样，"喜欢你，没道理"。

表示主观否定意义的"不"，通常都是对主观事件的否定，不过有时也可以否定一个客观事件，大体有三种情况：

第一，表示对经常性、习惯性行为的否定。例如：

他从来不迟到。
他从不背后说人坏话。
她总不爱笑。

该用法在句法结构中经常出现副词"从来""总"等用来提示动词所表示的行为是经常性或习惯性的。

第二，否定自然界的某些活动。例如：

不打雷了，我们现在去吧。
水管已经不漏水了。
风怎么再也不停了。

第三，"不"有时在【-可控】谓词的前面，是对一种客观情况的陈述，而非主观否定。例如：

这么说不得罪你吧？
他这次考试又不及格。

"不"除了表示否定意义，还可以表达关联、语气等意义。如，"不"等于"要不是、如果不"，如"不为的这个，我早走了"；"不"用在揣测猜度语气的问句里，表示语气，如"东西不就在哪儿吗"；"不"用在时量词前，等于"不到"，如"不一会儿，雨就停了"；"不"表示事理或情理上的不需要，如"不客气"。有学者认为"不"的抽象意义不是固定不变的，不同用法的"不"在否定的虚实、强弱上有别，在具体的句子中其意义会随着语言环境的变化减损或增益，这跟句式，"不"的位置，表述的内容、人称等方面都有关系。表关联意义、测度语气的"不"，随着关联、测度意义的增加，其否定意义会产生弱化；插在重叠的词或重叠式的词中间的"不"，否定意义的虚化更为明显，如，动不动就骂人。"不"的否定意义不仅会减少，它也会增强。如，在"不"做答语，"才……不……"格式、受事成分前提等一些句式中，这些句式都对"不"的否定意义有所强调。例如：

他才不会按你说的做呢。
他哪儿都不去。

出现在答语中的"不"，不仅可以表示对对方所说内容的否定，也可以表示说话人对自己所说话语的否定。如：

甲：我听说今天晚上有聚会。乙：不，是明天下午。

你现在，嗯，不，明天来。

句子中的人称也能影响否定意义，一般来说，第一人称的否定意义强于第三人称，第三人称强于第二人称。

4.1.2 普通话"没$_1$"的语义特征

"没（有）"常用来否定已然的事实或变化，关于"没"的性质，学者们的观点有一定差异。王力（1944）主张"没有"要分成两个：其一是动词，功能基本等同于古时的"无"，它的反面是"有"；另一个是副词，功能基本等同于古时的"未"，它的反面是"已"，也就是说，当"没（有）"否定体词性成分时，它是动词；否定谓词性成分时，它是副词。吕叔湘也持此种观点，吕叔湘（1996）认为普通话中名词前的"没（有）"是动词，动词、形容词或助动词前的"没（有）"是副词，普通话里"没（有）"是个兼类词，用在体词前是动词，相当于古汉语的"无"；用在谓词前是副词，相当于古汉语的"未"，词性不同，但语式相同。[①] 朱德熙（1982）则认为现代汉语的否定副词只有一个"不"，其他的都是动词，"有三尺长、没有一列火车（那么）长"这类结构都是连谓结构。[②] 王先生与吕先生的观点是传统语法学理论的体现，因为传统语法学有一个重要的观点是词类和句子成分之间是严格的对应关系，出现在动词之前的成分与出现在名词之前的成分一定不会是同一类型；朱先生的观点则体现了结构主义语言学的理论，在动词前活在名词前的"没"都共有一般动词的形式特征，因此可以把这两种情况的"没"都认为是同一种类型。石毓智（1992）认为肯定和否定是自然语言的逻辑问题，主张把"不"和"没"看做是逻辑小品词。[③] 本书遵照语法学界的传统观点，认为"不"是否定副词，"没"有否定副词和否定动词之分。"没"有一个变体是"没有"，两者的用法基本相同，但在一些情况下可能会更倾向于用"没"或是

[①] 吕叔湘：《吕叔湘文集》第3卷，商务印书馆1996年版，第75页。
[②] 朱德熙：《语法讲义》，商务印书馆1982年版，第200页。
[③] 石毓智：《现代汉语的肯定性动词成分》，《语言研究》1992年第2期，第41—50页。

"没有"。如和"没"相比,如果句子末尾没有语气词出现的话,"没有"更倾向于在句末的位置出现,但如果句末有语气词,则"没"也经常使用;在谓词前面一般既可以用"没",也可以用"没有",两者的差异主要表现在语体上,口语中基本用"没",正式的书面语中用"没有"的情况较多。关于否定词"没"的来源,据太田辰夫(1987)考察"没"最先是代替"无"表示否定意义,"没"一开始是否定领有意义的动词,"没"做否定动词的用法大约出现于唐代,大约到了宋代,"没"在否定领有意义的动词上发展出了否定副词的用法,"没"之后的成分从只能否定体词性宾语发展出否定谓词的用法,这时的"没"已经在否定动词的基础上产生出否定副词的用法了。石毓智(2001)认为,汉魏到15世纪之前,否定词的基本分工情况是谓词性成分的否定标记为"不、未、不曾、未曾"等,名词性成分的否定标记为"无、没"等,16世纪以后"没/没有"就已经基本具备了名词性和动词性这两类否定标记用法。为了描写方便,我们把用在谓词性成分前属做否定副词的"没"记做"没$_1$";把用在体词性成分前做否定动词的"没"记做"没$_2$"。"没$_1$"用来否定已经发生或完成、实现了的某种动作行为,是对客观动作行为已然的否定。

"没$_1$"的语义特征主要有以下两种:

第一,表示对已经发生事实的否定,说明某种动作、状态,一直到说话时还没有发生,"没"一般否定过去或截至目前尚未发生的动作。从动作发生的时间上看,"没$_1$"不能用来否定将来发生的动作,"没$_1$"与动作发生的时间有关。如:

他今天没有出过门。
他近段时间并没出差。
前天他没有去上课。

现代汉语中的"没$_1$"和体标记"了"不能共现,如:"*他昨天晚上没了看电视。""*我没有看了那部电视剧。"但石毓智对《红楼梦》做了调查发现在《红楼梦》中两者还常共同使用。例如:

这可见还没改了淘气。(三十一回)
我告诉他的，竟没告诉完了他。(五十七回)

"没₁ + V"和体标记"了"由相容变成相斥，石文认为"没（有）"否定动词时已经包含了对体标记"了"的否定，作为常项（invariable）的"了"就无须再出现。

"没₁"在虚拟语气的句子中可以否定将来发生的动作。例如：

假设语气：要是到了明天你还没做完这些活，我就把你辞了。
估测语气：我想明天这个时候，他应该还没到上海。

第二，表示对事物性质变化过程的否定。例如：

水还没开。饭还没熟。花还没红。

上文提到过"不"可以修饰心理动词，"没₁"也可以和心理动词组合，但"没"用在这些心理动词前，并不表示说话人在主观上对某种情况的心理认知，而仅仅是从客观上对没有发生某种心理活动的陈述。例如：

我没想过要取代你。
知道情况后，他没有埋怨过其他人。
出门前，她没有忘记再检查一遍。
我没觉得你有什么能耐。

和主观否定一样，客观否定在客观程度上也存在差异。第一类的客观性最强，几乎不包括任何主观性成分；第二类由形容词充当谓语，对它的判断一定会受到某种客观存在标准的限制，但也无法避免地带有人的主观看法；当"没"和心理动词组合时，则有相当强的任意性，同前两类相比，它的客观性程度最低。

"没₁"和"不"相比，两者虽都表否定，但各自含有的具体的否定含义并不完全一样。表现在句法上是"没₁"可以否定带数量宾语的动词,也可以否定不带数量宾语的动词,而"不"只能否定不带数量宾语的动词,如"小王没吃苹果""小王不吃苹果""小王没吃两个苹果""﹡小王不吃两个苹果",这说明单独否定动词时,"不"的否定程度往往比"没₁"高,常常是完全性质的否定。

关于"没"类词的时态,"没"一般对过去或现在的动作进行否定,不否定尚未发生的动作,例如:

我上个月没出过差。
我这个月没出过差。
﹡我下个月没出过差。

我们基于普通话"不""没"的语义和用法,总结归纳了"不"类、"没"类否定标记的一般语义内容见表4-1。

表4-1

否定标记	语义特征	否定	完成体	时域			有意
					过去	现在	将来	
不		+	-	+	+	+	+
没		+	+	+	+	-	-

通过之前学者们的研究,"不"是一个同时体意义的表达并没有多少关联性的否定标记,上文提到吕叔湘先生认为"没"同事件的完成性表达相关。我们这里在上文讨论的基础上,再来进一步地看看"不""没"的语义特征。首先,根据先前学者研究的普遍成果,否定标记"没"负载有一定的时体意义,也就是说,"没"所表达的意义并不仅仅是否定的范畴意义,还与时体的范畴意义相关。时体范畴具体包含有两个小范畴,分别是时范畴和体范畴。说话时间是语言表达中重要的时间参照点,以该时间参照点出发,形成语言很多的时态范畴。最基本的是现在(说话时所在的时点或时段)、过去(说话时间之前)、将来(说话时间之后)三分法时态,当然,还存在更复杂的时态区分,刘丹

青（2008）[1]指出，据罗仁地、潘露丽（2002）对日旺语的描述，可以将过去事件分为一天内的、一天到若干天的、一个月以上的等。但是，根据语言结构世界地图第66A图的统计，在所统计的222种语言中，有88种动词形态没有过去与非过去之别。所以，并不是所有的语言都存在有时态范畴。那么，汉语的时态范畴如何？目前汉语学界倾向认为，现代汉语没有时范畴，只有体范畴，体范畴一般由"着、了、过"这些体助词表达。现在学界普遍认为："了"主要表示动作的完成；"着"主要表示动作正在进行；"过"主要表示动作完毕，曾经经历过这样的事情。也就是说，一般认为"了"表示的是"完成体"，"着"表示的是"持续体"，"过"表示的是经历体。按照这样的划分，上面我们所指的完成体应该理解为这里我们所说的经历体，而且我们上表中除了显示"不""没"同体范畴意义表达之间的关系外，还反映了"不""没"同时范畴意义的表达之间的联系，"不"可以同过去、现在、将来的时间相关，没有什么时态意义的限制，而"没"同过去、现在的时间相关，不能表达将来的某个时间点或时间段，在时态意义的表达上有一定的选择性。例如：

　　他没去过上海。＊他没去了上海。
　　我没学过法语。＊我没学了法语。
　　我们都没见过这位专家呢。＊我们都没见了这位专家呢。

　　从以上的例子可以看出，否定标记"没"可以和表示经历体的体标记"过"组合使用，而不能同强调事件完成性的完成体标记"了"搭配使用，这说明否定标记"没"对体态意义否定的重点是"至少发生过一次"，否定的是事件的发生性，而非事件的完成性。既然否定标记"没"同体标记"过"关系密切，我们就先来看看汉语中"过"的使用情况。"过"还可以称为"经历体"，"过"表示该事件在过去至少发生一次，但重点不是在该行为的发生，而是在至少发生一次，也就是说，虽然"过"在语义上与过去时间最匹配，"过"最常见于表达过去

---

[1] 刘丹青：《语法调查研究手册》，上海教育出版社2008年版，第140—148页。

的事件中，但"过"蕴含语义的重点并不是其含有的过去的时间成分，而是其语义偏重于事件发生的数量（至少一次）。明显的表现是"过"并不是只能同过去时搭配，也并不排斥跟泛时或将来时等非过去时事件匹配，如：

现在说什么都没用，只要明天我们确认他来过这儿，就什么都清楚了。
明年的这个时候，你就已经去过英国了。
你看过这本书，就知道我所言非虚了。

例子中的"过"都指向将来某个时间点（段）发生的事件，所以"过"在同时态范畴意义的搭配上并不受到一定的强制性约束，即必须和过去时间匹配，"过"的本质属性是经历，本身并没有时间规定性，只是说它同过去时间最为匹配而已，这种最为匹配的表现就是"过"在通常语境中默认的时态意义，"过"在一般情况下确实默认过去时。如：

他做过老师。
我在武汉上过学。
老张去北京玩过。

上面例子中带"过"的句子，都没有表示时间意义的词语，也没有提供具体的区分三时（过去—现在—将来）的信息，但是一用"过"字，它们都自然地包含了过去时的时态信息，过去时成了体标记"过"附带的默认信息。因此体标记"过"除了表达经历体的体态范畴意义外，还确实具有表达时态意义的功能。但是这只是问题的一个方面，问题的另一方面是，对体标记来说，它的表体功能和表时功能有着本质的区别。表体功能是体标记的原型固有表达功能，是体标记在任何默认情况下都应该存在的最自然正常的匹配语义域，而体标记的表时功能只是它的扩展功能。对语用的语义分析来说，如果把体标记"过"所包含的意义统视为"过"的蕴含义，那它的表时意义和表体意义也应该是不同种类的蕴含义。"蕴含义（implicature）"通常情况下是指说出的话中包含着其中某个词的上位义或整体义。如"老郭有三个儿子"，其中就包含"老郭有儿子"的意思，后者"老郭有儿子"就是前面"老郭有三个儿子"的蕴含义。不过具体说蕴含义又可以分成两种："衍推义"和"隐含义"。衍推义是句子固有和稳定不变的语义。衍推义的意思是：如果 A 为真，B 一定为真；如果 B 为假，A 也一定为假；但如果 B 为真，A 不一定为真。因此"老郭有三个孩子"包含"老郭有孩子"的意义就是衍推义。"隐含义"则不是语句固有的和稳定不变的意义。隐含义的意思是：如果 A 为真，B 一般也为真；如果 B 为假，A 仍可能不失为真，这时就是说话人在知道 B 为假的情形下还故意说 A。正因为"隐含义"不是语句固有不变的稳定语义，所以隐含义还有两个特点：一是可消除性，即在特定的语境里可以被推翻。二是可追加性，即可以明确地补出来。如果从蕴含义的角度分析，表体意义应归为体标记的衍推义，而表时意义应归为体标记的隐含义。突出的反映是体标记"过"表示的过去时义在一定语境下是可以被取消的，当然，也不难发现，这些例子中的语境都不是"过"出现的一般性默认语境条件，它们一般都是表示某种假设、条件的虚拟语境。石毓智（1999）就曾关注到在一般条件下不能成立的某种语言结构，在虚拟语境中则可以成立。总而言之，汉语中的"过"是一个体标记，但汉语体标记"过"不仅包含体范畴意义，而且包含时范畴意义；不仅含有表体功能，而且含有表时功能。但对体标记"过"而言，表时意义和表体意义，表时功能和表体功能是两种不同性质类型的意义功能。表体意义是它的固有本质意义，可以看做是衍推义，表时意义不是它的稳定意义，可以看做是在一定条件下可以被消除的隐含义。表体功能是"过"的原型功能，而表时功能是"过"的扩展功能。以上我们讨论了汉语体标记"过"，现在我们沿着以上思路也可以说明汉语中"没"的一些相关问题。"没"是汉语中表达否定范畴意义的否定标记，但"没"除了表达否定意义外，还负载有其他什么语义呢？例如：

　　他（昨天）没来学校。
　　我（昨天）没去开会。

学校（现在）还没上课。

以上例子：第一，"没"是对其后"来学校、去开会、上课"动作事件的否定，这是标记形式"没"表达的否定范畴意义；第二，"没"的否定提供的不是否定的原因（如主观不想、不愿），而是交代出一个已然存在的否定事实，这是标记形式"没"负载的时体范畴意义。具体来说，先来看"没"所负载的体态范畴意义，上文已经说明，"没"同经历体密切相关，"没"是对某种经历存在发生的否定，句法上的表现是"没"既可以和经历体标记"过"组合使用①，也可以不用"过"，上面例子没有出现"过"，但也自然包含了主体在一定时间内不存在对某种动作行为或某种事件的经历，即某种经历并不存在。这说明"没"在表达否定意义时负载表达一定的体意义。再来看"没"所负载的时态范畴意义，即使没有提供区分时间的词语，也足以明确"过去的某个（段）时间"，或"从过去的某个（段）时间截至目前"此类的时间信息，因此这种时间信息也是"没"附带的默认信息。上文我们证明了"过"附带的体态意义比时态意义稳固自然，"没"所附带的体态意义其实也比其附带的时态意义稳定，例如：

如果明天的这个时候他还没来，你告诉他，他以后就不用来了。
你没经历过，就别妄作评判。
将来他生活方面的常识什么都没学过，你让他如何独立？

以上例子，"没"可以同表示将来的时间组合使用。当然，这同"过"的情况相似，这些例子中的语境都不是"没"出现的一般性默认语境条件，大多数是表示某种假设、条件的虚拟语境。不过，这也证明了"没"所附带的非将来时态意义在一定条件下也是可以被消除的。

---

① 背后的原因详见后文。

4.1.3 "不""没₁"对谓词的选择性

4.1.3.1 "不""没₁"对动词的选择性

本节从以下三个方面讨论"不""没₁"对动词的选择性：动词的自主性与非自主性；动词的有界性与无界性；动词的定量与不定量。我们把"不""没₁"放在一起讨论，是出于两者之间有可对照比较的地方。总的来说，"不""没₁"一般都可以用来否定不定量动词，而不能否定定量动词。大多数自主动词都能用"不"或"没₁"否定，"不"多否定非自主动词中的非自主属性动词与无界动词，"没₁"多否定非自主动词中的非自主变化动词与有界动词。下面对该问题做具体阐述。

第一，动词的自主性与非自主性。

动词有自主与非自主之别，自主与非自主的突出区别是动作行为的发出者能不能自由支配动作行为，能够被动作发出者自主支配的动词是自主动词，不能被动作发出者自主支配的动词是非自主动词，非自主动词又可以分为非自主属性动词和非自主变化动词（马庆株，2005）。非自主属性动词是表示说话者对某事物状况的评述，非自主属性动词大致包含以下两类：一是如"是、像、应该"之类的判断词，准判断词和能愿动词。二是如"喜欢、高兴、害怕"之类的表示心理活动的动词，这些表示心理活动的动词本身就是一种属性。"是、应该、像、害怕、高兴、欢喜"之类词表述的都是说话者主观的认识、评述。非自主属性动词表示的是静态的、持久的属性，包括有判断、同一、归属等关系，是一种广义上的属性概念。在非自主动词中，除了非自主属性动词，剩下的一类就是非自主变化动词，非自主变化动词就是指某种变化的发生不受人们主观意志的控制。"没₁"和"不"都可以修饰自主动词，差别主要是表达的意义不同（有关"不/没 + V"表意上的不同，上文已有论述）。而在选择非自主动词方面，"没₁"和"不"大致呈互补分布。"不"主要用来否定非自主动词中的非自主属性动词，这些词与"不"结合后表达的是说话者对主语的否定评价，说话者使用这类词就是想要表达自己的主观认识，这类词前面使用否定标记"不"，否定的是这个认识，要表达说话者主观上对后面语词的否定。"没₁"主要用来否定非自主动词中的非自主变化动词。在非自主动词中，非自主变化词的数量要远远多于非自主属性动词的数量，非自主动词的动作通常是不受主观支配控制的，这就与"不"的主观否定性相矛盾。因此，"没$_1$"修饰非自主动词的能力要强于"不"。例如：

　　他没病。｜*他不病。
　　房子没塌。｜*房子不塌。
　　我没看见你。｜*我不看见你。
　　这一路上，老张谁也没遇到。｜*这一路上，老张谁也不遇到。
　　他是学生。｜*他没是学生。
　　他才不怕你呢。｜*他才没怕你呢。
　　我不知道这件事情。｜*我没知道这件事情。
　　我不记得这件事情。｜*我没记得这件事情。
　　他不是干部。｜*他没是干部。
　　他不属于这个团队。｜*他没属于这个团队。
　　这种事情不存在。｜*这种事情没存在。

"不"与非自主属性动词结合，对属性动词所具有的属性进行否定，表示该属性是不存在的。上文已经提到"不"修饰的是"是、等于、可能、认得、知道"这些表示判断、可能、心理属性意义的非自主属性动词，而不能是那些表变化的非自主动词，而"没$_1$"正好相反，它选择的是非自主变化动词，而不选择非自主属性动词。

　　不过，有些在陈述语气中不能说的句子在虚拟句中可以成立。例如：

　　　　房子不塌就不会砸到人。
　　　　他不生病就不会花这么多钱。

　　第二，动词的有界性与无界性。
　　所谓谓语动词的有界化（bounded），就是为一个行为、动作、变化确立一个明确的边界，规定它的起始点和终结点，使其成为一个明确的单位（unit）。"不"只能用来修饰无界限的动作或情况，不能用来修饰有界限的事件。"没₁"基本没有这方面的限制。这具体主要表现在以下三个方面：

（1）"不"不能修饰含有完成体标记"了"和经历体标记"过"的动词结构。例如：

*他不看过电影。他没看过电影。

"没₁"可以修饰带"过"的动词结构，但一般也不能修饰带"了"的动词结构。这可能是"语言的经济性"原则在起作用。语言的经济性要求语言表达用最简省的方式传达尽可能多的意义，"没₁+动词"本身就是对过去动作"动+了"的否定，肯定式中的"了"是表示某个动作已经存在，是一个实现体的标记。否定式用"没₁"否定就已经是把动词作为具有完整起讫点的离散量。如果用"没₁"又用"了"就会造成信息的赘余，这违反了语言的经济性原则。

（2）"不"选择的动词一般不能是动补型。

动补型结构是有界结构，它们很难受"不"的修饰，却可以受"没₁"修饰。例如：

这个月的销量并没有刷新纪录。｜*这个月的销量不刷新纪录。

他没有打倒对手。｜*他不打倒对手。

他没有改进学习方法。｜*他不改进学习方法。

"不"修饰动补结构有很大的局限，许多动补结构都不能接受"不"的修饰，但"没₁"就没有这方面的限制。黄正德（1988）的观点是："不"只能否定动词或情态词，而"没₁"否定的范围不那么局限。如：

作业没写好。｜*作业不写好。

黄认为其中的原因是"不"否定的是动词本身，既然"写"的动作已不存在，就不能再加"好"之类的结果性补语成分；而"没"不是一定要否定动词，而可以跨越动词否定"好"，意思是他虽然写了，但是没有写好。所以，动补结构经常不能用"不"来否定，只能用"没₁"否定。如：

  *饭不做熟。｜饭没做熟。
  *他不去两天。｜他没去两天。

（3）"动词+有界宾语"不能被"不"否定，可以被"没₁"否定。例如：

  他没有读书。｜他没有读这本书。｜他不读书。｜*他不读这本书。

以上情况的体标记、各种补语等都赋予谓语有界性的特征，是使动词有界化的主要手段。

第三，动词的定量与不定量。

石毓智（1991）就已经认识到并不是所有的动词都可以用"不"或"没₁"否定，有的或只用于肯定结构，有的或只用于否定结构，而有的可以自由用于两种结构。石文从量的角度将动词分为定量动词和不定量动词。定量动词指对其宾语有特殊的量的限制的动词成分，反之，对其宾语没有特殊的量限制的动词成分为非定量动词，判断方法是宾语量性成分增删法。具体来说，宾语必须有或不能有量性组成成分的为定量动词；宾语没有量性成分时加上量性成分仍成立或宾语有量性成分时删去量性成分仍能成立的，这类动词为非定量动词。定量动词一般不能受"不、没₁"修饰，而非定量动词可以被"不、没₁"修饰。石文详尽地总结了汉语中定量动词的类，如"瞥"类、"崛起"类、"出挑"类、重叠式等，这些词都是不能用在否定结构中的，而与它们语义对应的非定量动词可以用于否定结构中。例如：

定量动词：＊这项任务不得十个人。｜＊每天不读读书。｜＊礼券不折合现金。｜＊两件商品不合计五十元。

非定量动词：这项任务不需要十个人。｜每天不读书。｜礼券不兑换现金。｜两件商品不到五十元。

顺便提一下，"不"和"没₁"在与能愿动词的搭配能力上也有所不同。与能愿动词搭配时，"不"比"没₁"的能力要强。"不"几乎可以用在所有的能愿动词前，如"不能、不该、不肯、不愿、不要、不可以、不会、不敢"等，而"没₁"只能用在"能（能够）、敢、肯"等少数几个能愿动词前，如"没能、没敢、＊没会、＊没愿、＊没该、＊没可以"。此外，"不+能愿动词……"比"没₁+能愿动词"的语气强硬些，"没₁+能愿动词"的语气较为委婉，"不+能愿动词……"强调主观因素，"没₁+能愿没动词"强调客观事实多一点。

4.1.3.2 "不""没₁"对形容词的选择性

在讨论"不""没₁"词对形容词的选择性之前，我们先说两个问题。一是"不/没₁+形容词"的语义特征。二是形容词的分类。我们先看"不/+形容词"的语义特征。通常情况下，否定词"不"位于形容词前，其否定域是程度量，威胁其核心语义，也就是说用"不"否定的结果是形容词所表示的性质依然在一定程度上存在着，如"这朵花不红"的语义内涵是"红"的性质仍然存在，只是"红"的程度不高，没有达到预期标准，而"没₁"则否定某种变化的发生，它否定的是性质从无到有的变化过程，是对事物由甲性质变化为乙性质这一过程完成的否定。如"花没红"中"没"否定的是"花色"由不红向红方面的转化，"红"的性质并不存在。从某种角度可以这样理解，"不"是对形容词的不完全否定，"没"是对形容词的完全否定。

关于形容词的分类问题。不考虑非谓形容词，学者们大都同意把形容词分为性质形容词和状态形容词两大类。有学者从情状范畴的角度在性质形容词、状态形容词的基础上又增加了一类，称为变化形容词（张国宪2006）。本书按照张文对形容词的分类方法。性质形容词表示事物的属性，表达的量是一种弥散性的量，它所占据的是一个量幅，在量上有无界性特征，因此它可以被不同量级的程度词切割；状态形容词表示事物或动作的状态,它凸显的是程度,因此在量上它不是无界的,而是获得了某种较为具体的程度值,因此,它不能受"很"等程度副词的修饰。从构成方式上看,状态形容词是性质形容词的复杂化,一般是在性质形容词的前面、后面或中间加上一些成分,这些成分赋予了性质形容词明确的程度意义,如雪白、冰凉、喷香、软不拉几、花里胡哨。这些附加成分有的有词汇意义,如"学、冰"等,有的没有词汇意义,如"拉几、里、哨"等。状态形容词还有一种构词形式,就是重叠。如"暖烘烘、亮晶晶、快快乐乐、马马虎虎、糊里糊涂"等。变化形容词表示事物的性状变化,凸显的是情状的动态过程,变化形容词的典型特征就是能加上数量词语或者后跟助词"了"。汉语中的许多形容词具有性质和变化的双重特征,如"高、长、胖、瘦、冷、硬"等。性质形容词和状态形容词统称为静态形容词,变化形容词又叫动态形容词。

在整体趋向上,"不"否定的多是性质形容词,"没$_1$"否定的多是变化形容词。大多数状态形容词本身含有明确的程度意义且不能表示变化,不能带表示事物性质变化的"了",而"不"是对量域的否定,"没$_1$"否定的是动态,因此"不"和"没$_1$"都很少用来否定状态形容词。例如:

不 + 性质形容词:不长,不黑,不高,不快,不早,不新,不好

不/没$_1$ + 状态形容词:*不/没蔚蓝,*不/没乌黑,*不/没雪白

没$_1$ + 变化形容词:饭没熟,地板没干,花没红

张(2006)认为状态形容词不能受否定词的修饰,是受到了适量准则的制约。状态形容词凸显了宿主的属性程度,在言语活动中,说话人对一个已被程度量固化的状态词的选择,就意味着对这个状态形容词本身所携带的程度量的肯定。

"不"虽然常用来否定性质形容词,但也不是所有的性质形容词都可以用"不"否定。像"本质、主要、昂贵、廉价、核心"之类的就

不能被"不"否定。石毓智（2003）从形容词数量特征的角度分析了这一问题，石文将这些形容词定义为极限形容词，所谓极限形容词是指这些形容词反映的性质程度的变化存在一个极限值，反映到外部形式上就是，极限形容词都可以加上最高级程度词"最"，这些极限形容词不能被"不"否定。

关于"不""没"对谓词的选择性，见表 4-2。

表 4-2

"不"类否定标记	"没"类否定标记
电视不看了	电视没看
衣服不洗了	衣服没洗
房子不盖了	房子没盖
我不吃了	我没吃
他不是学生	*他没是学生
*他不病	他没病
*房子不塌了	房子没塌
*他不看过电影	他没看过电影
*这个月的产量不刷新纪录	这个月的产量并没有刷新纪录
*他们不打倒敌人	他们没有打倒敌人
这个工厂不改进生产方法	这个工厂没（有）改进生产方法
*作业不写好	作业没写好
*饭不做熟	饭没做熟
我不认得他	*我没认得他
*他不去两天	他没去两天
他不读书	他没（有）读书
他不读这本书	他没（有）读这本书
*每天不看看书	*每天没看看书
每天不看书	*每天没看书
不会做｜不该去｜不可以问｜不愿意来	*没会做｜*没该去｜*没可以问｜*没愿意来
不能去｜不敢来｜不肯｜不要走	没能去｜没敢来｜没要走
不长｜不黑｜不高｜不快｜不早｜不新｜不好	饭没熟｜地板没干｜花没红

4.2 汉语方言的"不"类词和"没₁"类词

4.2.1 汉语方言"不"类词的主要类型和地域分布

普通话的"不"用在动词、形容词前表示否定，各方言都有与之对应的否定词，为了方便起见，我们总称之为"不"类词。根据笔者掌握的现有资料，现代汉语方言"不"类否定词的类型主要有以下几种。

Ⅰ型不。例如：

北京：他不好。

湖南长沙：你不［pu²⁴］讲我也晓得。（你不说我也知道。）｜箇张桌子不大。（这张桌子不大。）（卢小群，2007）

湖南湘潭：不［pu²⁴］做声。（同上）

湖南益阳：不［pu⁵⁵］答应。（同上）

湖南娄底：我路来不［pʰu¹³］抽烟。（我一向不抽烟。）（同上）

湖南衡山：不［pu²²］老实（同上）

湖南株洲：我不［pu²⁴］坐车，我走路回去。（同上）

湖南衡阳：不愿意（彭兰玉，2002）

江西南昌：不［pit⁵］走｜你不［pit⁵］答应，我就不买。｜不去。（熊正辉，1995）

江苏扬州：这件事跟你不相干，不要你多嘴。（王世华、黄继林，1996）

江苏南京：他不［puʔ⁵］去了。（刘丹青，1995）

湖北武汉：这个伢一天不挨打就不舒服。（张义，2005）

鄂东黄梅：有我不怕的。（汪化云，2004）

云南昆明：不重、不远（丁崇明，2005）

贵阳：不［pu³¹］重｜拿不动｜他不来请我，我就不去。（徐光禄，1997）

山东济南：不［pu²³］知道（钱曾怡，1995）

第 4 章　否定形式

甘肃兰州：上海话我说不［pu^{23}］来。｜家务不和。（张文轩、莫超，2009）

四川成都：不吃他那个饭，不受他那个气。（张一舟，2001）

江西铅山：阿不［pɤʔ^4］去。（我不去。）｜这本书不是阿个。（这本书不是我的。）｜今年个菜不贵。（今年的菜不贵。）（胡松柏、林芝雅，2008）

河南郑州：俺不吃。

连成客家话、闽南口语中的"不"仅限用于构词，一般不单用做否定副词，而是组合成否定词，如：

连城：不时（经常）｜不如｜不行｜六亲不认｜贼心不满（欲壑难填）｜半昼时不昼了（不早不晚，不是时候）（项梦冰，1997）

闽南话：不止｜不致｜不过（李如龙，2007）

Ⅰ型否定词是现代汉语方言里的优势否定词，在大部分方言区都有分布。需要注意的是，"不"在各方言中所属的层次类型不同，有些方言中的"不"属于方言固有的早期层次，而有些方言中的"不"受官话影响而产生，属于后起的层次。

Ⅱ型勿。例如：

上海：花勿［vəʔ］红。｜我勿到上海。｜今朝我跑勿快。｜他勿去。｜她勿漂亮。（钱乃荣，1997）

江苏苏州：今年考得勿［fəʔ^{55}］错，着实有进步。（今年考得不错，有很大的进步。）｜勿服上诉（同上）

浙江宁波：我勿肯。（我不肯。）｜渠勿同意。（他不同意。）（阮桂君，2006）

绍兴：勿看｜勿喜欢｜勿要紧（徐阳春，2006）

海门：我勿吃酒个。（我不喝酒的。）（王洪钟，2011）

江苏苏州：今年考得勿［fəʔ^{55}］错，着实有进步。（今年考得不错，有很大的进步。）（刘丹青，2002）

Ⅲ型弗。例如：

江苏崇明：夷弗是学生子。（他不是学生。）｜夷衣裳多来着勿通。（她衣服多得穿不完。）（张惠英，1998）

江苏海门：明朝我有处弗［fəʔ⁴］买小菜特。（明天我可以不买菜了。）｜我弗吃酒个。（我不喝酒的。）｜夷看上去一点也弗老。（他看上去一点也不老。）｜你抄拨夷吃夷勿［vəʔ］吃，夷要自家抄。（你喂给他吃他不吃，他要自己用汤匙舀。）（王洪钟，2008）

天台：弗［føʔ⁵］来。（戴昭明，2001）

Ⅱ型和Ⅲ型主要见于上海、江苏、浙江等吴方言区。"弗"古汉语已有之，大概与"不之"相当，可以看做是一个带有代词性的否定词，而古汉语中的"不"字则只是一个单纯的否定词。上海和江苏的大部分地区多用"勿"，浙江大部分地区多用"弗"。"勿"可以与"得"构成"勿得"，表示主观情理上的不许可，如"生水吃勿得。恐怖片小人看勿得"，但这种用法偏旧，现在年轻人多用："生水勿可以吃。恐怖片小人勿好看"，其肯定式"V得"今已不用。

Ⅳ型唔。例如：

湖南邵东：我今日连唔［n̩³⁵］舒服。（我今天很不舒服。）｜问嘎半天其都唔声。（问了半天他都不说话。）（罗昕如，2011）

江西耒阳：常辰唔落屋。（时常不在家。）｜肚子总是唔好。（肚子一直不好。）｜常辰吃唔饱。（常常吃不饱。）（同上）

江西瑞金：唔［n̩²⁴］服。｜我唔食。（我不吃。）（刘泽民，2006）

广东汕头：管伊人唔条。（不大能管住他们。）（林伦伦，1993）

广东揭阳：我唔知伊欲去阿是唔去。（我不知道他去还是不去。）（同上）

广东广州：我唔［m⁴］去广州。（我不去广州。）｜我唔睇电

影。(我不看电影。)(饶秉才等，2010)

广东四邑：好耐唔［m^4］见啦。（好久不见啦。）（甘于恩，2002）

广东梅县客家：小王唔［m^{11}］食烟。（小王不抽烟。）（黄映琼，2006）

桂阳：我唔［$ŋ^{44}$］比你屋里有钱。｜唔要紧。（范俊军，2008）

四川西昌：唔［$m̩^{13}$］怕（许宝华、宫田一郎，1999）

福建厦门：即本册唔［m^6］是伊的。（这本书不是他的。）｜安呢讲唔着。（这样说不对。）（李汝龙，2007）

Ⅳ型也是现代汉语方言中的优势否定词，主要见于江西、广东、广西、湖南、福建等地，方言类型涉及粤方言、湘方言、赣方言和客家方言等。虽然上述方言都使用"唔"，但各方言的情况并不完全相同。比如说，闽、粤、客"唔"分布范围比较广，福建大部分地区、广东中北部多用"唔"，湘、赣中的分布范围不太大，如湖南的新化、祁阳，江西的泰和、耒阳等地。北部的湘语受官话的影响较深，许多地区用"不"，而在中南部的湘语多用"唔"，有些地方"不""唔"兼用。江西的南部基本用"唔"，中部大体是"不""唔"兼用。詹伯慧（2002）提到大致上一般共同语中用"不"的，粤方言用"唔"，"唔"可以单独用在动词前面表示否定，不过，在布田、信宜等极少数地方用"冇"。例如：

我唔去广州。（我不去广州。）

"唔"在客家话中也有广泛使用，如福建的上杭、永定、武平、顺昌、将乐，江西的定南、龙南、信丰、大余、崇义，湖南的茶陵、资兴、桂东等。

Ⅴ型冇。例如：

广西南宁：红得冇乖态。（红得不漂亮。）（许宝华、宫田一

郎，1999）

广西宾阳：我冇［mau²¹³］意吃鱼。（我不喜欢吃鱼。）（邱前进，2008）

湖南武冈：茶和烟，我冇［mau¹³］喜欢。（茶和烟，我不喜欢。）（卢小群，2007）

江西泰和：渠平常冇［mau²¹¹］闹德话事。（他平时不怎么说话。）（罗昕如，2011）

V型主要见于广东西南部的高阳片和广西中东部的桂南片，湖南南部武冈等地，江西的绥宁等地。方言类型涉及粤、湘、赣等。

Ⅵ型怀。例如：

闽南：伊怀积极。（他不积极。）｜伊怀去上课。（他不愿意去上课。）｜伊怀写作业。（他不愿意写作业。）｜伊怀亲像汝，那么爱读册。（他不像你，那么爱读书。）｜伊怀欢喜。（他不高兴。）｜伊卜紧，我怀紧。（他要快，我不愿意快。）（廖新玲，2001）

Ⅶ型无。例如：

厦门：红的花四常无芳。（红的花常常不香）｜我无食熏。（我不抽烟。）（李如龙，2007）

广东雷州：我无［bɔ¹¹］讨去。（我不去。）（林伦伦，1993）

Ⅵ与Ⅶ型多见于闽方言。关于闽语中"怀"的来源，黄丁华（1958）曾推测比较可能是从上古汉语的"毋"演变而来。陈章太、李如龙（1983）谈道："'怀'是常见俗字，本字未明。"李如龙、张双庆（1992）指出客方言的 m 本字是"毋"，俗写做"唔"。关于"无"，海南岛、雷州半岛以及广西的荔浦、贵港、陆川等地多用"无"。据林伦伦（1993）的研究，潮汕话多用否定副词"唔"、而雷州话则多用"无"。例如，我无爱了（我不要了）。原因是这一地区的闽语多数受粤方言或壮侗少数民族语族的影响，闽南地区的"无"表意十分复杂，兼有普通话"不"与"没"的双重含义,广东两阳地区否定词"无"使用频繁,它与"冇"的区别相当于广州话的"唔(不)"和"冇",两阳地区的"无"可以是非黏着的,而广州话的"唔"是黏着的,后面一般必须带上所限定的动词或形容词。如:

两阳:你去无?普:你去不去?广:你去唔去?

罗杰瑞(1995)指出许多南方方言中,"无"早已取代了"不",另外还有一种可能是上古汉语方言有两种:第一种是"不",第二种则是"无"。

Ⅷ型没。例如:

柳州:挑没[mɐi²⁴]动。(挑不动。)|买得没抵。(卖得不值。)|这个东西你先用用看,没好用你没付钱。|板凳摇摇的,我没敢踩上去。|他走快快的,我追没上。(马骏,2001;刘村汉,1995)

桂林:这顶帽子没贵,才卖三块钱。(王力,1992)

荔浦:你找没到我。|没晓得。(覃远雄,2003)

湖南吉首:他肯没肯讲?(同上)

贵州黎平:他没[mei⁵³]来了,你们先吃饭。(他不来了,你们先吃饭。)(许宝华、宫田一郎,1999)

贵州锦屏:他没[mei³⁵]是学生。(他不是学生。)|那个娃崽没在行,尽惹事。(那个小孩儿不听话,尽惹事。)(肖亚丽,2010)

黔东南:没重|没远|没老实|拿没动|装没完(同上)

贵州:他从来没契烟,只契酒。(他从来不抽烟,只喝酒。)|小王没肯帮忙。(小王不肯帮忙。)|今天没可能落雨。(今天不可能下雨。)(徐光禄,1997)

Ⅷ型多见于西南官话。王力先生(1943)曾说桂林一带方言以"没"字当"不"字用,"没"读音如"媚"。

我们分析、归纳了上述方言例子中"不"类词的意义与用法。主要有：

（1）对说话人主观意愿上的否定，后面常跟自主性动词，如：

湖南长沙：你不［pu^{24}］讲我也晓得。（卢小群，2007）
江西铅山：阿不［pɤʔ^4］去。（我不去。）
河南郑州：俺不吃。
浙江宁波：渠勿同意。（他不同意。）（阮桂君，2006）
湖南邵东：问嘎半天其都唔声。（问了半天他都不说话。）（罗昕如，2011）
江西瑞金：我唔食。（我不吃。）（刘泽民，2006）
闽南：伊怀去上课。（他不愿意去上课。）（李如龙，2007）
贵州黎平：他没［mei^{53}］来了，你们先吃饭。（他不来了，你们先吃饭。）（许宝华、宫田一郎，1999）

（2）对某种关系、属性、可能性的主观判断上的否定，后面常跟"是"之类的判断词，或表示属性的形容词，或表示可能性的能愿词，如：

北京：他不好。
湖南衡阳：不愿意（彭兰玉，2002）
上海：花勿［vəʔ］红（钱乃荣，1997）
江苏崇明：夷弗是学生子。（他不是学生。）（张惠英，1998）
湖南邵东：我今日连唔［n̩^{35}］舒服。（我今天很不舒服。）（罗昕如，2011）
广西南宁：红得冇乖态。（红得不漂亮。）（许宝华、宫田一郎，1999）

（3）对说话人主观心理上的否定，后面常跟心理动词，例如：

湖南武冈：茶和烟，我冇［mau^{13}］喜欢。（茶和烟，我不喜

欢。)(卢小群，2007)

四川西昌：唔［m̩¹³］怕（许宝华、宫田一郎，1999）

广西宾阳：我冇［mau²¹³］意吃鱼。(我不喜欢吃鱼。)(邱前进，2008)

(4) 对某种惯常行为的否定，如：

湖南娄底：我路来不［pʰu¹³］抽烟(我一向不抽烟。)(卢小群，2007)

常辰唔落屋。(时常不在家。)(罗昕如，2011)

广东梅县客家：小王唔［m¹¹］食烟。(小王不抽烟。)(黄映琼，2006)

厦门：我无食熏。(我不抽烟。)(李如龙，2007)

我们参照《汉语方言地图集》(曹志耘，2008)总结了"不"类否定词的常见形式以及分布区域（参见表4-3)。

表4-3　　"不"类否定词的常见形式及分布区域

形式	分布区域
不	中原官话、西南官话的绝大部分地区；湖南南部的岳阳、华容、汨罗、益阳、张家界、安化、宁乡、湘阴、长沙，以及东部的株洲、醴陵、浏阳、湘潭、郴州、衡山等地；江西省的中北部地区，如景德镇、南昌、万年、湖口、铅山、吉水、莲花、南丰、广昌、新干、新余、安义、芦溪、安福、修水、鄱阳等地；广西鹿寨等；浙江开化、淳安等
弗	江苏南部的海门、启东、句容、江阴、无锡、金坛、宜兴、常熟、崇明、苏州等及江苏中北部的宿迁、泗洪、宝应、南京、泰兴、如东、通州等地；浙江的大部分地区：安吉、余杭、德清、桐乡、海宁、仙居、龙泉、青田等；江西省东部毗邻浙江省的玉山、广丰等
勿	江苏的苏州、宁波、绍兴等；上海等
否	浙江南部的云和、庆云、平阳、瑞安、永嘉等地

续表

形式	分布区域
无	福建屏南、仙游、南安、莆田等；广西荔浦、贵港、陆川、象州等地；广东南部的阳东、雷州等地；海南省的绝大多数地区
唔	广东中北部的绝大多数地区：大浦、韶关、连州、佛冈、花都、广州、惠州、东莞、番禺、清新、云安、紫金、怀集、顺德、中山等；福建省的绝大多数地区：武夷山、建瓯、屏南、南平、福安、古田、永安、龙岩、永泰、德化、永春、安溪、南靖、漳州、永定等；江西的永新、井冈山、遂川、万安、泰和、靖安、信丰、龙南、安远、定南、寻乌等；湖南的湘阴、新化、双峰、隆回、耒阳、汝城、江华、邵阳等；广西的来宾、兴业等
冇	湖南的麻阳、溆浦、靖州、绥宁、武冈、洪江、永兴、会同、城步等；广西的龙胜、临桂、富川、宜州、平乐、钟山、贺州、蒙山、昭平、玉林、梧州、容县、北流、博白等；广东的封开、德庆、郁南、罗定、阳春、高州、化州、茂名等
没	贵州的都匀、荔波、黎平、德江、天柱等；湖南的保靖、吉首、新晃等；广西的柳州；湖南的邵阳等
莫	湖南的宁远、嘉禾、道县、临武等

需要特别指出的是，表4-3中的有些否定形式在我们上文基本类型的论述中并没有出现，原因是我们尚未找到有关这些形式的具体例句，故暂不能对其做分析论述，但它们在《汉语方言地图集》中确有记录，针对这一问题，我们的处理方法是先将它们总结入表，以便于今后做调查研究工作。下文的表4-4、表4-5、表4-6、表4-8涉及此类问题，我们都按该方法处理。据我们调查，以下几点值得特别注意：

（1）普通话用在动词、形容词前的否定标记"不"，各方言都有与之对应的否定词，它们也有很明显的音形对立。官话多为双唇音声母的"不"，湘语、赣语等方言中也大多读为双唇音 p 开头的音节。潘悟云（2002）认为吴语多为唇齿音声母，如上海 [vəʔ]、苏州 [fəʔ]、温州 [fu]，其本字就是"不"；客家话、闽语、粤语多为自成音节的鼻音类，语音形式为 [n̩]、[m̩]、[ŋ̍]，记做"唔""呒""怀"或"勿"；客家话和粤方言多读为阳平，闽语多读为阳去，在写法上，广东以"唔"较为通行，福建以"怀"较为通行。

(2) 汉语各方言"不"类词的大致情况是：各大官话区基本上都用"不"，比较特殊的是贵州的一些地方用"没"，广东、福建几乎不用。吴语区通行的是"弗""勿"，也有用"否"的，"弗"在浙江省用得最多，几乎涵盖浙江省90%以上的地区，其次是江苏省，大概占40%以上，其他地区，除了江西省玉山、广丰两地，未见此用法。福建大部分地区、广东的中北部多用"唔"，但广东西南部的高阳片粤语和广西中东部的桂南片粤语不用"唔"，而用"冇"；海南岛、雷州半岛以及广西的荔浦、贵港、陆川等地用"无"；受北方方言的影响，湖南、江西北部大部分地区都用"不"；客家话多用"唔"，如福建的上杭、永定、武平、顺昌、将乐，江西的定南、龙南、信丰、大余、崇义，湖南的茶陵、资兴、桂东等。

(3) 有些地区存在两种形式的"不"类词，如伍云姬（2007）研究表明，湖南方言中本来只有一个最原始的否定词，兼顾主观否定和客观否定，之后因为北方方言的影响，才出现了两者的对立。除了上文提到的，还有湖南邵阳"唔"与"没"并用，湖南祁阳"不"与"唔"并用，浙江的临安、桐庐"弗"与"勿"并用，广东雷州半岛"无"与"唔"并用。

(4) 否定标记表达的特殊复合意义。请看以下例子：

重庆/成都：
不去｜不吃｜不肯｜不应该｜你各人昨天不兴买，今天就买不倒了嘛。（你自己昨天不买，今天就买不到了嘛。）｜你不兴多吃点儿嘛，等下要饿肚皮的。（你不多吃点儿，等下要饿肚皮的。）｜这就事情在会上讲过，他各人不兴来开会，当然不晓得呦。（这就事情在会上讲过，他自己不来开会，当然不晓得呦。）

成都、重庆方言中"不"类否定标记的基本形式就是用"不"，但是有一个具有浓郁川方言色彩的否定副词"不兴"，它用在表行为状态等谓词之前，有些情况下接近与普通话"不"的语义，但在语用义上通常还是和"不"有些差别。如上面举的例子，"不兴"带有一定的责难、提醒、警告的意义，换句话说，能用"不"的地方不一定都可以用"不兴",如"我不喝水",不能说成"我不兴喝水",句子表达的是一般性陈述,并不带有责难或提醒的意义。而且,"不"比"不兴"使用的范围大,使用的频率高。典型的表现如"不"可以用在助动词前面,而"不兴"不能用在助动词前,也不能用在形容词性词语之前。

不肯｜不能｜不敢｜不应该｜＊不兴肯｜＊不兴能｜＊不兴敢｜＊不兴应该

吴语：

海门：

明朝我有处弗买小菜特。(明天我可以不买菜了。)｜葛种树弗开花个。(这种树不开花的。)｜夷看上去一点也弗老。(他看上去一点也不老。)｜夷特老两个弗看电视个。(他们老两口不看电视的。)

天台：

弗歪赖(不脏)｜尔去也弗？(你去不去？)｜弗该做(不该做)

从以上分析,可以明显看出,汉语的"不"类词除了表示否定的语义外,有时还表达其他语义内容,我们之后要讨论的"没"类词中也有反映,普通话的"没""没有"除了可以是表达否定谓词的否定副词外,还可以是否定名词的否定动词。关于汉语词汇的多义性与其充当句法成分之间的情况,高明凯早有论述。高先生认为词的多义性是语言中的普遍属性,但词尽管具有多义性,在具体的场合中,由于上下文的制约,只有其中的一个意义被实际地运用。同样的情形,汉语的实词尽管在词类的意义方面具有多义性,但是在具体的场合中,由于上下文制约,语境是对具体词意的调配有约束作用。词是词汇系统的一个成员,它只是语言建筑材料的一个单位,要了解一个词的特点是把它看成语言建筑材料的一个单位来理解,而不是把它看成在具体场合中所有的一个特殊作用来了解。我们说词有多义性,正因为我们把它看成语言建筑材料的一个单位,不然,我们就不可能有词的多义性这一概念,因为在具体的场合中,词都只有一个意义,或应当只有一个意义。同样,当我们说词在词类意义上具有多义性的时候，我们是把词看成语言建筑材料的一个单位。

作为一个语言建筑材料的单位（也就是作为一个词）的汉语的实词并没有一个固定的词类，而是具有词类意义上的多义性。但是在具体的上下文中，即在具体的句法结构中，汉语的实词在这个具体场合中却发挥了某一特定的词类功能。比如，汉语普通话的"没有"既可以是动词，也可以是副词，意思是说，作为一个词汇单位，"没有"可以在各种不同的具体场合中发挥不同的词类作用，如在"图书馆没有书"这个具体的上下文中，它发挥了动词的作用；在"他没有来"这个具体的上下文中，它发挥了副词的作用。语言是个系统，在这系统之中，各组成员之间都是彼此影响，彼此制约。句子是语言中的言语单位，它也是一种组织，一个系统。因此，在各组成员之间也有互相影响、互相制约的作用。这种互相影响、互相制约的作用正是一个多义（一个在词类意义上多义）词能够使其在所包含的许多意义之间只有一个是被实际运用的原因。汉语的词尽管在语法上具有多种词类意义，但是在具体的上下文中，即在具体的句法中，只有一个确定的词类意义被实际地运用，只发挥一个固定的词类功能。这也正说明了汉语词类的多义性与它充当某种句法成分并不矛盾，汉语的实词没有固定的词类不过指的是在词类的意义方面，汉语的实词具有多义性而已，并不能否认汉语的词汇在具体的场合中，由于上下文的制约，能够具有某一特定的词类功能。

4.2.2 汉语方言"没$_1$"类词的主要类型与地域分布

汉语绝大多数方言都有与"没$_1$"对应的否定形式。据覃远雄研究（2003），北方方言当"无"或"未"讲的否定语素一般写做"没（有）"，读音与"没"的中古音声母韵母相合；南方方言的否定语素多写做"冇""冒"和"无"。潘悟云（2002）认为，北方方言否定语素"没"也许是来自"无"在虚化过程中语音发生弱化而成的，潘先生认为"没"纯粹是"无"的一个同音字，"没"就是一个用来记录读音弱化了的否定语素。本节我们结合所见资料，讨论方言中与"没$_1$"对应的几种常见形式类型及其主要的地域分布。根据目前的资料，主要有以下几种类型。

Ⅰ型没（有）。例如：

北京：他没通过考试。

浙江宁波：渠还没［məʔ］走出两分钟。（他还没有出来两分钟。）｜阿拉没商量。（我们没有商量过。）（阮桂君，2006）

浙江云和：渠拉还没睏觉。（他们还没睡。）（钱乃荣，1992）

江苏南京：我香烟没吃。（我没有吸烟。）｜我没［me^{24}］看见他。｜房子还没有［me^{24}iəw^{11}］造好。（同上；刘丹青，1995）

江苏宿迁：渠没有揩清爽。（他没有擦干净。）（同上）

江苏泗洪：我没奔出去。（我没跑出去。）（同上）

江苏扬州：昨个他没有［məʔ^{2}iɤɯ^{35}］来，今个才来。（同上）

贵州荔波：我还没去。（徐光禄，1997）

贵州遵义：没有打算好。（胡光斌，2010）

四川成都：我没有做好。（张一舟，2001）

吉林长春：他没来。（黄伯荣等，1996）

四川西充：他啥子都没有［mo^{33}iəu^{21}］说。｜天还没有亮。（王春玲，2011）

广西柳州：这些东西，这些年根本没［mɐi^{24}］卖。（蓝利国，1999）

河南洛阳：俺没有吃。（贺巍，1993）

甘肃兰州：有些电视剧看不成，尽演些没［mu^{13}］大没小的事。｜厨子的手艺不高，做下的菜没味道。（张文轩，莫超，2009）

Ⅰ型是优势类型，许多方言区都有分布。"没有"是"没"的双音节形式，两者的用法基本相同。我们这里把"没有"和"没"都归入Ⅰ类。普通话中"没"与"没有"的用法虽然大体相同，但也并非无任何差别。表示某项意愿并未达到时，一般多用"没"，不用"没有"。如：

他没敢擅自做主。他后来没要我们补交手续费。

口语中多用"没"。在搭配倾向上,"没有"多修饰双音节词语,"没"多修饰单音节词语,不过,这也不是严格的限制。从分布上看,有些地方倾向于说"没",有些地方倾向于说"没有"。如普通话中既说"没",也说"没有",北京话几乎不说否定副词"没有",一般都说"没"。东北官话几乎都说"没",而不说"没有"。

Ⅱ冇(冒)。例如:

湖北武汉:他还冒 [mau^{35}] 回来。(张义,2005)
湖南长沙:他冇 [mau^{21}] 去买菜。(他没有去买菜。)(卢小群,2007)
湖南湘潭:天还冇 [mau^{21}] 大亮。(同上)
湖南益阳:他在长沙住咖年什年,还冇 [Mau^{11}] 到过岳麓山。(他在长沙住了很多年都没有去过岳麓山。)(王亮,2007)
湖南涟源:我冇 [mə^{11}] 搬家。(我没有搬家。)| 渠冇行以头去,行那头去哩。(他没从这里去,从那里去了。)(刘新征,2003)
江西南昌:我那天冒 [mau^{11}] 看倒你。(熊正辉,1995)
河南开封:我冇恁多。
广东广州:你冇 [mou^5] 返工。(你冇上班。)| 你冇读书。(你没读书。)(徐荣,2008)

Ⅱ型的分布范围也比较大,主要见于湖北、湖南、江西、广东、广西等地。粤方言主要用"冇",如广东的广州、开平、中山、东莞、茂名、阳东、阳西,广西的桂平、屏南、梧州、博白、容县、北流等。同"没"有双音形式"没有"类似,有些地方的"冇"也有双音形式。据罗昕如(2011)的研究,湘语、赣语除了有单音节"冇",也有双音节"冇有(得)",比起单音节形式,湘赣语使用双音节的地域十分有限。湖南的邵东、新化、溆浦,江西的常宁有"冇(有)"的说法,湖南的武冈有"冇得"的说法。

Ⅲ 呒没。例如：

浙江宁波：大姐呒［m̩］没来。（阮桂君，2006）
上海：伊呒没来。｜我呒没侬脾气好。｜我呒没包庇伊。（钱乃荣，1997）
江苏苏州：侬倒一只眼睛呒没坏呀！（刘丹青，2002）

Ⅳ 勿曾。例如：

江苏苏州：伊面孔勿曾［vəʔ²zən¹³］红。（钱乃荣，1992）
上海：小张早饭勿曾［vəʔ¹²⁻¹¹zən²³⁻²³］吃。（同上）

Ⅲ型和Ⅳ型主要见于吴方言。根据《当代吴语研究》（钱乃荣，1992）的统计，在吴方言地区，大体上存在着两种说法："勿曾"和"呒没"。它们的分布大致是：以苏州为代表的"苏南地区"（宜兴、丹阳、江阴、宝山、常熟等地）只能用"勿曾"，个别的例如"溧阳"也有用"呒没"的；"浙江地区"（嘉兴、双林、杭州、诸暨、太平、余姚、宁波、金华）只能用"呒没"，也有个别例外，如"衢州"用"勿曾"；以上海为代表的江浙交界区（金坛、常州、无锡、松江）"勿曾"和"呒没"两种都可以用，不过，像上海、松江新派都用"呒没"，只有老派才用"勿曾"，而且越来越少。上海话的"呒没"除了表达"没有"的意义外，还有"不能、不给"的意思。如：侬呒没进去。侬事体勿做，呒没吃！吴语区"没"类词的形式比较复杂，变体形式较多，北部吴语的其他地方都是用"勿曾"或其变音、合音形式表示已然否定，如无锡话的"勿秦"、吴江话的"勿宁"（许宝华、汤珍珠，1988）。比较常用的还有"无不、无有、无得"等。刘丹青（2002）对吴语区的"没"类词做过精妙的分析。刘先生认为吴语区用的种种形式应该来自近代文献中和老上海话中出现过的"无得"，可以将早期吴语构拟为［mtəʔ］。"呒"是"无"的某种白读，保留了微母字的鼻音，早期语音变化的轨迹是："无得"［mtəʔ］前字声母逆同化为舌头音，变成昆山的"嗯得"［ntəʔ］；后字声母顺同化为双唇音，则成苏州

"呒拨"［mpəʔ］；后字声母整个同化为双唇鼻音，便成上海"呒没"［mməʔ］。"没、不"看似否定语素，其实都源自"得"，"呒"才是否定语素"无"。

V 没得。例如：

广西柳州：槟榔只在书上见过，这些年根本没得［mɐi²⁴tə³¹］卖。（刘村汉，1995）

贵州贵阳：我没得［mei⁵⁵tə³¹］吃。（我没有吃。）｜我还没［mei］得吃。（徐光禄，1997；汪平，1995）

贵州锦屏：兹个话我没得［mei³⁵tɛ²¹］讲过。（这个话我没说过。）｜我没得听倒他喊我。（我没听见他叫我。）（肖亚丽，2010）

四川成都：天还没得亮。（张一舟等，2001）｜天还没［mei］得亮。（梁德曼、黄尚军 1998）

V 型主要见于西南官话。贵阳方言中，除了用"没得"，还可以用"不得"，两者用法基本相同，可以互换。如：我没得/不得吃。除了"不得、没得"，黔东南的很多地方也说"没"（肖亚丽，2010），如：

别个都讲嘎，我还没得/没讲。（别人都发言了，我还没说。）

成都方言中，除了用"没得"，还有"莫得、不得"的用法，它们的使用情况也基本相同。如：天还没得/莫得亮。｜这个月还没得/莫得发钱；｜这阵我没得/不得空。（张一舟等，2001）

Ⅵ 无。例如：

福建潮州：无［bo⁵］去。（没有去。）｜无收着。（没有收到。）｜无看见。（没有看见。）（庄义友，2001）

福建厦门：汝无［bo²］讲我拢唔知影。（你没说，我都不知道。）｜衫裤无燋，着阁曝。（衣服没干，还得再晒。）（李如龙，2007）

广东雷州：伊无［bɔ¹¹］来。（张振兴、蔡叶青，1995）

江西铅山：阿间唠两年无［mu^{24}］去归。（我隔了两年没有回家。）（胡松柏、林芝雅，2008）

芦溪：无［mau^{44}］讨亲（刘纶鑫，2008）

Ⅶ唔曾。例如：

江西南康：伊唔曾来。｜天唔曾寒。（刘汉银，2006）

Ⅵ和Ⅶ在闽方言中有较多使用，广东的潮州、汕头、饶平、陆丰等，福建的闽南、闽中、闽东、莆仙话多用"无"，闽北的建瓯、政和、崇安多用"唔曾"。在许多赣方言中，也用"无"，但"无"基本是老派用法，如胡松柏、林芝雅（2008）的《铅山方言研究》中提到相对具有更多新派特点的河口话已经基本上不说"无"。Ⅶ在客家话中也多见，如：福建的上杭、武平、永定等，广东的和平、连平、大埔、乳源、仁化、南雄等，江西的南康、崇义、龙南、定南、信丰、大余、上犹等。

Ⅷ未。例如：

福建潮州：太阳未［ve^7］上山，天光还早。（庄义友，2001）

福建泉州：我掠叫伊也未［be^6］来呢。（我以为他还没来呢。）（李如龙，2007）

福建漳平：你打啊渠未？（你打了他没有?）｜你食啊饭未？（你吃了饭吗?）（同上）

福建厦门：食未［be^{22}］？｜戏未看。（同上）

上海：昨日未落雨。（钱乃荣，1997）

浙江温州：太阳未［mei^{13}］上山，天光还早。（同上）

广东揭阳：伊未［bue^{11}］去过。（他没有去过。）（林伦伦，1993）

广东广州：我未睇过呢本书。（我还没有看过这本书。）｜今冬重未落过雨。（今年冬天还没有下过雨。）（徐荣，2008）

Ⅷ型"未"在普通话和方言中都不同程度地保留着,只是在使用范围和频率方面有差别而已,普通话中的"未"带有明显的书面语体色彩,如:未完待续;兵马未动,粮草先行。革命尚未成功,同志仍需努力。从未见过如此之事。这个机构现在还未组织起来。"未"经常表示截至说话时某一动作行为或状态尚未发生,但该行为或状态在以后的一段时间内有可能发生。在普通话中,这个意义并没有专门的否定副词,口语中基本不会单用"未"来表达,通常用"没$_1$"搭配"还",构成"还没(有)"表示。例如:

我还没有写作业。监考老师还没发试卷。老张还没吃完饭。

覃远雄(2003)总结道:"除了北京话,还有很多方言也是这种类型。"① 例如:

南京:房子还没(有)造好。(刘丹青,1996)
西安:他还没(有)回来。(王军虎,1996)
银川:天还没有亮呢。(李树俨、张安生,1998)
贵阳:我还没得吃。(汪平,1998)

也有很多方言相当于普通话的"还没有"都可以用单独的词表达。"未"是其中比较常见的一种形式。如:

潮州:这个问题未讨论过。(庄义友,2001)
厦门:戏未看。|我未食。(廖新玲,2001)
福州:未来。(李如龙,1997)

詹伯慧(2002)曾提到除了"冇"外,粤方言还有一个否定词"未",这个"未"有两种用法:一是用以表示动作行为尚未发生,在共同语中应该是"还没有"。例如:

---

① 覃远雄,《汉语方言否定词的读音》,《方言》2003年第2期,第127—146页。

未返。(还没回来。)

有时粤方言也在未字之前加个"重"(还),"重未"也等于共同语的"还没有",例如:

今冬重未落过雨。(今年冬天还没有下过雨。)

"未"的另一个用法是放在一个完成体动词的后面,对动作行为是否完成表示疑问,这时的"未"就只相当于简单的"没有"或"没了"。如:

饭煮熟咗未?(饭煮熟了没有?)

广东两阳地区"未"的使用比广州话要更广一些,阳江方言"未"也可与"有"直接组合成"未有",也表"没"的意思。另外,两阳方言的"未"可以是非黏着的,而广州话的"未"则是黏着的,后面一般必须带上所限定的动词或形容词。

闽南话(廖新玲,2001)否定已然情况的"未"也是对应于普通话的"还没有",如:

戏未看。食未了。还未没吃完。

除了这些形式的"没"类词,还有其他的一些形式。如在山东寿光、平邑等地用"没价[mei^{55}tçia^0]",如:他没价上这里来过。山西太原、介休等地用"没啦",读音分别为[mə^{2}la^{11}]、[mə$^{2\,3-31}$la^{223}]",如我夜来没啦进城。你病好咾没啦。钱没啦。

我们分析、归纳了上述方言例子中"没"类词的意义与用法,主要有:

(1)对已然发生的某种动作行为的否定,例如:

北京：他没通过考试

浙江云和：渠拉还没睏觉。（他们还没睡。）（钱乃荣，1992）

贵州荔波：我还没去。（徐光禄，1997）

湖南长沙：他冇［mau²¹］去买菜。（他没有去买菜。）（卢小群，2007）

江西南昌：我那天冒［mau¹¹］看倒你。（熊正辉，1995）

上海：小张早饭勿曾［vəʔ¹²⁻¹¹zən²³⁻²³］吃。（钱乃荣，1992）

贵州贵阳：我还没［mei］得吃。（汪平1995）

福建厦门：汝无［bo²］讲我拢唔知影。（你没说，我都不知道。）（李如龙，2007）

福建泉州：我掠叫伊也未［be⁶］来呢。（我以为他还没来呢。）（李如龙，2007）

（2）对发生某种性质或状态的否定，后面常跟形容词。例如：

银川：天还没有亮呢。（李树俨、张安生，1998）

江西南康：天唔曾寒。（刘汉银，2006）

我们参照《汉语方言地图集》（曹志耘，2008）总结了"没₁"类词的常见形式及分布区域（参见表4-4）。

表4-4显示出有一种"没"类词，是"Adv. +曾"类合成否定副词，如"唔曾、不曾、弗曾"等，这类合成否定副词在中古汉语已有，它们由否定副词跟表过去的时间副词"曾"组合成一个合成性的否定副词，古汉语中常见的有"不曾""未曾""没曾"等。"未曾"在汉代已有用例，"不曾"大约产生于六朝，到唐代，"不曾"的使用频率已超过"未曾"，如：（习凿齿）后至都见简文，返命，宣武问："见相王何如？"答云："一生不曾见此人。"（《世说·文学·80》）石毓智认为在汉语史上"'未曾'和'不曾'的用法虽时有交叉，但是还是有一个大致的分工：'未曾'表示'到说话时为止某个行为或状态没有发生'，'不曾'则表示'在过去某个时间里行为或

者状况没有发生'"。① 例如：

表4-4　　　　　"没₁"类词的常见形式及分布区域

形式	分布区域
没	东三省的绝大多数地区；河北省的丰宁、围场、青龙、平山、石家庄、涞源、晋州、赞皇、威县、永年、广平、磁县等；山东的荣成、日照、济南、聊城、临邑、夏津等；江苏省的丰县、邳州、灌云、南京等；浙江省的云和、缙云等；内蒙古的包头、鄂尔多斯、呼和浩特等大部分地区；四川的宝兴、盐亭、青川、资中、富顺等；贵州的余庆、都匀、镇远、荔波、黎平、德江等；湖南的张家界、临澧、永顺、龙山、吉首等；湖北的房县、鹤峰、远安、宜都、枣阳、安徽的亳州、利辛、淮南、合肥、巢湖、霍山、池州、青阳等；河南的郑州、开封、四平、确山、沁阳、获嘉等；山西的大宁、霍州、代县、偏官、万荣等；陕西的神木、米脂、靖边、清涧、富县、黄龙、铜川、大荔、永寿、宝鸡等；甘肃的嘉峪关、定西、岷县、寿安、定西、西和等
没有	河北省的徐水、河间、安国等；山东的平邑、平度、蓬莱、莱阳等；江苏的宿迁、涟水、射阳、泗洪等；四川的成都、北川、遂宁、米易、屏山等；云南的昆明、马龙、贵州的贵阳、正安、遵义、晴隆、安龙、大方、威宁等；湖南的桃源、常德、安乡等；湖北的武汉、恩施、潜江、石首等；安徽的南陵、宣城、郎溪、舒城、宁国、旌德等；河南的镇平、社旗、确山、信阳、商城、民权、项城、新蔡、洛阳、灵宝、渑池、鹤壁等；山西的大同、平定、襄汾、平陆、临猗、阳城等；陕西的延安、志丹、商洛、镇巴等；广西的柳州、鹿寨、河池、资源等；甘肃的高台、武威、永登等
没得	四川的旺苍等；湖北的阳新等；安徽的繁昌等

---

① 石毓智、李讷：《十五世纪前后的句法变化与现代汉语否定标记系统的形成——否定标记"没（有）"产生的句法背景及其语法化过程》，《语言研究》2000年第2期，第39—62页。

续表

形式	分布区域
冇	湖北的广水、红安、应城、嘉鱼、咸宁、通山、黄石、武穴等；湖南的华荣、南县、平江、湘阴、汨罗、益阳、桃江、安华、宁乡、凤凰、洪江、靖州、常宁、永兴、桂东、汝城、郴州、临武、江华等；江西的景德镇、鄱阳、宜丰、万载、芦溪、萍乡、莲花、安福、南城、黎川、广昌、万安、彭泽、湖口、永修等；广东的广州、韶关、连山、怀集、广宁、德庆、云安、郁南、罗定、新兴、高明、番禺、东莞、化州、茂名等；广西的桂平、平乐、钟山、梧州、容县、北流、博白、南宁等；福建的邵武、顺昌等。
无	福建东部大部分地区，如三明、大田、德华、永春、漳平、龙岩、华安、长泰、仙游、莆田、南靖、平和、厦门、泉州、长乐、平潭等；广东的信宜、廉江、雷州、徐闻、顺德、潮州、海丰、陆丰、惠来、饶平、潮阳、五华、紫金等；江西的靖安、铜鼓、宁都、兴国、石城、赣县、横峰、弋阳等；广西的宾语、贵港、合浦、防城港等；海南的文昌；湖南的资兴、冷水江等
不曾	江苏的泰兴等；扬中的通州、如皋等；安徽的绩溪、屯溪等
呒没	上海；江苏的宜兴等；浙江的桐乡、青田等
无不	江苏的无锡、张家港等；浙江的安吉、东阳、孝丰旧、临安等
未	浙江的龙游、金华、武义、丽水、龙泉、永康、兰溪、义务等；福建的周宁、福安、屏南、古田、罗源等
弗曾	江苏的丹江等；浙江的嘉善、庆元、松阳等
勿曾	江苏的苏州、常州等；浙江的海盐、平湖、天台、仙居等
冇得	湖北的赤壁等；湖南的长沙等地
冇有	江西的永丰、高安、修水、武宁、上高等；湖南的祁东、洞口、武冈、新宁、城步、隆回、新邵等；广西的南宁等地
唔曾	福建的武平、上航、永定、南平、建瓯、政和等；江西的南康、崇义、于都、瑞金、信丰、定南、龙南、寻乌等
没拉	山西的忻州、临县、娄烦、平遥、左权、陵川等

我当初嫁武大时，不曾听得说有什么阿叔。(《水浒传·二十四回》)

小人一时心慌，要赶程途，因此不曾看得分晓。(《水浒传·四十回》)

在"没"普遍使用之后，又出现了由"没"参与构词的"没曾"。这类合成否定副词在现代汉语方言中仍有较多使用。总的来看，它是对已然动作行为、状态的否定，不过，在不同方言中有其自身的个性特点。以苏州为代表的"苏南地区"（宜兴、丹阳、江阴、宝山、常熟等地）的"勿曾"表示对过去已然的否定，且该地区表示对过去已然的否定只能用"勿曾"（钱乃荣，1992）。广西南宁话表达这种意义用"未曾"，如：亚支电影我未曾看过。黔东南方言的"没曾"除了否定已经发生的动作外，否定在说话之时或说话之前动作、事件已经发生，即"没曾"除了否定经历以外，还能表示某动作只是暂时没发生，也就是说，这个动作截至说话时尚未发生，但该动作在说话之后将会发生。比如："我没得讲"是否定"讲"已经发生，而"我没曾讲"否定的是在说话时"讲"的发生，但暗含有说话之后"讲"这个动作将会发生。普通话表示某没发生但将发生的动作时，经常是在"没"前添加"还"，说成"我还没讲"。再如："衣服没洗"是否定"洗"这个动作已经发生，而"衣服没曾洗"是否定说话时"洗"的发生，但说话后"洗"将可能发生。另外，我们推测，"没$_1$"在方言中的形式应该是非常丰富的，除了上文描写到的和表中出现的，"没$_1$"词是否还有其他表现形式，它们的具体用法是什么，同普通话"没"的差异有哪些，这些问题都值得深入研究。

4.3 方言"不""没$_1$"类否定形式的特殊用法

虽然现代汉语几乎所有的方言都有与普通话"不""没$_1$"相对应的用法，普通话与方言的"不""没$_1$"之间也的确有很多共同之处，但它们之间的差异也不少，如，一些方言中"没$_1$"类否定词的数量比普通话丰富，造成的结果是这些同义或近义的否定形式在意义和用法上可能更为精确。我们所说的对应只是一种大体上笼统性的对应关系。以下我们从语义、语法功能等方面对该问题做择要分析，示其大概。

首先，我们结合各方言语料看其在语义上的表现。一种情况是一些方言的否定形式除了表达否定的语义外，还表达非否定的语义内容。如，闽南话相当于"不"的"怀"在特定的语境中，不表否定，而表示商量或劝说，如果语气再强些，则表敦促或命令，如（廖新玲，2001）：

  汝怀去读册。（你去读书吧。）｜汝怀请小李来。（你请小李来吧。）

  另一种情况是，同普通话相比，一些方言否定形式所表达的否定语义大于普通话，即比普通话否定形式表达的否定意义更为复杂。
  东北话位于句首的"不"常是一种简化了的形式，其实际的语义要大于"不"。如（马思周、姜光辉，2005）：

  不上哪儿去了？｜一天没见影，不还来不？｜不吃什么啦？上吐下泻。｜不来吗？怎么还不到？｜不今晚上演嘛！要不怎么赶紧化妆呢。｜不登山嘛！我才没穿高跟鞋。

  上述例子中有的"不"是"不知道"的简化，置句前表疑问。有的"不"是"不是说"的简化，表示反问语气。有的"不"是"不是"的简化，置句前表强调。普通话也有此类说法，但在适用性、使用频率和接受度上显然不及东北话。
  海门话（王洪钟，2011）"呒得"的意义比普通话"没$_1$"丰富。例如：

  葛种物事超市里呒得卖个。（这种东西超市里没有卖的。）
  学堂里平时呒得拨夷特上网个。（学校平时不给他们上网的。）
  夷特平时呒得上网个。（他们平时不给上网的。）
  儿子个工资呒得比爷小个。（儿子的工资不比父亲少的。）

  "葛种物事超市里呒得卖个"里的"呒得"与普通话"没$_1$"的表意相同，"学堂里平时呒得拨夷特上网个"和"夷特平时呒得上网个"里的"呒得"表示因受到某种客观条件或情理规则的限制下对某种行为的不准许、不许可，可以译为普通话的"不让、不许"。在"儿子个工资呒得比爷小个"中"呒得"后接"比",意义相当于普通话的"不"。

上海话(钱乃荣,1992)的"呒没"除了表达"没有"的意义外,还有"不能、不给"的意思。如:

侬呒没进去。｜侬事体勿做,呒没吃!

天台话(戴昭明,2001)的复合否定词"没告"后接行为动词时,"没告"不仅仅是对动作行为发生的否定,"没告"的否定程度很深,它直接否定了进行这个行为的前提,如"做"的前提是有事可做,"吃"的前提是有食物可吃,"穿"的前提是有衣服可穿,"没告吃/穿/做"不是对"吃、穿、做"的否定,而是否定"吃、穿、做"的前提,即动词的受事成分,而在"没告 + V"的结构中,这个受事成分是隐含的,不必显现。如:

没告吃。(没饭吃。)｜没告著。(没衣服穿。)｜没告写。(没什么可写。)

其次,我们结合各方言语料看其在语法功能上的表现。从搭配角度看,普通话的"不"可以修饰动词、形容词,但不能用于名词前面,修饰名词。闽语的"怀",在具体的语境中可以与名词组合。如(廖新玲,2001):

汝暗冥会梦见我。—怀梦。｜汝卜茶怀?—怀茶

普通话的"不"在现实句中一般不能否定非自主动词,如"*不看见、*不听见",而涟源方言(吴青峰,2006)的"唔"可以修饰一些非自主动词,如"我坐在甲背者,唔看见又唔听见。""唔看见""唔听见"在涟源方言中是经常出现的说法。

潮州话的"唔"可以用于陈述句的最末端,如(庄义友,2001):

我催伊几也次，伊甲颤动一下裸唔。（我催了他几次，他连一动也不动。）｜伊个人无若好，叫伊去看先生伊续唔。（他有点不舒服，叫他去看医生他竟然不去。）

普通话"不"一般需要在"偏""就"等副词的配合下，才能位于陈述句句末的位置。潮州话的这些句子，"怀"出现于句末，被"怀"否定的成分出现于"怀"前，这种句法形式的功能是为了强调突出否定的意义，这种句法形式包含着说话者较强的主观色彩，是表达说话者态度情感的一种手段。

从否定形式的独立性上看，海门话（王洪钟，2011）中"吥"的意思是"没$_1$"，但不像普通话的"没$_1$"是个可以单说单用的成分，海门话的"吥"不能在口语中单独使用，只能与其他语素或词构成词语后单用或作句子成分。如：吥何（没什么）；吥话头（没话说）；吥介事（没有这回事）；吥来生（没有收）；吥哪里（没地方）。"吥"一般不以单音节的方式出现，而总是作为一个否定语素，与其他的语素组合起来出现。

从一些具体格式的使用性上看，普通话和方言也有所不同。普通话的"没"可以用在"Neg + N 和 N + Neg + 了"的组合中，如没书；书没了。天台的"没［muəʔ^{23}］"只有"Neg + N"一种组合，没有"N + Neg + 了"式。在普通话表示时间的"不久、不一会儿"或"不几 + 量词"这些固定格式和习语中，湘语（卢小群，2007）普遍只能用对应于"没$_1$"的"冇"，而不能用"不"。例如：

长沙方言：我去冇好久就会回来。（我去一会儿就会回来。）｜他冇隔好久就去一趟深圳。（他不多久就会去一趟深圳。）

在以下的例子中，普通话只能用"不"，义宁话可以用"不"，也可以用"冇"。如：

只鸽飞冇/不飞得远？（这只鸽子飞得远飞不远？）｜担米你担冇/不担得动？（那担米你挑得动挑不动？）｜写得快冇/不快？（写

得快不快？）｜跳得高冇/不高？（跳得高不高？）

从所表达的时体意义上讲，普通话的"没₁"一般是对动作行为或状态已然性的否定，并没有提示某种动作或状态在以后的一段时间内可能发生的作用，表达该意义普通话有时用"未"，但多是在书面语中，且使用的范围和频率都比较有限。更加常用的形式是"没₁"搭配"还"组成的"还没（有）"形式。在一些方言中除了存在表达与普通话对应的"没"的否定形式外，还有与普通话"还没"对应的否定形式。从某种意义上，我们似乎可以理解为这些方言已然性否定形式的时体区分更为细致。如广州话（詹伯慧，2002）对已然的否定能分出"冇"和"未"的区别。"冇"是客观报道未发生；"未"表示应发生而到说话时尚未发生，含有预设。闽南话的福州话、潮州话（庄义友，2001）等对已然的否定能分出"无"和"未"的区别。"无"是客观报道未发生；"未"表示预期中的动作行为或状态变化没有发生。如"饭未煮熟"，表示"饭"正在"煮"，但还没有煮好，煮这个动作还在进行；而"饭无煮熟"，则表示煮饭这个行为已经结束了，结果是饭煮得不够熟。又如：

头未剃，汤也未洗。（头发还没理，洗澡也还没洗。）｜只瞒固未开车。（现在还没开车。）｜只样事计讲两年了固未做。（这件事说了两年了还没有做。）

这种情况在古汉语中也有体现。古汉语中的"未曾"和"不曾"表达的时体概念就显示了这方面的细微差别。"未曾"表示"截至说话时某个行为或状态没有发生"，"不曾"则表示"在过去某个时间里行为或者状况没有发生"。例如：

我当初嫁武大时，不曾听得说有什么阿叔。（《水浒传·二十四回》）

往常来往的家书却不曾有这个图书。（《水浒传·四十回》）

另外，普米语、羌语、豪萨语等也有因体、式等的差别而采用不同否定词的情况。

与此种情况相反的是，一些方言"没₁"类词表达的时体概念更为模糊。普通话中的"不"和"没₁"在修饰体范畴时有明确的分工，"不"主要是用于未然态的否定，而"没₁"主要用于已然态的否定。绍兴方言（徐阳春，2006）中的"勿"与"呒有"在修饰体范畴时的分工却没有那么分明，突出的表现是，普通话中"动词+过"一定要用"没₁"修饰，而不能用"不"，而在绍兴方言中既可以用"勿"也可以用"呒有"。如：

普通话/绍兴方言
小张上海没/没有去过。小张上海呒有去过。
小张没/没有去过上海。小张呒有去过上海。
*小张上海不去过。小张上海勿去过。
*小张不去过上海。小张勿去过上海。

广西临桂义宁话（周本良、黄丽霞，2006）的"冇"和"不"没有明确的分工，问已然事实和未然事实都可以自由替换。但回答时，否定回答都用"冇"，而不用"不"。例如：

医生检冇/不检查眼睛（医生检查不检查眼睛？）｜讨冇/不讨论他的问题（讨没讨论他的问题？）

闽语的"无"是一个非常有方言特点的否定形式。以下我们具体来看闽语"无"在语义和用法上的特殊性。据李如龙（2007）的研究，闽南话的"无"在口语中很常用，在句子里的组合能力也很强。闽南话"无"的一个突出特点是其用来否定动作的发生或性状的存在，同动作何时发生、是否完成并无关系。如：

伊昨昏无嘞写。（他昨天没写。）｜伊即久无嘞写。（他现在不写。）｜伊下晡无打算写。（他下午不打算写。）

据李如龙（1995）、廖新玲（2001）的研究，闽语中的"无"在否定性质状态时，相当于普通话的"不"：无红（不红）。闽语中的"无"还可以读本调放在两个分句之间，起关联、转折作用，大体等于普通话由"不"参与组成的关联副词"不然、要不、不如"，这个"无"可以视为关联副词。如：

无蜀个会通去，无汝去呵。（没有一个能去，不然你去吧。）｜不看戏，无看电影。（不看戏，不然看电影。）

这种用法普通话不能仅使用一个"不"。这些"无"的语义都多多少少与"不"有联系。

普通话"不"最常用来对未然动作行为做主观性的否定，该语义特征可以归纳为【+否定】【+未然性】【+主观性】，"没"则最常用来对已然动作行为做客观性的否定，该语义特征可以归纳为【+否定】【+已然性】【+客观性】。可以看出，普通话的"不""没"除了传达否定意义外，还会在否定意义上附带有时体意义和主客观意义，这两种也正是"不""没"的区别性意义。李如龙（2007）认为闽南话的"无"是用来否定动作的发生或性状的存在的，同何时发生、动作是否完成并无关系。我们理解这句话的意思是闽南话"无"传递的是较为单纯的否定意义，其否定涵义并未附带有时体等其他语义。例如：

伊昨昏无嘞写。（他昨天没写。）｜伊下晡无打算写。（他下午不打算写。）

有关这种一个否定形式对应"不""没"两种语义的情况，我们做了如下猜想。这些可以对应"不""没"两种语义的形式，也许只是单纯用来表示否定意义，至于像时体意义或主客观意义多是由句子的其他成分来承担。如"伊昨昏无嘞写"。"伊下晡无打算写。"中"昨昏、下晡"承担了时体意义，"打算"承担了主观意义，"昨昏"同"无"搭配，整句话表达了对已然动作行为的陈述。"下晡""打算"同"无"

搭配，整句话表达了对未然动作行为的主观否定。

闽语的"无+动词"（廖新玲，2001）除了表达与普通话"没有+动词"一样的语义外，还表达另一种语义内容。例如：

  即款布做的衫较无穿。（这种布料做的衣服不经穿。）｜这款米无煮。（这种米出饭量少。）｜这种胶底鞋真无穿。（这种胶底鞋真不耐穿。）｜固本雪文无洗。（这种肥皂不耐洗。）

  这种结构中的"无"字，前面可以受程度副词的修饰，其意义上具有"不耐"的意思。"无洗"是"不耐洗"的意思，"无穿"是"不耐穿"。所以"无+动词"的结构表面上是"无"对动作行为的否定，其实是对主体耐受性的否定。

  "无"用于动补结构与普通话中的用法也有一定差别。例如：

  无切断。｜无推倒。

  上述表达两种语义：第一个例子分别是 A. 一条没切过的，完整无缺的，B. 切了，但没切断；第二个例子分别是 A. 根本没推过，B. 推了，但没倒。A 意义是连谓语"切、推"与补语"断、倒"一起否定。B 意义否定词只对补语成分否定，即否定动作行为的结果，并不否定谓语动词本身，这种意义的否定，闽南话将"无"放置在整个动补结构之前，而普通话将"不"放在述补结构之间，如"吃不饱""打不中""绑不住"。

  "无"还有转成其他词类的用法，这也是普通话所没有的。"无"可用作形容词，表示数量少或频度低，如：往年趁较有，今年趁较无（往年挣钱多，今挣钱少）。做形容词的"无"放在动词的前面表示数量的多少或质量的高低，其词性转化为副词，意义也有所延伸。如：

  绿茶比红茶恰无泡。（绿茶比红茶不禁泡。）｜旧时较有去，者久较无去。（以前去得多，现在去得少。）

李先生把闽语中的这种现象类比于朱德熙先生研究过的普通话中形容词向副词的转化。以普通话"直"为例，如做定语：直心眼儿；做状语：心眼直；副词做状语：直哭。

另外，"无"还有一个非常特殊的用法。闽南语的"无"可以连用于谓词的后面，充当谓语动词的结果补语，说明某种动作行为所达到的某种结果，表示对动作或性状的结果的否定。如果谓词后面带有宾语或补语，"无"的位置在谓语动词之后，宾、补成分之前，这种句型是普通话所没有的。"无"当补语说明动作是否取得结果，不与普通话中某个具体的词相当。如拆无票（买不到票）；行无路（无路可走）；想来想去想通无（想来想去想不明白）；通街买无（满街买不到）。李文还指出古汉语的"出无车"和闽南话的"搭无渡"不同。前者的结构是"出｜无车"，"无"用来否定宾语，其表达的意思是出则无车，后者的结构是"搭无｜渡"，"无"是用来否定动词的结果。

李文中还提到，"无"可以与"有"连用，后字读轻声，可以离句独立，或作为插入语，或放在句末，在普通话大体可以说成"是吧、是不是"，可以表示辩驳的语气，又或是提醒对方回忆，甚至只是起了停顿作用以便引起对方注意，这个"有无"有一定语气副词性质。例如：

> 我旧年就共汝讲过了啦，有无？（我去年就同你说过了，是不是？）｜若像是恁兄讲的，有无，恁是双生的。（像是你哥说的，是吧，你们是双胞胎。）

廖文中还指出"无"可以跟几乎所有的动词连用，而普通话中的"没$_1$"只能跟自主动词和非自主变化动词连用，一般不能跟非自主属性动词连用。

4.4 "没$_1$"类词与"没$_2$"类词的形式关系

普通话的"没"是个兼类词，除了有做否定副词用的"没$_1$"外，还有做否定动词的用法，我们把他记为"没$_2$"，把方言中与之对应的形式记为"没$_2$"类词。否定动词"没$_2$"不是本书讨论的重点内容，我们在此只关注"没$_2$"与"没$_1$"在形式上的关系。我们先简要概述一下"没$_2$"的语义特征。古代汉语中使用较早、较普遍的名词否定标记是"无","无"一直从先秦沿用到宋元,名词否定标记"没"作为"无"的替换形式大概兴起于唐朝后期,元明时期开始频繁使用。现代汉语普通话中做动词的"没"和做否定副词的"没"形式相同,动词"没"与"有"相对,用法大致有:

第一,表示对事物领有的否定,后面跟体词性成分。例如:

我没有多余的票了。｜到现在他还没有房子。

第二,表示对存在的否定,句首常用时间、处所词语。例如:

屋里没有人。｜今天没有雨。

第三,表示数量上的不足。例如:

他住的房子没有十平方。｜这块布没有两米长。

石毓智根据对《红楼梦》前八十回的统计,发现"没"和"没有"作主要动词时有个显著的差别:不见"没有 + 了 + NP"的用法,然而常可见到"没 + 了 + NP"。例如:

众人看看已没了气。(十二回)
性今儿没了规矩闹一场子。(二十回)

这种差别在现代汉语中仍然保持着。例如:

他听到这个消息,一下子就没了精神。*他听到这个消息,一下子就没有了精神。

英语中,否定限制词 no 用于名词前是专门对名词的否定形式。如:

I have no idea（我没有任何想法）、He have no money（他没有钱）。这类使用名词否定限制词的句子同否定谓语的句子间可以进行系统地转换。现代汉语普通话实际上没有直接否定名词的手段，普通话中的"没$_1$"类与"没$_2$"类同形。先秦汉语在这点上更接近英语类而不是普通话类，先秦汉语的"莫""靡"等都是与nobody、nothing之类相当的句法性的否定代词，译成现代汉语都要使用动词的否定"没有"等。如：

莫己知。（也没有人了解自己。）（《论语·宪问》）
靡不有初，鲜克有终。（《诗经·大雅·荡》）

在上述例子中句子的代词宾语也要遵循当时的通则移到动词前面去，这显示了这类代词内的否定具有句法性。和英语相比，先秦汉语名词性成分的否定仍是很受限制的。古汉语只有将否定要素和名词性成分融合为一体的词项，没有no idea、no food之类短语性成分。更重要的是，古汉语名词否定只能出现在主语位置，不能用于宾语。对宾语的否定仍只能借助于对谓语动词的否定，如想表达I ate nothing只能说"吾未食"。这又跟现代普通话相同了。方言情况比较复杂，从笔者目前所收集到的资料来看，方言"没$_1$"类词与"没$_2$"类词之间在形式上主要有三种关系：一是和普通话的情况一致，"没$_1$"类与"没$_2$"类同形；二是和普通话的情况不同，"没$_1$"类与"没$_2$"类异形；三是同、异形并存。具体说包含两个方面，一方面指"没$_1$"类与"没$_2$"类词可以采用相同的形式，即某一形式可以兼表"没$_1$"和"没$_2$"，"没$_1$"和"没$_2$"共用一种形式。另一方面指"没$_1$"类与"没$_2$"类词也可以采用不同的形式。通常情况是，除了同形形式，"没$_1$"类或"没$_2$"类词还可以有其他表达形式。从某种意义上讲，第二、第三种关系似乎可以认为存在直接否定名词的名词否定算子。这在一定程度上应该是构成一种类型上的差异。以下我们具体分析这三种关系：

第一，"没$_1$"类与"没$_2$"类同形。

这种情况与普通话的情况一致，"没$_1$"类与"没$_2$"类词采用相同的表达形式，即某一形式同时当做普通话的"没$_1$"与"没$_2$"。

成都话当普通话"没$_1$"讲的副词和当"没$_2$"讲的动词同形，常用"没得/没/莫得"。例如：

　　四川成都：没得钱。（没钱。）｜天还没得亮。（天还没亮。）｜厂头里这个月还没得发钱。（张一舟等，2001）

闽南本土的厦泉漳地区（李汝龙，2007），潮州（庄义友，2001），广东雷州地区（张振兴、蔡叶青，1995）当"没$_1$"和"没$_2$"讲的词同形，都用"无"。例如：

　　福建厦门：伊有兄弟，无［bo^2］姊妹。｜汝无讲我拢唔知影。（你没说，我都不知道。）（李汝龙，2007）
　　广东雷州：我无［bɔ^{11}］钱。｜工无做完啦。｜伊无来。（张振奥、蔡叶青，1995）
　　潮州：我腰肚空空无［bo^5］半个钱。（我袋子里空空的，连一分钱也没。）｜老李今日无来上班。（老李今天没来上班。）（庄义友，2001）
　　建瓯方言（李如龙、潘渭水，1998）的"无"大体对应于普通话的"没（有）"，一些书籍中记做"毛"，既可以用做否定副词，也可以用做否定动词，如（李如龙、潘渭水，1998）：无味道。｜无面子。｜我无去。

粤语区很常见的"冇"，一般表示与"有"相对，相当于普通话的"没$_1$"和"没$_2$"。例如：

　　广东广州：我冇［mou^5］书。｜冇买票。（徐荣，2008）

广西北流粤语（徐荣，2008）的"冇"兼有普通话"没$_1$"和"没$_2$"的用法，不过，该方言又衍生出"冇有"的说法，在接宾语时，虽然"冇有"与"冇"可以自由替换，但"冇有"却比"冇"更为常用（出现了一定程度的分化）。例如：

我冇有银纸了，借叮畀我呐？（我没钱了，借点给我吧？）

河南浚县方言（辛永芬，2006）的"没［m̩⁴²］、冇［mau²⁴］、没冇［mu⁴²mau²⁴］"相当于普通话"没₁"和"没₂"，这些词是兼有副词与动词双重用法的兼类词。如（辛永芬，2006）：

俺没钱。（我没钱。）｜他没去。｜他冇这号儿书。｜衣裳我冇洗完。｜屋里没冇人。｜还没冇吃饭。

上海话（刘丹青，2002）的"朆没"兼有普通话"没₁"和"没₂"的用法，海门话（王洪钟，2001）的"朆［n̩²⁴］得"也是如此。例如：

上海：原来一些闲话朆没勒，又出现勒交关新个闲话。（原来一些话消失了，又出现了许多新的话。）｜乡音我现在还朆没改。（刘丹青，2002）

海门：夷就两个儿子，朆得丫头个。｜葛只药朆得卖个特。（这个药现在没卖的了。）（王洪钟，2011）

据罗昕如（2011）的研究，湘语的武冈、溆浦"没₁"与"没₂"同形，武冈话用"冇［mau¹³］（得）"，溆浦话用"冇［ma⁵³］（有）"。罗文还提到，赣语的茶陵、吉水"没₁"与"没₂"同形，皆用单音节的"冒"。读音为：冒［mɒ⁶］（茶陵），冒［mau⁶］（吉水）。

江西宿松（唐爱华，2005）的"冇得"既相当于普通话的"没₁"，也相当于普通话的"没₂"。如（唐爱华，2005）：

我侬冇得钱。（我没钱。）｜冇得送人。（没送人。）｜冇得吃（没吃。）

第二，"没₁"类与"没₂"类异形。

这种情况与普通话的情况不同,"没₁"类与"没₂"类词采用不同的表达形式,不具有普通话"没"的兼类用法。

贵州遵义(胡光斌,2010)、四川西充当"没₁"讲的用"没",当"没₂"讲的用"没得",例如:

贵州遵义:我身上没得钱。|屋里头没得人。|他今天没来。|早晨没落雨。(胡光斌,2010)

四川西充:他没[mo³³]有去倒几回。(他没去过几次。)|辣子还没红。|我没得呢本书。(我没这本书。)|他肯定没得钱,莫去借。(他肯定没钱,不要去借。)(王春玲,2011)

湖北的武汉、赤壁、洪湖、安陆、英山等大部分地区当"没₁"讲的用"冇(冒)",当"没₂"讲的用"冇(冒)得"。例如:

湖北武汉:今天冒[mau³⁵]得雨。|我冒得什么事来麻烦你。|我今天冒读书。(张义,2005)

湖北安陆:资料库里冇得这篇文章。|他昨天冇回来。(盛银花,2007)

湖北英山:冇得时间。|冇得意见。|冇吃。(陈淑梅,2007)

另据赵元任等(1948)的观点,鄂西的秭归、巴东、恩施、宜都等地"没(说完)"说成"没",而"没得书哩"说成"没得"。

山东济南当"没₁"讲的用"没价",当"没₂"讲的用"没",如(钱曾怡,1997):

我没钱。|我没价走。(我没走。)

陕西平利、神木当"没₁"讲的用"没得",当"没₂"讲的用"冇"。如:

陕西平利：你嘱咐的话我冇说。｜车子没得油了。（周政，2009）

陕西神木：王伯来了冇？（王伯来了没?）｜我只有姐，没得哥。（我只有姐姐，没哥。）｜车子没得油了。（车子没油了。）｜钱都没得了。（钱都没了。）（邢向东，2002）

崇明话（张惠英，2009）当"没$_1$"讲的用"无［ɦn²⁴］"，当"没$_2$"讲的用"呒［ʔn⁵⁵］、呒宁"等，如（张惠英，2009）：

夷今天有点无心聊搭。（他今天没兴致。）｜我点心还呒吃。（我午饭还没吃。）｜花还呒宁开。（花还没开。）

江苏扬州话（王世华、黄继林，1996）的"没$_1$"用"没得""不得"，"没$_2$"用"没"。如（王世华、黄继林，1996）：

昨个他没来，今个才来。｜没得/不得眼色。｜没看头。（没看头。）

据罗昕如（2011）的研究，湘语的长沙、湘潭、汨罗、益阳、衡阳、衡山、涟源等地，当"没$_1$"讲的用单音节的"冇"，当"没$_2$"讲的用双音节的"冇得"，读音分别为：冇［mau²¹］（长沙）；冇［mɑɯ²¹］（湘潭）；冇［məɯ²¹］（汨罗）；冇［mau²¹］（益阳）；冇［mau²¹³］（衡阳）；冇［mou⁴⁴］（衡山）；冇［mə¹¹］（涟源）。罗文中还提到赣语的新余、安义、都昌、余干等地，当"没$_1$"讲的用单音节的"冒"，当"没$_2$"讲的用双音节的"冒有"。读音为：冒［mau⁶］（新余）；冒［mau⁶］（安义）；冒［mau⁶］（都昌）；冒［mau⁶］（余干）。

湖南常德（易亚新，2007）当"没$_1$"讲的是"没要"，当"没$_2$"讲的是"没得"，否定副词与否定动词异形。如（易亚新，2007）：

人没要走。（人没走。）｜饭没要吃。（饭没吃。）｜昨儿没要上街。(昨天没上街。)｜没得人（没人）。｜没得水（没水）。｜没得看头（没看头）。

第三，"没₁"类词与"没₂"类词同异形并存。

这种情况包括两个方面：一个方面指某些方言的"没₁"类词与"没₂"类词有某个相同的表达形式，即某个形式既相当于普通话的"没₁"，也相当于普通话的"没₂"；另一个方面是在这些方言中，"没₁"类词与"没₂"类词也可以使用不同的表达形式。通常情况是，除了同形形式，"没₁"类或"没₂"类词还有其他表达形式。

黔东南地区（肖亚丽，2008）的"没[mei³⁵]得"相当于普通话的"没₁"和"没₂"，除了"没得"，该地区的"没"也当副词"没₁"用，但不当动词"没₂"用。如（肖亚丽，2008）：

你还没得十八岁。（你还没十八岁。）｜屋头没得人。（屋里没人。）

河南固始话中"没"相当于普通话的"没₁"和"没₂"，和普通话"没"的用法基本一致。但该地区的"没得"也常当"没₂"用。如（叶祖贵，2009）：

他没得房子。（他没房子。）｜他没上学。

获嘉方言的"没"相当于普通话的"没₁"和"没₂"，是个兼有副词与动词用法的兼类词。如（贺巍，1990）：

今儿个没风。｜外头没人。｜树上没鸟。｜他没去，还在家的。｜花儿还没开，还得几天。｜我没急，就是有点儿不放心。

但在获嘉话中，"没₂"类词不仅可以用"没"，还可以用"冇"。不过，"没"比"冇"适用的范围更广些，所受的限制也少些。如"冇"一般要求句末有"了"字对应，"没"无此要求。如（贺巍，

1990）：

> 他家冇粮食了。｜你说不通，我也冇法儿了。｜锅里头冇饭了，不吃吧。｜这屋儿没人住过。｜他走了没两天就回来了。｜他没去，还在家的。｜衣裳还没干，不能收。

常德方言（易亚新，2007）中的"没"相当于普通话的"没₁"和"没₂"，是个兼有副词与动词用法的兼类词，但在该方言中还有"没要、没得"，其中"没要"主要当否定副词用，"没得"主要当否定动词用，如"结婚没要？书没得读头"。

天台话（戴昭铭，2001）的"没"[muəʔ²³]是个兼类词，相当于普通话的"没₁"和"没₂"。如：没来；没去；天没亮；没钞票；没功夫；没道理；屋里没人。但天台话的"没₂"类词，不仅有"没"，还有"冇"。"冇"由"没"和"有"两个词（字）组合而成，在天台话里是一个使用频率极高的否定动词，如：

> 冇人；｜冇功夫；｜冇问题；｜冇感情。

一般来说，"冇"比"没"的组合面更广，能用"没"的一般都能用"冇"，不过，在以"Neg + N + V"为规则的连动式和兼语式时，"没"比"冇"常用。如：

> 没糖吃｜没水喝｜没人教｜没人去｜冇钞票用｜冇人讲。

贵州锦屏话"没得 [mei³⁵ tɛ²³]"相当于普通话的"没₁"和"没₂"，兼有动词与副词的用法，但与普通话对应的"没₂"类词，除了用"没得"，还可以用"没"。如（肖亚丽，2008）：

> 我没吃过火龙果。｜我昨天没去成。｜饭没熟好，等下子饭。（没熟透，等一等。）｜我没得听倒他喊我。（我没听见他叫我。）

南京方言的"没［me²⁴］得"相当于普通话的"没₁"和"没₂","没得"既有动词用法又有副词用法。如（刘丹青，1995）：

没得米。｜小王也没得做完。

据刘丹青（1995）的研究，除了"没得"，南京话也有"没"的用法。当"没₁"类词用时，老派多说"没"，新派则多用"没得"。当"没₂"类词用时，老派多说"没得"，新派"没得、没"都说。

赣语的黎川、南城等地（罗昕如，2011），"冒"既可以当"没₁"类词用，也可以当"没₂"类词用。但相当于普通话的"没₂"类词除了可以用"冒"，还可以用双音节的"冒有"。"冒"的读音分别为：冇［mau¹¹］（南昌）；冇［mou¹³］（黎川）；冇［mou⁶］（南城）。

赣语的浏阳、醴陵等地，"冒"既可以当"没₁"类词用，也可以当"没₂"类词用，但相当于普通话的"没₂"类词除了可以用"冒"，还可以用双音节的"冒得"。"冒"的读音分别为：冇［mau¹¹］（浏阳）冇［mao¹¹］（醴陵）。

在遂宁话中也有此种情况。遂宁话里相当于普通话"没有"的形式有三个"没得""没有"和"没"。这三个都是既是否定动词，又是否定副词。其中"没得"最常用，可以放在句中、句末或单独回答问题。但动词"没有"和副词"没有"不同音，因此"没有输"和"没有书"不会相混。"没"动词用法和副词用法间没什么区别，因此"没输"和"没书"上的辨别就要靠上下文来辨别意义了。副词"没得"和动词"没得"读音一样，但使用情况不同，副词"没得"只用在肯定与否定相叠的选择问句中，后面不带动词或形容词，动词"没得"后面可带宾语，也可单独回答问题。

同普通话相比，方言"没₁""没₂"类词的形式更为丰富，形式间的关系也更为复杂。[①] 这其中的一个原因可能是一些方言本身存在的否定形式就比普通话丰富，也有很多方言在保留原有自身否定标记的基础

[①] 笔者参照《汉语方言地图集》（曹志耘，2008），依据方言"没（有）₁"与"没（有）₂"类词形的同异，将其常用形式及主要分布统计成表，见表8和表9。

上，还吸收了普通话的用法，这都有可能使得这些否定形式在功能上更为单一或细化。

表4-5 "没₁"与"没₂"同形形式与地域分布

形式	分布
没	河北省的丰宁、围场、青龙等，山东的聊城，内蒙古的鄂尔多斯、呼和浩特，河南的西平、开封、确山、获嘉，山西的霍州、偏关，陕西的神木、靖边、黄龙、宝鸡，甘肃的定西、泰安、西和等
没有	安徽的郎溪、舒城，河南的镇平、社旗、民权、新蔡、洛阳、灵宝、渑池、鹤壁，山西的右玉、临猗、阳城，广西的柳州、河池、资源，甘肃的高台、武威、永登，河北的徐水、河间、安国，山东的平邑、平度、蓬莱、莱阳，江苏的宿迁、涟水、射阳、泗洪等
冇	湖南的临武，江西的莲花、万安，广东的广州、韶关、广宁、德庆、云安、郁南、罗定、新兴、高明、番禺、东莞、茂名，广西的容县、北流，福建的光泽、邵武、顺昌等
没得	四川的旺苍，安徽的繁昌等
无	福建的三明、大田、德华、永春、漳平、龙岩、华安、长泰、仙游、莆田、南靖、平和、厦门、泉州、长乐、平潭等，广东的信宜、顺德、潮州、海丰、陆丰、饶平、潮阳、五华、紫金，江西的宁都、石城、赣县等
唔没	上海，江苏的宜兴，浙江的桐乡、青田等
无不	江苏的无锡、张家港等，浙江的安吉、东阳、临安等
冇有	江西的永丰、修水，湖南的武冈、城步，广西的南宁等

表4-6 "没₁"与"没₂"异形形式与地域分布

形式	分布
"没₁"用"没有"，"没₂"用"没"	河北的平山、威县、永年、广平、磁县等，山东的日照、济南、临邑、夏津等；内蒙古的包头等；安徽的亳州、利辛、淮南、合肥、巢湖等；陕西的富县、铜川、大荔、永寿等；甘肃的嘉峪关、岷县等

续表

形式	分布
"没$_1$"用"没得","没$_2$"用"没"	江苏的南京等；四川的盐亭、资中、富顺等；贵州的余庆、镇远、黎平、德江等；湖南的张家界、永顺、龙山、吉首等；湖北的房县、鹤峰、宜都等；安徽的霍山等
"没$_1$"用"没得","没$_2$"用"没有"	湖北的恩施、潜江、石首等；安徽的南陵、宣城等；陕西的镇巴等；广西的鹿寨等；四川的成都、北川、遂宁、米易等；云南的昆明等；贵州的安龙、大方、威宁等；湖南的常德等
"没$_1$"用"冇得","没$_2$"用"冇"	湖北的广水、红安、应城、嘉鱼、咸宁等；湖南的华容、南县、平江、汨罗、益阳、安化、宁乡、靖州、常宁、永兴、桂东、汝城、郴州、江华等；江西的万载、芦溪等；广西的平乐、钟山等
"没$_1$"用"冇有","没$_2$"用"冇"	广西的桂平、蒙山、博白、南宁等；广东的化州等；江西的景德镇、鄱阳、宜丰、南城、黎川、广昌、彭泽、湖口、永修等；湖南的凤凰等
"没$_1$"用"无有","没$_2$"用"无"	广东的廉江、雷州、徐闻等；江西的靖安、铜鼓、横峰、弋阳等；广西的宾阳、贵港、合浦、防城港等；海南的绝大多数地区
"没$_1$"用"没得","没$_2$"用"不曾"	江苏的泰兴、扬中、如皋等；安徽的屯溪等
"没$_1$"用"冇得","没$_2$"用"冇有"	湖南的祁东、新宁、隆回、新邵等
"没$_1$"用"无","没$_2$"用"唔曾"	福建的武平、上杭、永定等；江西的南康、崇义、瑞金、信丰、定南、寻乌（客家）等
"没$_1$"用"没得","没$_2$"用"没/没有"	四川的泸定等；湖南的保靖等；安徽的广德等
"没$_1$"用"冇有/冇得","没$_2$"用"没/没有"	山西的忻州、临县、娄烦、平遥、左权、陵川、长子等
"没$_1$"用"没价/没有价","没$_2$"用"没"	河北的涞源等
"没$_1$"用"没得/没有","没$_2$"用"没"	贵州的都匀等

续表

形式	分布
"没$_1$"用"没拉","没$_2$"用"没"	山西的代县等
"没$_1$"用"没有/没","没$_2$"用"没"	陕西的米脂、清涧等
"没$_1$"用"没得/不得","没$_2$"用"没"	贵州的贵阳等
"没$_1$"用"没得/没有","没$_2$"用"没有"	安徽的旌德；河南的信阳等
"没$_1$"用"没/没有","没$_2$"用"没有"	陕西的延安等
"没$_1$"用"没拉","没$_2$"用"没有"	山西的大同等
"没$_1$"用"冇有/冇得","没$_2$"用"冇"	湖南的洪江等
"没$_1$"用"没有","没$_2$"用"冇"	湖北的通山等
"没$_1$"用"没得","没$_2$"用"冇"	湖北的黄石、武穴等
"没$_1$"用"无得","没$_2$"用"无"	湖南的资兴、冷水江等
"没$_1$"用"没有","没$_2$"用"不曾"	江苏的通州等
"没$_1$"用"无","没$_2$"用"未"	浙江的龙游、龙泉等
"没$_1$"用"无没","没$_2$"用"未"	浙江的金华等
"没$_1$"用"没有","没$_2$"用"未"	浙江的丽水等
"没$_1$"用"冇","没$_2$"用"冇有"	江西的上高等

续表

形式	分布
"没$_1$"用"冇","没$_2$"用"唔曾"	江西的于都、龙南等
"没$_1$"用"没得","没$_2$"用"弗曾"	江苏的丹阳等

表4–7　"不""无""未"的对应关系及分布区域

对应关系	方言点
不＝无＝未	福建的南安；广东的德庆、郁南、罗定、信宜、阳春、茂名、阳西；广西的容县、北流、龙胜
不＝无≠未	广东的阳东、遂溪粤
不＝未≠无	湖南西得古丈、凤凰、洪江、靖州、通道、溆浦；贵州的德江、都匀、黎平、荔波；广西的大部分地区：三江、灵川、永福、阳朔、平乐、钟山、贺州、苍梧、都安、田东、龙州、博白、桂平、岑溪、梧州、蒙山、昭平等；广东南的化州、廉江、吴川、徐闻；海南的澄迈、文昌、陵水
不≠未＝无	东三省、内蒙古、陕西、山西、河南、河北的大部分地区；广东的广州、增城、三水、南海、中山、怀集、广宁、云安、海丰、五华、潮阳等；山东的蓬莱、平度、莱阳、东明、成武、诸城等；浙江的湖州、慈溪、余姚、安吉、杭州、余杭、东阳、上虞、青田、瑞安等；福建东部的大部分地区；江苏的宿迁、射阳、泗洪、无锡、宜兴等；安徽的五河、繁昌、舒城、怀宁、郎溪等；零星散布于湖南的新田、道县、武冈；云南的临沧、华宁、文山；四川的乐山、屏山；广西的资源、全州、桂林、河池、百色、平果；江西的武宁、修水、吉水、永丰、万安、兴国、宁都、石城、赣县

4.5　"别"类否定词

本节讨论：①"别"的语义特征；②"别"对谓词的选择性；③方言中"别"类词的常用形式和地域分布。

4.5.1 普通话"别"的语义特征及对谓词的选择性

4.5.1.1 普通话"别"的语义特征

吕叔湘（1985）认为，"'别'是由'不要'合音演变而成"。"别"的语义特征主要有以下几种：

第一，表示禁止对方做某事，表示的是一种不允许对方反驳的强制性的命令，往往用于上对下，强对弱。例如：

开始干吧，别说废话了！｜别啰嗦了，就你话多！

第二，表示劝阻对方不要做某事。

你先别急，让大家来想想办法。｜别难过，我们下次再来。｜我看这事办起来不轻松，你可别大意。

第三，表示祈求对方，这类"别"字句，通常用于下对上，弱对强。例如：

求你再给我一次机会，别开除我。｜你可别再哭了，人家都误会了。

"别"具体是表禁止还是表劝阻或是表祈请，需要有一定的语境提示。例如：

别哭了，哭什么哭！｜我警告你，别来烦我啊！｜这么晚了，就别去看电影了。

前两句是表"禁止"，否定的程度强，最后一句是希望对方不要做某事情，但对方是否听从，完全由自己做主。

第四，表示揣测，所揣测的事往往是自己所不愿意的，经常与"是"合用。例如：

他这会儿还不来，别是有事不来了。｜电话老拨不通，别是坏了。｜他还没到，别是/不是路上堵车。

以上第一、第二、第三种意义都表示的是一种祈使语气。祈使句包括命令、要求、请求、乞求等多种语气内容，这些祈使内容可以选用相同的语法形式，但其所表示的祈使的强度可以有所不同。汉语普通话的情况是不同的祈使程度选用相同的语法形式，但世界上也有不少语言表达不同的祈使程度时用的是不同的语法形式。根据赵相如、朱志宁（1985：100）[①] 的研究，维吾尔语要对第二人称单数表达一般的命令语气时就用动词词干的形式表示；要"表示客气、亲切或协商等低祈使强度时则在词干后加 Ein/qin/gin/kin 等形式；"为了加强请求或亲切的语气"，则在上述词形后再加 a 或 ε。本书只讨论否定祈使形式。我们一般把汉语看做是一种没有祈使式形态的语言，汉语的否定祈使句往往采用不同于陈述句的否定词，如普通话的"别"、北京话的"甭"。刘丹青（2008）把"别""甭"之类词看做是汉语否定祈使句所采用的专门的语法形式，他认为北京话的"甭"是"不用"的合音，普通话的"别"可能来自"不"和某个助动词的合音，而相应的肯定祈使句并不一定使用有关的助动词，如"甭去"的相应肯定式一般是"去吧"，因此这种特殊的普通否定词和情态助动词的合音否定词可以看做专用的否定祈使形式。

"别"和"甭"这两个否定副词都能用来表示劝阻，常用于祈使句，一些情况下可以互换。例如：

这么晚了，你别去了。｜这么晚了，你甭去了。

在上述例子中"别"和"甭"似乎没有什么区别，但"别"和"甭"的差别其实不少。从语义上来看，"别"一般表示不要，而"甭"多表示不用。例如：

[①] 赵相如、朱志宁：维吾尔语简志，北京：民族出版社1985年版，第100页。

这件事你别管，管了也没人说你好。｜这件事你甭管，肯定有人会出头。

"别"字句的意思是这件事你不要管，"甭"字句的意思是这件事你不用管。这两例中的"别""甭"不能交换使用。

虽然"甭"有时也表劝阻，但更强调客观上的不需要，而"别"表劝阻，则更强调说话人的主观意志。例如：

你千万别乱说话！你可别胡来！

例子中说话人用"千万""可"表达了很强的主观意愿，换成"甭"似乎就不太能成立，这似乎也说明"别"所表达的主观性要强于"甭"。

"甭"所表劝阻语义较弱，更无所谓表禁止的意义，而"别"既能表示一般性较弱的劝阻，还能表示较强语气的禁止，所以，表示劝阻的意义时，两者可以互换，表示禁止的意义时，只能用"别"，不能用"甭"。例如：

别动！别说话！

另外，马真（1999，2004）指出"别"还表示提醒听话人注意防止发生不如意的事情。如别吃撑了，别冻着了，别噎住了，别感冒了，别弄碎了。"甭"不表示这样的意思。马文还提到"甭"和"别"虽然都能在答语中独用，但情况不完全一样，"别"既能单说，又能单独做谓语；"甭"能单说，但不能单独做谓语。例如：

"这个事我去说他。""别！让他自己想想。"（单独成句）
"这个事我去说他。""你别！让他自己想想。"（单独做谓语）
"这个事我去说他。""甭！让他自己想想。"（单独成句）
"这个事我去说他。""*你甭！让他自己想想。"（单独做谓语）

"别"和"甭"的区别在方言中也有所体现,潮州话的"勿"相当于"别","免"相当于"甭"。例如:

你免来。(你不必来—客观上不需要你来)
你勿来。(你不要来—主观上不希望你来)

"别"常与"是"连用成表揣测意义的"别是","别是"从句法成分上看是一种插入成分,是对整个句子命题所作的否定性揣度,且揣度之事往往是说话人本身所不愿发生的,除了"别是","别"和句末语气词"吧"也都可以用来表达揣度的意义,但它们与"别是"有所区别,句末表达揣度意义的"吧"在表达不希望发生某事的意愿上似乎不如"别是"强烈,自然语气也比"别是"委婉,另外,"别是"句虽然表达说话人对某件事情上的猜测,但它表达的重点并不是为了证实自己的猜测,它的目的是反映说话人自己不希望此事的发生,因此疑问程度很低,不一定需要对方作答。"别"单独使用,也可以表达揣测的语义,就"别"的疑问程度而言,"别"似乎比"别是"高,说话人用"别"暗含着期望答话人证实的意思。另外,"别"和"甭"都还可以单独成句,且"别"后还可以跟"价、介、家"等语缀,除了上文提到的"别、甭","莫、休、勿"也可以用于祈使句,表示禁止和劝阻。不过,它们也有其各自的个性特点,"别"的使用领域最广,"休、勿、莫"这三个表示禁止的否定词在普通话中都已很少使用了,它们或用于熟语中或带有相当浓厚的方言色彩。例如:

别开玩笑了。
甭提了。
请勿大声喧哗。
休得无礼。

"莫"还可以用于比较,相当于"没有比……更"。例如:

就是让你来做,也莫过如此了。

4.5.1.2 "别"对谓词的选择性

首先看"别"对动词的选择。"别"同动词的可控性相关。邵敬敏（2004）对动词的可控性是这样描写的，"'自主'和'可控'是两种不同的语义特征，应该加以区分，凡是跟人类有关的，虽然非自主，却可控；凡是跟人类无关的，不但非自主，而且非可控。""别"修饰不同语义特征的动词表达的意义有所不同。"别+可控自主动词"表示阻拦对方实施某个动作，"别+可控非自主动词"表示提醒对方避免发生某种行为，"别+不可控非自主动词"表示希望不要发生某事。例如：

别偷听别人讲话！别小声议论！
别耽搁喽。东西别丢啦！
放假可别下雨。

"别偷听别人讲话！别小声议论！"是对"偷听""小声议论"动作的劝诫；"别耽搁喽。东西别丢啦！"是提醒对方避免"耽搁""丢"；"放假可别下雨"是希望"下雨"这类事件不要发生。

再看"别"对形容词的选择。首先，"别"可以否定性质形容词。"别"在否定具有【+人类】、【+可控】语义特征的性质形容词时，相比较于表达褒义的词语，"别"更倾向于否定带有贬义意义的词语。褒义形容词体现的是说话者赞扬、喜爱、尊重等积极的情感态度，贬义形容词则体现了说话者的贬抑、厌恶、反感等否定的情感态度，受"别"本身语义的制约，"别"最常修饰的是那些表达人类某些可以控制的不好品质的性质形容词。如别骄傲、别马虎、别着急、别无礼、别大意等。这正体现了语言交际过程中的礼貌原则。当然，这只是一个倾向性问题，比起"别"修饰【+人类】【+可控】【+贬义】性质形容词，"别"修饰【+人类】【+可控】【+褒义】性质形容词在数量、使用频度、合理性等方面可能不及前者，但并不是完全不说，在一些特定的语言环境下也可以使用。比如，甲想向乙询问一些问题，乙却推说自己能力不行，这时甲就可以说"别谦虚啦，你非常棒"，又比如甲看乙已经学习一上午了，想让他放松一下，这时甲就可以说"别用功啦！我们去吃饭吧"。又比如我们经常使用的"别客气",这些都是"别"修饰【+人类】【+可控】【+褒义】性质形容词的例子,但是,不难看出,在以上的这些语境中,褒义形容词自身所带的褒义色彩已经或多或少地有所减弱。与之相关的一种情况是,如果该类形容词前出现程度副词"太",构成"别+太+【+人类】、【+可控】、【+褒义】形容词",这种格式就比较常见了。如"别太高兴啦!别太聪明啦!别太大方啦!别太积极啦!别太客气啦。"

因为"别"字句表达的意义是说话人命令或劝阻不要做某事,形容词所表达的语义不管是褒义还是贬义,对说话人来说都是他们所不赞成的,对他们有一定损失或他们认为应该避免的,但对褒义事物的避免又不合乎常理,因此常在表示褒义的形容词前加上"太",说话人通过"太"强调"别"否定的不是褒义本身的内容,而是否定不要过量。因此如果褒义词要进入该格式,比较合适的就是有"太"这一类词的修饰,以造成"过犹不及"的效果。不用"太",句式的可接受性就会打折。

"别"也可以修饰【-人类】、【+可控】的性质形容词,但需要具备一定的句法条件。邢福义(2001)认为小句的组词与表意,语句的联结与相依,规律的形成与生效,方言的语法差异,都依存于特定的句法机制,都或大或小、或多或少,或直接或间接地取决于特定的句法机制。事实的确如此,某些否定说法单独说站不住,但在一定的句法环境中却可以说。如:

第一,形容词后带语气词"啦、喽"等,构成"别+形容词+啦/喽"的格式。如"别歪啦""别小喽""别咸啦""别晚啦""别黄啦"。

第二,"别"后与形容词之间可以插入程度副词"太",构成"别+太+形容词"的格式。如"别太小""别太咸""别太晚""别太谦虚""别太认真""别太大方"。

"别"也能修饰像"糊里糊涂""黑糊糊""干巴巴""慢腾腾""傻里吧唧""软绵绵"这类带词缀的多音节状态形容词,有时还会在这些词的后面加助词"的",如别糊里糊涂/干巴巴/慢腾腾/傻里吧唧的。"别"也可以修饰变化形容词,如"饭别凉啦""衣服别湿啦"。

通过以上论述,不难看出,"别+【+人类】、【+可控】、【+贬义】的性质形容词"所受到的限制最少,是"别"的无标记用法,而"别"修饰其他特征的形容词总要受到这样或那样的限制,这就是"别"的有标记用法。

4.5.2 方言"别"类词的主要类型与地域分布

Ⅰ型别。例如:

牟平:别[po^{53}]管他的事儿。(罗福腾,1997)
济南:今天就别[pɛ^{42}]走了。(钱曾怡,1997)
哈尔滨:慢慢儿走,别[piɛ^{24}]跑。(尹世超,1997)

Ⅱ型莫。例如:

湖南长沙:莫[mo^{35}]走,等我一下。(别走,等我一下。)(卢小群,2007)
湖南益阳:莫[Mo^{55}]把小衣打湿哒。(徐慧,2001)
湖北安陆:天道快黑了,嗯莫走。(天快黑了,你别走。)(盛银花,2007)
湖北武汉:嗯莫说得他听了。(你别说给他听了。)(张义,2005)
陕西平利:莫去惹他。(别去惹他。)(周政,2009)
福建厦门:莫细人都学坏。(别小孩都给学坏了。)(李如龙,2007)
福建泉州:莫鸡都毒死。(别把鸡都给毒死了。)(同上)
闽南:办公所在,莫得吵闹。|一点仔小成绩,莫得骄傲。|路真崎,莫用走。(廖新玲,2001)
浙江宁波:莫[mɔ^{44}]烦,好好听弄!(别烦,好好听着!)(阮桂君,2006)
连城客家:莫讲。(项梦冰,1997)
黔东南:打针的时候莫[mo^{21}]动。(肖亚丽,2008)
岳西:你莫来,落雨路不好走。(你不要来,下雨路不好走。)

（储泽祥）

Ⅰ型主要分布在东北、山西、山东、贵州、安徽、四川、河南等地。Ⅱ型是方言中的优势形式。主要分布在湖北、广东、福建、四川、贵州、湖南等地区，方言类型涉及湘语、赣语、粤语、闽语、吴语、客家话等。何耿镛（1993）指出客家话的"莫"不仅可以是在动词前紧邻动词的位置，还可以在整句话的句首。如（何耿镛，1993）

  莫细人吓着。（别把小孩吓着喽。）
  莫细人都学坏。（别让小孩都学坏喽。）

宁波话的"莫"后可直接跟时地名词或代词。如（阮桂君，2006）：

  莫后日。（别在后天。）
  莫河边沿。（别在河边。）

"莫＋NP"实际上是一个省略了动词的句子。"莫后日"是"莫安排到后日。别安排到后天"，"莫河边沿"是"莫停在河边沿。别停在河边"。

Ⅲ型白。例如：

  河南商丘：孩子走不远，白着急，慢慢找。
  河南开封：遇到这样的事，怹也白太难过了。
  山东平度：恁俩白打。（你们俩别打啦。）（钱曾怡等，1985）
  山东宁阳：你白［pɛ⁴²］说啦。（钱曾怡等，1985）
  安徽五河：今个天气不好，上学的时候白忘记带把伞！｜你们白吵闹了，老师要来了。｜我昨个告诉他的事情，他今个白忘记了吧。（岳刚，2010）
  安徽安庆：弄晚了她咋还不回来呀，白出啥事了吧。（同上）

Ⅲ型主要分布在山东微山、平度等地，河南商丘、开封、新乡、修武等大部分地区，辽宁的丹东，安徽安庆、五河等地，这些地方有些也说"别"，但"白"的方言色彩浓，"别"是普通话向方言的渗透，年轻人多说"别"，年长的人更倾向于说"白"。

Ⅳ型勿。例如：

潮州：俺勿睬伊。（咱们别理睬他。）｜你勿来。（你别来。）

Ⅴ型不了。例如：

甘肃兰州：把钟上上，不了［pu^{11}lɔ^{53}］耽误事。（张文轩、莫超，2009）

陕西宝鸡：不了绊倒了！（李虹，2003）

Ⅵ型奥。例如：

海门（王洪钟，2011）：今朝你奥回转特，住特我俚降。（今天你别回去了，住在我们这儿。）｜你香烟末奥吃特，老酒末吃点弗关个。（你烟呢别抽了，酒呢喝一点没关系的。）

上面例子中的"奥"表示劝阻或禁止。

你奥要上特骗子个当特哇？（你别是上了骗子的当了吧？）｜外头奥要勒落雨哇？（外面别是在下雨吧？）

上面例子中的"奥要"相当于普通话的"别是"，表示揣测的语义，所揣测的事往往是说话人所不愿意发生的。

动画片脱戏曲片我奥看个。（动画片和戏曲片我不要看的。）

上面例子中的"奥"不是对别人行为的劝阻，而是表示说话人主观上的不愿意，只能译为普通话的"不要"或"不想"，不能译为

"别",这一点与普通话的"别"不同。海门话由"奥"组成的反复问的常用格式是"VP 勒奥 VP?",与之相应的是非问的形式是"要 VP 口伐?",在实际语言生活中反复问句"VP 勒奥 VP?"要比是非问句"要 VP 口伐?"用得广泛。如"苹果你吃勒奥吃?(苹果你要不要吃?)"。

Ⅶ型甭。例如:

  北京:你甭去。

北京话除了可以用"别",有时也可以用"甭"。"别"和"甭"的区别在于针对动作发生时间上的不同,"甭"针对于对将来行为的禁阻,相当于"不用"或"用不着","别"针对于对目前行为的禁阻,相当于"不要"或"不许"。从语气上讲,"别"比"甭"强硬。在多数情况下,"甭"可以用"别"来替换,而"别"却不能用"甭"来替换,如:别让他给你弄坏了。

我们分析、归纳了上述方言例子中"别"类词的意义与用法,主要有:

(一)表示禁止、劝阻或祈请对方不要做某事,具体是表禁止还是劝阻,需要借助于一定的语言环境。如:

  哈尔滨:慢慢儿走,别[piɛ^{24}]跑。(尹世超,1997)
  陕西平利:莫去惹他。(别去惹他。)(周政,2009)
  福建厦门:莫细人都学坏。(别小孩都给学坏了。)(李如龙,2007)
  河南商丘:孩子走不远,白着急,慢慢找。
  山东宁阳:你白[pɛ^{42}]说啦。(钱曾怡等,1985)

(二)表示推测,例如:

  安徽安庆:弄晚了她咋还不回来呀,白出啥事了吧。(岳刚,2010)
  海门:你奥要上特骗子个当特哇?(你别是上了骗子的当了

吧?)（王洪钟，2011）

我们参照《汉语方言地图集》（曹志耘，2008）总结了"别"类词的常见形式及分布区域（表4-8）

表4-8　　　"别"类词的常见形式及分布区域

形式	分布区域
别	华北官话；东北官话等
不要	西南、江淮官话、晋方言的部分地区；江西铅山、兴国、南康、安福、宜春、吉水、永丰、德兴、金溪等
莫	湖南的南县、汨罗、平江、安化、宁乡、保靖、吉首、溆浦、衡南、通道、靖州、张家界、永顺、长沙、耒阳、长宁、临武；江西的宜丰、上高、高安、崇义、信丰、定南、乐安、广丰；福建寿宁、周宁、古田、顺昌、罗源、福安；广西的鹿寨、柳州、柳城、罗城、龙胜、三江、全州、北流、贵港、贺山、兴安；陕西平利、镇安；四川北川、盐亭；湖北房县、枣阳、广水、红安、应城、宜都、鹤峰、恩施等
莫/不要	江西瑞昌、湖口、彭泽、武宁、修水、永修、乐平、丰城、横峰、万载、芦溪、余干、景德镇等
勿要	江苏的苏州、常熟、太仓、昆山；上海；浙江的嘉兴、平湖、海盐等

4.6　否定标记系统的相对独立性与互动开放性

4.6.1　否定标记系统的相对独立性

目前学界一般认为，否定标记"不"和"没（有）"在表义上一般具有明确的分工，石毓智（2001）认为"用'没'否定时，是把动作、行为作为离散的东西看；用'不'否定时，则是把动作、行为看做是连续性的。表现为，否定动词时，在具体的上下文中，'没'和'不'往往不能自由地替换，即使可以替换，也必然伴随着语义的改变。"也就是说，"不"和"没"既有其各自特定的否定对象，又有其各自表达的否定意义。这个判断说明了汉语"不""没"各类否定标记之间的独立性。上文对"不"类、"没"类、"别"类否定标记进行分别讨论时，我们已经描写过各类否定标记的基本语义和用法，在这里我们将各类否定标记的语义用法进行比较，总结各类否定标记之间的同异性，从而特别凸显汉语否定标记在独立性上的表现。

关于否定词"不"和"没"的区别，吕叔湘先生早在半个多世纪前就做过非常精辟的论述。吕先生认为"一般的否定用'不'，无论现在、过去、未来……要是我们的注意点在动词的动作性（做不做这件事），我们用'不'"，"说'某人不做如此之事'这里面就往往含有此事不是偶然，也许某人有意不为之意"，"可是这并不是说所有过去之事用'不'的都有有意不为之意"；关于"没"，吕先生认为"'没（有）'是完成式（即既事相）之否定"，"要是我们的注意点在他的事变性（有没有这件事），我们用'没'"。吕先生的上述理论，用 Comrie（2005 [1985]）"时""体"范畴的概念，也就是说，一方面把某种动作行为或状态放在时间框架里去考察，选取当前时间或某个特定时间为参照点，考察某种动作行为或状态在时间上表现出的过去、现在与将来；另一方面则是去观照事态内部结构的发展状况，考察某种动作行为或状态在发展方式上的完成、未完成。那么，"不"是一个与时、体范畴并无多大关系，表达泛时体性意义的否定标记，"不"关涉的时体意义只能靠句子本身、上下文等具体的语境来凸显。"不"虽然本身不附带特定的时体意义，但"不"除了表达逻辑上的否定意义之外，它附带表达［＋有意］［＋主观］之意，即吕先生所说的"非偶然，有意不为之"。"没"时体意义的指示性非常明显，"没 VP"，既可以是对某个过去时间事态已然性的否定，"他去年一年都没回家"，也可以是对截至目前某个事态已然性的否定，"到现在我还没吃饭"，可见，否定标记"没"同时体性意义密切相关。不过，和"不"相比，"没"虽然多了时体意义，但"没"本身却不再附带有［＋有意］［＋主观］之意，表示一种客观性的描述。

上文提到的"不"自身所附带的主观量，沈家煊（2001）认为这种主观性（subjectivity）是指"语言的这样一种特性，即在话语中多多少少总是含有说话人'自我'的表现成分。即说话人在说出一段话的同时总是还表明自己对这段话的立场、态度和感情。"语言中表达主观性的手段很多，大多数情况下否定标记"不"的使用，都不仅仅单纯表示否定语义，而是在否定语义上附加上"能、想、愿、可"等主观性语义，因此，普通话的"不"是一种蕴含【+否定】【+主观】等多种语义的复合增量否定标记。

沈家煊（2010）将汉英否定标记进行比较，汉英否定标记之间有重大差别。汉语否定"是"用否定标记"不"（不是），否定"有"用否定标记"没"（没有），而英语明显不同，英语中否定"是"（be）和"有"（therebe）几乎都用否定标记"not"，从汉英对"是"和"有"的否定上，可以看出，汉语注重"是"和"有"的分别，所以否定"是"和"有"采用不同的否定标记词，英语不注重"是""有"的分别，在否定标记词的选择上趋同，都采用同一个否定标记词。沈先生的这一发现也可以从侧面上证明汉语"不""没"在分工上的相对独立性。

否定标记之间的"独立性"符合现代汉语的主流情况，在绝大多数的一般情况下确实成立，不过这种"独立性"也非绝对，而是相对存在。关于否定标记之间的相互联系，吴福祥（2002）认为"否定词'不'与'未'的严格分工是唐代以后的事，在此之前，'不'也可以用来否定完成体以致混同于'未'的用法。"① 大量的事实说明，现代汉语中仍然也存在对"独立性"一定量的例外情况，在一些情况下，"不"和"没"可以相互替换，而且替换后仍能维持基本语义的不变。王灿龙（2011）讨论了"不"与"没（有）"语法表现的相对同一性，王文观察到三类词："感觉、感到、觉得、打算、在意、介意、留神"这样的心理感受性动词；"在（家）、到"等之类的处所、时间动词；"敢、肯、能"等之类的助动词，总结出这三类词都可以受"不"或"没"的否定，而且受"不""没"否定时，在表义方面基本上没有什么差别。例如：

对于领导的这个决定，人们谁都不/没感到一点儿奇怪。｜他这段时间不/没打算买房子。｜这件事接下来到底该会如何发展，还

---

① 吴福祥：《汉语能性述补结构"V得/不C"的语法化》，《中国语文》2002年第1期，第29—40页。

不/没敢肯定。｜这个包他一直不/没肯给人。｜长假第一天，许多人都不/没在家。｜不/没经批准，谁敢走啊。｜你怎么不/没跟他们一起走？｜不/没等他说完，其他的人就都跑了。｜不/没到这个年纪，就感受不到这种快乐。｜好久不/没见，你也没什么变化。

以上例子，用"不"或"没"，意义基本相同，差别不大。

4.6.2 汉语方言否定标记的互动开放性

王灿龙（2011）从句法结构本身的语法特点，和人们解读时所采取的认知策略和机制这两个方面，对"不""没"之间联系的互动性做了如下解释：①"不"有意语义的消解：在以过去时间为时间域的结构中，在追忆的认知方式的影响下，"不"表"有意"这个主观意义本身被激活的难度较大，从而致使"不"在过去时间域中的主观性有意语义被溶解，王文进一步得出在过去时间域之类的缺乏（或弱）自主性的句法结构中，"有意"这样的主观语义可以被大幅度消解。②人们在总括扫描（summaryscanning）的识解方式下，事态的时间意义大为减弱，进而带来"体"意义的无所依附，于是"没"的完成体义被削弱或消解。

"不""没""别"是普通话常用的三个否定形式，一般认为，"不""别"是副词，"没"兼属副词和动词，本书只涉及副词的"没"。普通话的否定副词"不""没""别"各司其职，有各自的语义内涵，在数量和各自的功用上相对集中，具有较为清晰的形义分配关系。但在方言中否定标记与否定意义呈不对称关系。本节我们主要讨论汉语的否定标记与其所表意义之关系。从意义角度看，否定标记承担意义有单纯性与复合性。如泉州话的否定标记"无"除了表达一般普遍的否定意义外，还会在不同语境的提示下，受交际内容的影响，表达一些具体的附加意义，这些意义多是对之前所述内容做的一些说明补充，例如：

许领衫水是水，唔过无穿。（那件衣服漂亮是漂亮，但是不耐穿。）｜即个季节的茶无泡。（这个季节的茶不经泡。）

例子的"无"除了表示一般的否定意义外,还附加对动作的耐受性做了说明。泉州方言"无"蕴藏的这种潜在复合含义,表现在表层句法形式上反映在"无"可以单独做补语,否定动作行为发生的结果,例如:

伊上的课长有人听无。(他上的课经常有人听不懂。)│伊写的字有够草,我看无。(他写的字很草,我看不来。)

汪化云(2004)在讨论鄂东方言否定情况时,参考了废名的小说,以此为例说明鄂东黄梅方言中否定的特殊性。在鄂东黄梅话中,"不"除了表达主观性的否定涵义外,在一些语境下,还负载有"不用"的意义,如:

"我把你的牛骑了走好吗?"
"那好极了,有我不怕的。"

例子中"有我不怕的",意思是"有我,不用怕的"。单个的一个"不"字兼有"不用"的意义。古代汉语的"不"有些情况下可以表达"无"的语义,如"君子于役,不日不月"中"不"意义为"无",这种用法在现代黄梅话中也有保留,如:

莫须有先生觉得他完全不能为力了。(不能为力 = 无能为力)

从形式上看,否定形式呈现多样性。否定形式的多样性集中体现在否定意义表达形式的丰富性和某种否定意义表达形式的多样性。比如,泉州话否定动作行为发生发展的必要性、有用性,即表示"不必、不用"的意思,可以独用否定词"免",例如:

恁免来斗相共。(你们不用来帮忙。)│免说伊嘛之。(不必说他也知道。)│免等伊,咱先食。(不用等他,我们先吃。)│香蕉免偌黄就会食哩。(香蕉不用太黄就能吃了。)

泉州话的"无"除了表示"没"的意思外，在很多情况下也都可以用来表示"不"的否定意义，比如：
(1) 否定标记独用时。例如：

伊看天时无早，赶紧收收的。(他看天色不早了，赶紧收拾收拾。)

(2) 合成否定结构。泉州话表示"不爱、不喜欢、不愿意"的意思时，用"唔爱"与用"无爱"同义，两者可相互替换。例如：

即盘菜我唔爱(无爱)食。(这盘菜我不喜欢吃。)｜伊唔爱行路，爱坐车。(他不喜欢走路，喜欢坐车。)

不过，泉州话"唔爱"的独立性不及普通话的"不爱、不喜欢、不愿意"，不能单独回答问题。
(3) 在一些固定结构中。如"无 A 无 B"：

无父无母｜无情无义｜无大无细(没大没小)｜无思无想(没有思想)｜无悬无下(不高不低)｜无好无否(不好不坏)｜无寒无热(不冷不热)。

鄂东黄梅话与普通话对应的"没$_1$"，除了可以用通常的"冇"外，在一些情况下也使用"不"来表达，如：

和尚他总是忙，忙着上楼，上了楼，就不看见他下来，楼上动得响。

荡船的从船后头同他们打一句招呼了。他们好像好久不听见人言，感得声音的可爱了。

我好久好久不见我的父和母呵。

> 天下为什么一定非发生许多事实不可呢？守着一个一定的原因，不有新的事实发生不好吗？
>
> 在莫须有先生仿佛是人生有历史，痛苦又何尝不有意义呢？

上述例子中的"不"都应理解为"没"，例子的"不有"，理解的是"没有"。

4.7　否定形式的形义分配

"不""没""别"是普通话常用的三个否定形式，一般认为，"不""别"是副词，"没"兼属副词和动词，本节只涉及做副词的"没"。普通话否定副词"不""没""别"有比较清楚的职责上的划分，有明确的语音区别形式，表达哪种否定意义就相应地提取哪种形式，具有较为清晰的形义分配关系。本节联系普通话和各种方言，主要讨论汉语方言否定形义关系的分配。具体包括以下两个方面的内容：一个方面是以普通话否定形式"不""没""别"为基点，讨论方言否定形式的多义性；另一个方面是以普通话否定形式"不""没"为基点，讨论方言否定形式的多样性。

4.7.1　否定形式的多义性

上文我们已经分析了否定副词"不""没""别"的语义特征，它们是表达不同否定意义的三个否定形式。普通话中"不""没""别"各司其职，各有其需要肩负的意义和功能，意义同形式一一对应，功能稳定明确，表达哪种否定意义就相应地提取某种形式，表意明确，有比较清楚的职责上的划分，基本不会出现意义的模糊混淆。"现代汉语否定标记系统中'没'和'不'二分天下"，"一般的北方方言和不少南方方言都能通过语音来区别'不'和'没'。"古汉语中的情况却不尽如此。如吴福祥（2002）认为"否定词'不'与'未'的严格分工是唐代以后的事。在此之前，'不'也可以用来否定完成体以致混同于'未'的用法。"方言的情况比普通话复杂，有些方言"不""没"之间或"不""没""别"之间缺乏语音上的对立，方言的某一否定形式对应于普通话"不""没""别"中两种或是全部的否定意义,也就是说,普通话中需要"不""没""别"三个语言形式表达的意义在某些方言中可能只需要一种或两种形式。这些方言的"不""没""别"间缺乏语音上的对立,在没有一定语言背景的情况下,会出现意义的模糊混淆,这种一种形式对应多种意义的情况,我们称做是"一对多"。邢福义就曾经指出,他的故乡海南省乐东县的黄流话否定形式只有一个[vo²],借汉字记为"否",普通话的"<不>去、<没>听到、<没>人"在黄流话中都用"否",问句末尾用的还是弱化的"否"。另外,伍云姬(2007),罗昕如(2011)也都谈到了湘语否定形式的多义性问题。伍文认为湖南方言中最原始的否定词只有一个,既表主观否定,也表客观否定,同一个否定形式表达两种否定意义,后来之所以出现了副词"不"和副词"没"的对立,是北方方言侵入湖南的结果。罗文对伍文的观点加以验证,罗文指出湘语当"不"讲的否定词最早与"没有"同形,只有一个"冇",代表方言为湖南武冈话。随着时间的推移,当"不"讲的否定词与当"没有"讲的否定词有了分工,"不"演变为自成音节的鼻音类否定词"唔","没"演变为双唇鼻音声母的"冇",有些方言仍保留有"冇"当"不"讲的用法,"冇"与"唔"平行使用表示"不",如新化方言;有些方言,当"不"讲的否定词确定用"唔",如邵东方言;有些方言受到北方方言的影响,由"不"取代了"唔",如祁阳方言中,县城多说"不",而该地其余的地方多说"勿(唔)",北部湘语受北方方言的影响最大,当"不"讲的否定词基本就是使用"不",如长沙方言。否定形式的多义性从一方面看,这种情况容易产生意义上的混淆,而从另一方面看,有时也能看做是该否定标记用法的扩展。从我们目前所见的材料来看,这种情况在许多方言中都是存在的。笔者据所见资料,大致归结为以下几种情况:

第一,一个否定副词同时对应普通话"不"和"没"两类否定副词的意义和用法。也就是说,该否定副词既可以当"不",也可以当"没",一个形式占据了普通话"不"和"没"两个单位的位置。如湖南武冈、辰溪等南部地区,广西北流等地区的"冇"。例如:

湖南武冈:我里冇[mau¹³]看咧。(我们不看了。)│红得冇

乖态。(红得不漂亮。)|你里冇看倒。(你们没看见。)|还冇饭吃。(还没饭吃。)(卢小群,2007)

湖南辰溪:他趄过上海,我冇［ma⁵⁵］趄过。(他去过上海,我没去过。)|人家冇想去,你就莫逼人家了。(人家不想去,你就不要逼人家了。)|各人做各人的,冇准帮忙。(各人做各人的,不准帮忙。)(卢小群,2007)

广西北流:同日我冇去着北流。(昨天我没去北流。)|明日我冇去北流。(明天我不去北流。)|你冇应该讲大话。(你不应该撒谎。)|太远了,我睇冇见黑板。(太远了,我看不见黑板。)(徐荣,2008)

广西柳州话(刘村汉,1995)中的"没［mɐi²⁴］"兼有普通话"不""没"的用法。例如:

没舒服(不舒服)|没大高兴(不大高兴)|还没来|没去到

黔东南地区(肖亚丽,2008)的"没［mei³⁵］"既当"不"讲,又当"没"讲。黔东南方言不论是询问未然事件还是询问已然事件,句末都用"没",已然和未然的区分是通过句中的时态助词来实现的,询问已然事件时,黔东南方言用时态助词"嘎""过"等。如(肖亚丽,2008):

我上学期,没,这学期转来。(我上学期,不,这学期转来。)|他没是学生。(他不是学生。)|我没吃过这道菜。|饭没熟好,等下子。(饭没熟透,等一下。)|没痛(不痛)|要我帮你占位子没?要。(要我帮你占位子吗?要。)|明天你去没?没去。(明天你去吗?不去。)

湖北黄梅老派方言(汪化云,2004)的"不"除了表达普通话"不"的语义外,还表达"没"的意义。新派黄梅话的"不"表意基本确定，已经不怎么用于表"没"的意义了。如（汪化云，2004）：

不看。｜我好久不见我的父和母呵。（我好久没见我的父亲和母亲了。）｜不有新的事实发生不好吗？（没有新的事情发生不好吗？）

广西宾语客家话（邱前进，2008）的"冇［mau²¹³］"对应于普通话的否定副词"不、没"，如（邱前进，2008）：

小陈拿得动，小黄冇拿得动。（小陈拿得动，小黄拿不动。）｜渠去学校冇？（他去学校没有？）

闽南方言（廖新玲，2001）的"无［bo²］"大多对应普通话的"没"，但也有对应于"不"的情况。如（廖新玲，2001）：

蜀冥伊有去，我无去。（昨天他去了，我没有去。）｜汝无讲我拢唔知影。（你没说，我都不知道。）｜衫裤无燋，着阁曝。（衣服没干，还得再晒。）｜明旦伊有去，我无去。（明天他要去的，我不去。）｜伊有食熏，我无食熏。（他抽烟，我不抽烟。）｜有去比赛其侬留下来，无去比赛其囥转去。（要参加比赛的人留下，不参加比赛的可以回去了。）

第二，一个否定副词同时承担"不"和"别"两类否定副词的意义和用法。也就是说，该类词既可以当"不"，又可以当"别"。易亚新（2007）提到湖南常德方言中的"不［pu²⁴］"除了表达普通话"不"的语义外，还表达"别"的意义。如（易亚新，2007）：不好｜不喜欢｜不走哒（别走）｜你不烦，有办法搞好的。（你别烦，有办法搞好的。）｜不把钱搞掉哒。（别把钱弄丢啦。）｜不又搞错哒。（别又搞错啦。）

第三，一个否定副词同时承担"不""没""别"三类否定副词的意义和用法。绥宁话中的"冇"兼有"不""没""别"的意义。如

(罗昕如，2011)：作业做起嘎冇？（作业做完了没有？）｜坐倒！冇乱跑。（坐着，别乱跑。）

否定副词多义性的特点不仅出现在方言中，古汉语的情况也是如此。例如：

师云："非佛不众生者。"（《祖，八，123》）

例子中的"不"相当于"非"。

（贼）捉得，便自欢喜；不捉得，则中夜皇恐。（《语类，一〇六，2642》）

例子中"不"相当于"未"。

4.7.2 否定意义表达形式的多样性

方言中的否定副词除了意义比较复杂，一种形式可以蕴含多种语义外，相比较于普通话，它的否定形式也复杂得多。普通话表达"不""没""别"意义时所用的形式较为单一，一般就用"不""没""别"，没有同"不""没""别"等意或近义的词汇。而方言中同一种否定意义的表达可以有多种形式，比照上节的"一对多"，这种情况我们称为"多对一"，即指多种形式对应一种否定意义。根据我们目前收集到的资料，大致有以下两种情况。

一种情况是虽然几种形式都可以表达"不"的意思，但常存在分布上的不同，往往是以一种形式为主体，另一种只是在一些条件下的局部性的使用，同主体形式相比，在分布上有很大的局限性。

闽南话（廖新玲，2001）的"不"和"无"都表普通话"不"的语义，但两者在用法上有差异。在闽南话中直接对性状的否定用"无"，如"无快（不快）；无积极（不积极）"，表单纯否定的"不"一般只用于在判断词、准判断词、能愿动词和一小部分表示心理活动的动词。如"不是、不值、不应该、不知影（不知道）、不欢喜、不惊"。又如：花无红。｜猜无着。｜切了无断。

湖南新化方言（罗昕如，1998）表"不"一般用"唔"，但在以下两种情况中出现了"唔"和"冇"并用的情况：一是在"是"等判断动词前用"冇/唔"，如：我冇/唔是长沙人。（我不是长沙人。）二是在"要"等能愿动词前用"冇/唔"，如今天冇要做作业。（今天不要做作业。）另据罗昕如、曾蕾（2007）研究，新化方言里的"唔"与"不"在出现层次上有差异，"唔"是一个存古的旧词语，"不"是受普通话影响而产生的新词语，另外，独立做副词时，与"不"相比，"唔"占绝对优势。

武冈话中与"不"相当的一般用"冇"，但在一些有限的环境下也可以使用"不"。"不"主要用在"得"前做状语。如：我不得格。（我不会的。）此外，可以与所修饰的动词一起做补语，如：行不动（走不动）。

浙江宁波话"勿"与"弗"都相当于普通话的"不"，但"弗"最常见的用法是在一些固定结构中，如"弗三弗四""弗上弗落"。"弗"的否定项很少是形容词。在一些情况下，"弗"也能否定动词，据阮桂君（2006）考察，它与"勿"的区别主要在表达情感上，同"勿"相比，"弗"的语气比较强烈。

成都话（张一舟等，2001）的"不兴"和"不"都表否定，但有所不同。"不兴"主要用于责难，也常用于提醒、警告，且"不兴"不能位于助动词或形容词性词语之前，"不"均没有这些限制。如（张一舟等，2001）：你各人自己昨天不兴买，今天就买不倒了嘛。｜你不兴多吃点儿嘛，等下要饿肚皮的。｜这件事情在会上讲过，他各人自己不兴来开会，当然不晓得哟。

西充方言（王春玲，2011）"不"与"不兴 [po^{33}ɕin^{445}]"都表达普通话中"不"的语义。但与否定词"不"相比，"不兴"的使用范围非常有限，带有明显的方言色彩，仅限于自主性行为动词前。在表达的语气上，"不兴"的句子都带有责备、不满的语气，有时还含有提醒、警告等语气。如：不兴各人赶场去买，总要去找人家带。（不自己赶集去买，老要去找别人帮着买。）｜呢猪不兴把槽头哩猪食吃完。（这猪不把槽里的猪食吃完。）｜不兴做作业嘛，警防挨整小心挨打。（不兴把银行哩钱还了嘛，利息高哩很啰。）

据徐荣（2008）的考察，广西北流粤方言中与"不"相当的一般就用"冇"，而在粤语区普遍存在的对应于"不"的"唔"，在该方言中使用得很少，且不能表示对过去的否定。不过，这一词也没有完全绝迹，似乎能和"唔"搭配的仅有"知"这一动词，而且只用于问句中。如（徐荣，2008）：甲：唔知渠几时回？（不知道他什么时候回来？）乙：我冇知。（我不知道。）

天台话（戴昭铭，2001）的"弗［føʔ⁵］"与"勿［vø²³］"意义和用法都相当于北京话的否定副词"不"，戴文把它们看做是同一个词的两个自由变体，"弗"为基本的、通常的形式，"勿"为非基本的、变化的形式。能用"勿"的地方基本都能用"弗"，"弗"对其后出现的词没有语音上的限制，"弗"后的词不规定其后词的起首辅音，而跟在"勿"后面出现的词则一般要求为浊声母的音节，"弗"可以单独回答问题，而"勿"不能单独回答问题。如（戴昭铭，2001）：弗/勿来｜弗/勿吃｜吃弗/勿饱。

黔东南方言（肖亚丽，2008）与普通话"没"相当的否定副词有"没［mei³⁵］""没得""没有"，有一定的句法分布差异。其中"没有"同前两者的差异最为明显，"没有"只用于对话中，表示对对方所说的或自己所说的话语的否定。"没"和"没得"虽都是对曾经发生的动作、事实的否定，但是两者也有差异，具体表现在对已然事件进行否定时，"没"往往要求有表示过去时间概念的词语出现，而"没得"则没有这方面的要求，原因可能是黔东南方言中的"没"除了表达普通话"没"的语义外，还兼表普通话的"不"，如果没有标志过去时间的时间词或在没有语境暗示的情况下，句子很容易产生歧义。如（肖亚丽，2008）：甲：我跟你讲过，没向火的时候要把电炉插头扯下来，万一屋头没得人，失火都没晓得。（我跟你说过，不烤火了就要把电炉插下来，万一没人，失火了都不知道。）乙：没有嘛，你没得讲过。（没有啊，你没说过。）

普通话的"不"和"没"在黔东南方言里通通只用一个"没"，而且发音上没有区别，因此，需要通过上下文、时间地点等具体语境来确定"没"所蕴涵的语义，不然的话，句子会产生歧义。有关黔东南方言中为什么只有"没"这一个否定副词，王贵生（2001）认为这可能是受到苗、侗语的影响，苗语和侗语这两种语言表达普通话的"不""没"都只有一个否定词，这两种语言对普通话的"不"和"没"不作区分，受到苗、侗语的影响，黔东南地区的人们按照固有的语言表达习惯，也在"不"和"没"中间选择了"没"，只用这一个词表达"不""没"的否定意义。而肖文（2008）与王玖的观点有所不同，肖文认为在某种情况下，苗、侗语的"不"和"没"还是有语音形式上的区别的，肖文认为黔东南地区处在贵州与湖南、广西的交界地带，其方言更多地接近于湖南话、广西话，贵阳话区分"不"和"没"，而广西桂柳话对此不加以区分，黔东南方言与之极其一致，这可以证明黔东南方言与桂柳话来源相同，可以认为黔东南话的该种用法是对桂柳话该用法的继承。

贵州遵义话（胡光斌，2010）的"没得"与"没有"相当于"没有"，但同"没有"相比，"没得"的使用范围非常有限，只能用于动词或形容词结构的后面，也就是说，"没得"一般只用在反复问句中的句末否定词，如（胡光斌，2010）：小王来没得呀？｜你看下儿衣服干透没得？

获嘉方言（贺巍，1990）对已然的否定一般就用否定副词"没有"，但在结果补语中，除了用"没有"，还可以用"冇"。如：壶里头的水都叫他喝冇了。｜锅里头的饭都叫他舀冇了。｜盆儿里头的水都叫晒冇了。

河南浚县方言（辛永芬，2006）的"没、冇、没冇"都能当普通话的"没有"来用，但是三者在用法上有一定的差异，具体体现在"没"一般不能在疑问句中出现，也不能用做答语；而"冇"既可以在疑问句中使用，也可以独立做答语，因而在疑问句和做否定答语这两种情况中，"没"和"冇"有一定功能上的互补性。"没冇"大体可以和"没""冇"的位置互换，它与另外两者的区别主要在于"没冇"主要在年龄较大的人群中使用，且多用于口语，而在年轻人中的使用频率不高。如：天还没明嘞。（天还没有亮呢。）｜他没去。｜我嘞洋车儿没冇了。｜你有钱冇？——冇/没冇。｜他走了冇？——冇/没冇。｜*你有钱没？——没。

用表示禁止否定的副词表达单纯否定的用法，早在近代汉语中就已出现。如《变文》中的"莫、休",《语类》中的"莫",《平话》中的"莫、勿"都可以表示单纯否定。在漳平话中,"吭使"和"莫"语义相当,都可以用来表"别",但"吭使"一般多用在祈使句中表否定,如:今朝个会你吭使参加。(今天的会你不用参加了。)

遂宁话"没有""没得"都相当于普通话的"没有"。"没有"使用范围比较宽,而"没得"只用在肯定与否定相叠的选择问句中,后面不带动词或形容词,动词"没得"后面可带宾语。

另一种情况是表达"不""没"意义的几种形式在用法上差别不大,分布情况也大致相同,基本可以互换。

湖南祁阳"不 [pu^{33}]"与"勿 [ŋ̍^{53}]"并用当"不"讲,用法上没什么不同,只是县城多说"不",县城以外的地方多说"勿"。如:果之吴县尉,他一不要凳子,二不要椅子,三不要桌子。(李维琦,1998)

湖南邵阳(罗昕如,2011)也是这种情况。邵阳当"不"讲的否定词"唔"与"没 [mo^{35}]"并用。

伍云姬(2007)认为,湖南方言中最原始的否定词只有一个,既表主观否定,也表客观否定,后来出现了两者的对立,是北方方言侵入湖南方言的结果。不论是"一对多"还是"多对一",都体现了在这些方言中否定标记的分工还不甚明确。

江西泰和话当"不"讲的否定词有"吭 [m̩^{55}]"和"冒 [mau^{211}]",两者兼用。如:我吭去。(我不去。)|我吭吃烟。(我不吸烟。)|红花多数冒香,香花多数吭红。(红花多数不香,香花多数不红。)|渠平常吭/冒闹德话事。(他平时不怎么说话。)(戴耀晶,2003)

江西黎川话的"毋 [ŋ̍^{35}]"与"不 [piʔ^3]"并用当"不"用,如:毋吃(不吃)|毋去(不去)|毋害紧(不要紧)|不做声|不在乎|不敢当|不作数(颜森,1995)

广西宾阳客家话的"冇 [mau^{213}]"和"唔曾"的合音"盲 [men^{213}]"都可以当"没"用。如:肉盲熔。(肉还没煮烂,咬不动。)|渠去学校盲?(他去学校没有?)(邱前进,2008)

宁化客家话的"无"和"盲"都能当"没(有)"用,且宁化话

"盲"的使用逐日增多,有取代"无"之势。如:男同学唱掉,女同学唱无/盲哪?(男同学唱完,女同学唱不唱?)|杨梅还盲红,过一个月正可以摘。(杨梅还没有变红,过一个月才可以摘。)(张桃,2004)

闽语中的"唔"与"无"都可以当"不"讲,可以用来否定某种主观意愿,也可以用来否定某种状态或某种习惯,如:我唔去。(我不去。)|许张像画了唔亲唔像。(那张像画得很不像样。)|我拢唔知影。(我都不知道。)|我无食薰。(我不抽烟。)|秋茶卡无泡。(秋茶不经泡。)|红的花四常无芳。(红的花常常不香。)|伊无爱听好听话。(他不爱听好听话。)(李如龙,2007)

否定意义表达形式多样性的特点在古汉语中也有体现。如:《变文》中的"莫、休",《语类》中的"莫",《平话》中的"莫"都有表示"不"的用法。例如:

> 身如芭蕉树,莫见坚实处。(《变文,五,582》)
> 兵戈不起,疫疠休生。(《变文,五,471》)
> 故能得军心,效死勿去。(《平话,80》)

通过以上论述,我们不难发现,同普通话相比,方言中否定的形式与意义之间的分配关系较为复杂,且这种复杂性不仅限于某一种方言,在许多方言中都能找到,就本书的材料而言,就涉及湘方言、赣方言、吴方言、闽方言、客家方言、西南官话、中原官话等多种方言类型。邢福义(2003)就曾指出普通话和方言、方言和方言,它们之间的语法差异有一个重要的方面,就是否定形式,在这里我们只是针对否定形式的一个相关问题做粗线条论述,很多问题还有待进一步的调查研究。

4.8 方言的否定叹词

一个独立的否定词可以直接用在对话中对一个命题进行否定,可以单说单用,可以独立成句,具有一定的自由度,一些学者认为这种类型的否定词具有一种叹词的性质,因此把具有这种叹词性质的否定词又称为否定叹词(刘丹青 2008)。很多语言否定副词和否定叹词都有词项上的区分，如英语的 not 和 no，"not"是否定副词，"no"是否定叹词；又如俄语的 He（对应于 not，俄文 H 念 n）和 HeT（对应于 no）。这种否定叹词具备独立成句的语法功能，其后可以不附加任何补充成分，实际的语义是否定词和其后肯定句语义的相加，否定叹词具有代词的作用。汉语普通话虽然没有否定叹词和否定副词在形式上的区分，但汉语普通话的否定副词"不、没、别"在某种程度上兼有否定叹词和否定副词的作用。如"你去上课吗？——不！"一个"不"就代表"他不去上课"这样一个句子；"他昨天来看你了？——没"，一个"没"就代表"他昨天没来"这样一个句子；"我去找他算账。——别"，一个"别"实际说明的是"你别去"这个句子的意义，也是因为汉语普通话两者都用"不、没、别"，因此有些用"不、没、别"回答的否定句既可以理解为否定代句词，也可以理解为省略了主语、动词等的否定副词。以下我们讨论方言中的否定叹词。汉语方言的情况比普通话复杂。较为集中的两个问题是：一是方言中有无相当于否定叹词的成分，即在回答问题时，有没有可以单用的否定词；二是如果有否定叹词，否定叹词与句内否定词是否同形，是不是所有的句内否定词都有否定叹词的作用。

根据我们目前搜集到的资料来看，方言中的情况复杂多样。有些方言和普通话的情况相同，有否定叹词的用法；有些方言和普通话的情况不同，没有否定叹词的用法；有些方言的情况是对应于普通话"不""没""别"的形式并非都有否定叹词的用法。以下我们结合目前搜集到的方言资料对该问题加以讨论。

许多方言同普通话之间的情况都是同中有异。相同点是都具有叹词用法的否定形式。如湖北英山话、客家石城话中的"冇"可以独立回答问题，且"冇"也可以用在反复问的句末位置。如：

湖北英山：吃饭冇？——冇。｜洗脸冇？——冇。｜喝水冇？——冇。（陈淑梅，2007）

客家石城：猪有大么？（猪长得壮吗？）——有/冇快。（快/不快。）｜趾有出血么？（脚趾出血了吗？）——有/冇。（出血了/没出血。）（邵敬敏主编，2010）

陕西神木话（邢向东，2006）的"不""冇"和普通话相同，都能单说单用，都可以独立回答问题，具有一定的否定叹词的性质，且都可以用在反复问的句末。如：

你走不？——不。｜请医生也不？——不。｜你走嘞不？——不。｜吃饭冇？——冇。｜有钱冇？——冇。

闽语（廖新玲，2001）的"怀"可以用来单独回答问题，表示与问话意思相反，如：伊知影怀？—怀，伊不知影。（他知道吗？—不，他不知道。）

五河话（岳刚，2010）的"没［mei^{55}］""不"都可以放在句子的末尾，也能独立使用，单独回答问题，做答语的"不"还能表示说话人坚决的态度。另外，"不"还可以连用，连用的"不不"或"不、不不"既表明坚决的态度，又显示出说话者心情的慌乱，例如：

A：你洗过澡了没？B：没。｜A：这种稻子你种了没？B：没。｜A：你去过上海没？B：没。｜这点儿东西你拿着！不不，你拿走。

不同点是普通话的"不""没""别"都可以单说单用，都具有否定叹词的用法，而在一些方言中，并非对应于普通话"不""没""别"的形式都具有否定叹词的用法。如广水方言中的"冇"，相当于普通话的"没"，"莫"相当于普通话的"别"，用来表示劝阻或禁止某种行为，"冇"能够用来单独回答问题，而"莫"不能跟普通话的别那样单独使用。如：

你考取大学了吗？——冇。｜衣裳干了吗？——冇。

普通话可以说"这衣服不穿我送人了吧。——别！我还要穿的"，广水话则不能说"莫！我还要穿的"。

刘丹青（2002）观察到吴语否定词"勿"区别于普通话"不"的一大特点是不能单独成句。如普通话可以说"你喜欢不喜欢他？——不。你就劳驾去一趟吧！—不！我就不去！"这类句子在答句中单独使用的"不"上海话里都不能单用"勿"，而要在"勿"的后面加上谓语动词，如"勿欢喜""勿去"。假如找不到合适的谓词，那么也要说成"勿是、勿对、勿噢"。所以，普通话的"不"有时如英语的 not，有时如英语的 no，而上海话的否定词"勿"不具有单独使用否定问句整个命题的功能，也就是不能用做否定叹词而单独成句，它只对应于英语的否定词 not，不对应英语的否定词 no，因此它不同于普通话的"不"可以兼有副词和叹词的双重性质。刘先生发现目前新派上海话开始形成否定叹词，但不能是相当于"不"的否定词"勿"，而是用相当于否定动词和否定副词"没有"的已然否定词"呒没"，"呒没"有时可以译做"不"，发展地跟英语 no 更接近，"呒没"可以对整个事件进行否定，这跟普通话和其他北部吴语都不同，如刘丹青（2002）：

侬考试通过了否？——呒没，我差一分及格。｜侬昨日看电视大概看到 11 点钟否？——呒没，我看了个通宵！｜侬刚刚来个是否？——呒没噢，我 2 点钟就来了。｜侬是勿是拿过我迭本书格？——呒没奥，我哪能会得拿侬格书。｜呒没，新派勿讲个。

有一点需要注意的是，回答用"是"做谓语的判断问句，只能用"勿是"，不能用"呒没"。如：侬是大学教师否？——勿是个，我是中学教师。｜侬吃过饭再走是否？——勿是噢，我现在就走！

绍兴方言（徐阳春，2006）中与普通话"不"相当的否定副词"勿"有很强的黏着性，不能像普通话的"不"一样单说单用。例如：

普：你去不去上海？——不去。/不，我不去。
绍兴：偌上海去勿去？——勿去。/＊勿，我勿去。/＊勿。

绍兴方言中"勿"的黏着性还体现在绍兴话中反复问没有"X 不"的形式。例如：

普通话	绍兴方言
你去不？	*你去勿
她长得漂亮不？	*她长得漂亮勿？

湘语的"不"在回答问题时，不能独用。如（卢小群，2007）：

他晓得吧？——*不，他不晓得。／他不晓得。｜你还吃点饭吧？——*不，不吃哒。／不吃哒。

湘语的另外一个否定词"冇"可以单用。例如：

长沙：他来哒冇？（他来了吗？）——冇。｜你看完冇？（你看完了吗？）——冇。

益阳：他起来冇？——冇。｜她骂哒人冇？——冇。

福州话（李如龙，2007）相当于普通话"不"的"怀"不能单说，不能单独回答问题，有相当大的黏附性。李文中介绍闽南话单音否定词一般都要加上另一个副词或在后面加上语气词，双音否定词则不必。例如：

你去吗？——唔啊，我无爱去（不啊，我不爱去。）｜是你的？——无噢，唔是我的。（不，不是我的。）｜煮未？——也未，敢有许紧？（还没有，哪有那么快？）我着去唔？——唔免，我家自去。（不用，我自己去。）｜通去唔？——唔通噢，新路无好行。

广州话（甘于恩，2002）的"唔"是不自由的，"唔"不能单独回答问题，而"冇"是自由的，可以独立回答问题。例如：

你有冇搞错啊？——冇（搞错）。｜你地有冇来过？——冇（来过）。｜你有学揸车啊？（你学没学开车？）——有。／冇。

"未"也可以独立回答问题。例如：

阿江落班未？（阿江下班了没有？）——未。/未落。

辛永芬（2006）描述浚县方言的"没"不能单用，不能单独回答问题，而与"没"用法相当的"冇"能单独使用或单独回答问题。例如：

他走了冇？（他走了没有？）——冇。｜他走了冇？（他走了没有？）——*没。/没走。

广西临桂义宁话（周本良、黄丽霞，2006）中对已然或未然事实的询问或回答都只能用"冇"，不能用"不"，且该方言中"VP-Neg"的"Neg"只能是"冇"，回答也只能用"冇"。如：只裤脏了冇？——冇。

海门方言（王洪钟，2011）的"弗"可以单独成句，含有任性、不服气等主观意味，青少年中常用。"弗"后还可以添加语气词"特"，语气词"特"有缓解否定语气的作用，表示较为委婉的否定。例如：

今朝落雨，我俚外婆杠奥去特哇？（今天下雨，我们外婆家不去了吧？）——弗！我汤要去末不嘛！｜我就是要去嘛。外头早勒，爱坐一先末特！（时候早呢，再坐一会儿吧！）——弗特，要回转烧夜饭去特不了。（要回家做晚饭去了。）

潮州话（庄义友，2001）对询问做否定性回答可以单独使用"唔"，不过，单用是有一定限制条件的单用，主要表现在"唔"单独做答语对疑问的句式有一定要求，一般只限于由"爱""唔"构成的疑问句，其他形式的疑问句则不能用"唔"回答，潮州话能用"唔"单独作答的句子只是有限的一部分，普通话中很多单独用"不"回答的句子，在潮州话中都不能单用"唔"作答。例如：

今夜伊人许块开舞会,你爱去耶。(今晚他们那儿开舞会,你想去吧。)

除了回答问句,该方言的"唔"也可用在祈使句后面表示对祈使内容的否定,表示对发出某种被要求祈使动作的否定。例如:

去个我叫伊转来,猛寨!(去给我把他叫回来,快点!)——唔唔唔,专转唔,你爱咋尼!(不不不,就是不,看你能怎么的!)|撮物掣去乞阿公食!(这些东西拿去给爷爷吃!)——唔。

黔东南方言"没有"有相当于普通话单独使用的"不"的用法,它一般出现在答语中,表示对对方或说话人本身所说内容的一种否定,后面还常跟语气词"喂""诶""嘛"成句。如(肖亚丽,2008):

我听讲他着骗嘎。——没有诶,是他骗别个。(我听说他被骗了。——不是啊,是他骗别人。)|你是没是对我意见啊?——没有嘛。(你是不是对我有意见啊?——不。)|他15号,没有,应该是16转来。(他15号,不,应该是16号回来。)

遵义话的副词"没得"不能单独回答问题,要回答"动/形+'没得'"的提问,只能用另一个形式"没有"。如(胡光斌,2010):

昨天你去没得?——没有(*没得)。|你找倒老李没得?——没有(*没得)。|你家妈好没得?——没有(*没得)。|你看下儿衣服干透没得?——没有(*没得)。

4.9 小结

普通话否定标记"不、没、别",几乎所有的方言中都存在与之对应的否定形式,普通话"不"在方言中的常用形式有"不、弗、勿、弗、无、唔"等,"没"在方言中的常用形式有"没、没得、无、未"等,"别"在方言中的常用形式有"别、莫、勿、白"等,具体的地域分布见表4-3、表4-4、表4-8。但这些形式与普通话"不、没、别"之间并非都是一一对应的关系,汉语方言否定有其自身的形义分配关系,突出表现在否定形式的多样性和否定形式的多义性。否定形式的多样性是指多种否定形式表达同一种否定意义,否定形式的多义性是指一种否定形式表达多种否定意义。普通话的"没"是个兼有动词与副词性质的兼类词,方言中的情况是有些方言和普通话的情况一致,否定动词与否定副词的形式相同,而有些方言则和普通话的情况不同,否定动词和否定副词采用不同的形式,具体采用的形式和地域分布见表4-5和表4-6。"不、没"虽然在方言中存在与其意义和用法对应的形式,但这些形式经常在语义、功能等方面有其自身的特点和特殊性。普通话的"不、没、别"可以单说单用,具有否定叹词的性质,否定叹词在一些方言中存在,而在另一些方言中不存在。

第5章 否定的指向

5.1 否定指向的相关理论说明

5.1.1 否定指向的概念与性质

否定的指向是否定范畴内部一个十分重要的问题，也是近些年来学者们关注的热点问题之一，本章联系普通话与方言，着重讨论否定的指向性问题，也就是否定标记在小句中实际的否定辖域，即在一个小句中，否定标记究竟否定了句中的哪些成分。否定句中"不""没"等否定标记词，它们和句子中的某些成分之间通常会产生语义指向关系，也就是说，与否定标记搭配的这些成分均在这个否定标记的作用范围之内，这些成分是否定标记所指的对象成分，否定的指向性直接反映出某个句子的否定范围。"不""没"等否定标记词在句中是承担否定的作用，是一种否定的载体，我们所说的否定指向（否定范围或否定辖域）是指"不""没"这类的否定载体在句子中语义作用、扩及的范围与领域。一些学者认为，对一个陈述句的命题来说，否定成分的辖域（作用域）就是除否定标记之外的整个句子，也就是说从语义上讲，否定成分处在句子表达的最外层部分，但是将语义反映在表层结构上，否定标记总是需要进入表层句法结构的某个位置，因为从语义上讲否定成分处在句子表达的最外层部分，而在一个句子中，谓语动词处在句子语义表达与句法结构的核心位置，对其他成分有一定的控制作用，因此，对否定标记而言，比较适合的位置就是将其置于句子的谓语动词之前，通过否定谓语动词从而否定受谓语动词控制的其他句法成分，达到否定整个命题的目的，语言中的普遍倾向也正是将否定标记放置于句子的谓语动词之前。

另外，一个句法结构中的各个成分有不同的语义表达作用，有的成分传递交际双方已知的信息，或说话人认为听话人知道的信息，属于旧信息；有的成分表达的是听话人尚不知，说话人要告诉听话人的新信息，这些新信息常常是句子语义表达的核心，是说话人表达的重点信息。袁毓林（2000）根据认知语法学上的距离临摹动机理论，认为语义上关系越密切的成分在句法位置上应该越靠近，对于否定句来说，"在一种理想的、无标记的情况下，最自然的表达莫过于把否定词置于焦点成分之前，让焦点及相关成分直接处于否定词之后，形成一个相当集中的否定的辖域。旧信息的意义在否定的情况下仍然得以保持，新信息是真正被否定的。"① 因此，一般而言，句子中被否定的成分总是出现在否定词的后面，这体现了语言中语序与逻辑表达方式的一致性，如果被否定的成分出现在否定词的前面，一般都要加某种标志，如加特殊重音：

我跟你说了多少词，你′一次也没听。
这个问题我讲了多少次了，你′怎么就是不明白。就′这件事，我坚决反对。

另外，否定预设义的无标记否定被否定的成分往往出现在否定词的前面。例如：

小王的电脑没带来——小王还没有电脑呢。
下次会议要演讲的不是他。——下次会议根本没人要演讲。

例子中被否定的预设"小王有这本书"和"下个月有人要出差"在句子中分别是由"小王的这本书"和"下个月要出差"这两个主语成分表达的，它们都出现在否定词的前面，这种情况下的否定词不是对

---

① 袁毓林：《论否定句的焦点、预设和辖域歧义》，《中国语文》2000 年第 2 期，第 105 页。

其后右项成分的否定，而是对其左侧成分的否定。英语也存在否定成分在否定标记词左侧的情况。例如：

All is not gold that glitters.（闪光的不都是金子。）

5.1.2 否定范围的右项原则

5.1.2.1 Quirk 等的否定右项原则

关于"否定范围"的"右项原则"（left-to-rightorderprinciple），Quirk 等人（1972）做了如下的解释："否定范围指否定意义在句中扩及的范围，一般来说，从否定词到句末或者到句末修饰性状语之前均在否定范围之内，这条原则被称为'右项原则'"①，也就是说，在语言的表层句法结构中，否定词右侧的句法成分一般都包含在否定范围的统辖之内，否定范围一般不包括否定词左侧的主语等成分，左侧成分一般在否定范围的统辖之外。Leech 在《语义学》中从信息流的角度解释了语言中否定指向"右项原则"的成因，Leech 认为"右项原则"体现了语言中信息的流向性，语言的信息流向性是指在安排信息的过程中，句首位置常与旧信息相关联，句末位置常与新信息相关联。"否定范围"是根据"预先假定"（presupposition）划分的：句中的主语等已知信息在否定的辖域之外，而句子的新信息则通常被包含于否定辖域之内，Quirk 等人还提出"局部否定"和"分句否定"来弥补"右项原则"的不足，其中"局部否定"是指说话人在语音语调等手段的帮助下来完成对句法结构中一部分成分的否定，否定的只是一部分内容，对句子中的有些成分仍持肯定态度。如，"'John doesn't eat the apple, but'Bobeatit."关于"分句否定"，Quirk 等人把它认定为只是"右项原则"的一种极个别的例外，指出在分句否定中，整个句子都在否定范围之内，这种情况一般只适用于那些否定词在句首的句子。

5.1.2.2 对"右项原则"的讨论

一般认为，"右项原则"体现了否定成分语序的方向性问题。在

---

① 张春柏：《试论关于否定范围的"右项原则"》，《现代汉语》1984 年第 4 期，第 54 页。

"右项原则"的理论中,"否定标记"通常被认为是一种前进型标记,处于句子线性序列的否定标记成分,它的作用方向总是向右,一般来说,包含从否定词开始一直到其右侧句末的成分,这些成分都在否定范围之内。

"右向原则"的优点显而易见,最突出的是它简便易于操作。国内有不少学者赞同"右项原则"。如沈家煊(1999)曾提到从句子传递信息的角度上看,否定不是"完全否定",而应该认为是一种"部分否定",否定只对句子传达的新信息否定,而不否定句子中的旧信息,主语部分是旧信息的基本位置,所以主语部分通常不在否定的范围之内。沈先生还指出,否定的范围非常有限,一般仅限于谓语部分,且当谓语中有状语修饰、限制或有补语补充说明时,这些状语、补语通常来说都是谓语的语义重点,这时,否定的范围就会随之缩小集中在这些成分上。袁毓林(2000)认为否定的辖域和焦点同否定词之间有直接的语序关系。不过,也有不少学者指出了"右项原则"所存在的缺陷。高明凯认为否定并不只起约束动词的作用,否定实际是对整个命题的全部否定,高先生举例说"这不是我的",这句话的意义并非只否定"不"之后的成分,也否定了这个东西的存在,也就是说,"这不是我的"应该理解为"这是我的"句子的反面说法。高先生说:"因为在语言的表达之中,有的语言是以系词来连贯判断中的两端,因此表示否定的词往往是加在系词的附近,有的在前,有的在后,然而这不是说这个否定词只否定了系词。"[①] 高先生认为从语言学的角度来说,否定词并非否定系词,因为在说话的时候,我们可以把否定词放在整个句子之前。如"不是我要做",高先生认为否定词的作用并不仅限于对谓词的否定,否定词是对整个句子的否定,在"我不去"中的"不"不光是对动词"去"的否定,其实也是对整个句子"我去"的否定,否定的作用是表示"我去"的反面的说法,并不只是对动作"去"或主语"我"的否定,但是因为谓词是句子的主要成分,所以否定词最合适的位置是加在谓词之上。徐盛桓(1983)指出"否定范围"的界限比较模糊,"否定中心"有可能在"否定范围"之外等。张春柏(1984)在徐文研究的

[①] 高明凯:《汉语语法论》,商务印书馆2011年版,第486页。

基础上，就该原则的一些理论问题做了进一步探索，并指出了"右项原则"在另外一些方面所具有的不足。张文首先认为应该根据 Leech《语义学》中对语义的分类，区别"概念意义"（conceptualmeaning）和"主位意义"（tbematicmeaning），"根据'概念意义'，否定句一般都可有同义异构形式'Itisnottruethat'，其逻辑结构是：Neg（NP + VP），这实质上就是传统语法中的'句子否定'；就语义而言，在'句子否定'中，被否定的是主语和谓语之间的关系，是主语和谓语这两个概念的肯定性联结关系"①。据此，张文认为否定标记是对整句话命题的否定，还是对其右侧成分的否定，是建立在不同的意义概念基础上的，从"概念意义"上看，包括主语和谓语的整个句子都在"否定范围"之内；而从"主位意义"上看，否定范围则被限制在否定词右侧的成分之中，张文的观点是我们不能完全无视句子的"概念意义"，而一味遵从建立在"主位意义"上的"右项原则"，张认为一个一般性的否定句，在两种不同性质概念（概念意义和主位意义）的基础上对"否定范围"的理解一般都可以有两种，分别是句子否定和谓语否定。在通常情况下，"谓语否定"和"右项原则"相一致。张文还从已知信息和新信息的不确定性、"右项原则"和疑问句的冲突、"右向原则"与包含转移否定的句子冲突、"右向原则"与 all、every 及其派生词做主语的否定句冲突等方面，说明单纯地说主语一般都游离于"否定范围"之外的论断过于片面，与许多实际的语言现象相违背。确实，我们通常所说的否定范围一般是否定标记之后的部分，这是基于"主位意义"之上的对否定范围的一种理解。我们也同样可以基于"概念意义"对否定范围进行另一种规定。例如：

小王没去上海。｜花不红。

在"小王没去上海"中，"没"可以是对"小王去上海"这一命题整个的否定，同样在"花不红"中，"不"也可以是对"花红"这一命

---

① 张春柏：《试论关于否定范围的"右项原则"》，《现代汉语》，1984 年第 4 期，第 54 页。

题的整个的否定。

　　根据张文的观点，建于"主位意义"之上的"右项原则"确实在操作上简单方便，但我们不能据此就无视"概念意义"对否定范围的限制。从"概念意义"的角度出发，我们可以有如下理解：句子的否定可以理解为是句子对其所表达的整个命题的否定，否定标记是在这个命题起否定作用的算子，否定标记词的辖域是除否定标记之外的整个句子。不管这种基于"概念意义"对否定辖域的解释是否必要或准确，[①]但是我们也应该看到盲目地推崇"右项原则"显然是不适合的，单用一条"右向原则"来概括与解释否定的指向性也显然是很不足够的。下文我们将结合现代汉语方言对否定的范围、辖域及否定的右项原则展开讨论。

5.2　方言的否定指向

　　我们在上文中已经说明了对于一个否定结构的否定范围实际上可以有两种理解：一是基于"主位意义"得出的否定范围的"右项原则"；二是基于"概念意义"得出的否定范围的"句子（命题）否定"。为了行文的方便和学界对这一问题的通行理解，对于既可以用"右项原则"，又可以用"句子否定"解释的句子结构，我们在本章仍采用传统的"右项原则"的理解方式。

5.2.1　否定词的右向否定

　　现代汉语普通话中否定标记的否定范围有许多都可以用"右项原则"来说明，汉语普通话的"不、没"等否定标记的语序有一个方向问题，一般加在其右的成分上，向右方向作用，是前进型（forward-type）否定词。许多方言和普通话的情形是一致的。这些方言中"不"类、"别"类、"没"类词也是前进型的否定词，对右侧内容施加否定作用。

[①] 有一种观点认为位于否定词前面已知的旧信息成分应该理解成某种事实的前提，既然是前提，该成分自然不应该在否定范围之内。

"不"类、"别"类、"没"类词后最常见的是跟谓词性成分，根据谓词的不同，否定标记词后可以分为：A：否定标记词 + V/Adj；B：否定标记词 + VC；C：否定标记词 + VO；D：否定标记词 + 状语 + V。基本的情况是，否定词的否定范围一般是否定成分的右侧部分。需要指出的是，我们这里所讨论的问题都在一个前提条件之下，这个前提条件是指句子在无标记的情况下，也就是不考虑句子对比重音等有标记因素。请看以下例子：

A. 否定标记词 + V/Adj：否定意指向句末的动词、形容词成分。

河南开封：衣裳搁太高了，甭够了。（衣服放太高了，别拿了。）

河南浚县：天还没明嘞。（天还没有亮呢。）（辛永芬，2006）

河南郑州：你嘞衣裳咋还没干嘞。

湖南长沙：如果他来，我就不来哒。（如果他来，我就不来了。）｜红花多半不香。（卢小群，2007）

湖南涟源：莫写哩，要呷饭哩。（别写了，要吃饭了。）｜移唔欢喜。（一点都不高兴。）｜那只妹子一点哒唔大方。（那个女孩子一点都不大方。）（卢小群，2007）

湖南常德：你不生气，好不好？（你别生气，好不好？）（易亚新，2007）

湖南益阳：他开得并唔快。（徐慧，2001）

海门：你抄拨夷吃夷弗吃，夷要自家抄。（你喂给他吃他不吃，他要自己用汤匙舀。）（王洪钟，2011）

浙江宁波：我勿去。｜渠没来。（他没来。）｜莫哭，有啥好哭呢？（别哭，有什么好哭的呢？）｜渠一眼也勿肉痛。（他一点都不觉得心疼。）｜葛人交关勿老实。（这人非常不老实。）｜柿子还没烂腐。（柿子还没烂掉。）（阮桂君，2006）

浙江绍兴：勿舒服。（徐阳春，2006）

连城客家：我唔考试。（项梦冰，1990）

宁化客家：盲做贼心不惊。（张桃，2004）

广东汕头：我唔去。（詹伯慧，2002）

广东四邑：天道快黑了，嗯莫走。（天快黑了，你别走。）｜莫恼火，恼火有么事用呢？（别生气，生气有什么用呢？）（甘于恩，2002）

广东潮州：伊天未光就去。（他天不亮就去。）｜我唔闲。（庄义友，2001）

福建福州：伊有去着香港，我无去着。（他去过香港，我没去过。）｜我无讲，有讲是犬囝。（我没说，说了是小狗。）｜面无红。（脸没有红。）（李如龙，2007）

在比较句中，否定词不直接否定句内形容词，而是否定该形容词所具有的量的程度，即不否认 A 和 B 都具有某种属性，否认的只是在程度上 A 不如 B。如（袁海霞，2010）

山西洪洞：这张画儿不敌兀张画儿好。
湖北黄冈：你的儿不强似他的儿。
江西宿松：今年打哩谷不多似旧年。
山东潍坊：他赶不上你高。｜这种不跟那种好。
福建宁德：中考无高考紧张。｜鹅肉无鸡肉好食。

A 类在古代汉语中的情况也是如此，如冬不雨。（《春秋·庄公三十一年》）虽曰未学，或必谓之学矣。（《论语·学而》）君请勿许也。（《公羊传·僖公二年》）

B. 否定标记词 + VC：否定义通常指向句末的补语成分。例如：

浙江宁波：今么勿做好，明朝要得老板骂个。（今天不干完，明天要被老板责骂的。）｜饭没烧熟。｜诺没揩清爽。（你没有擦干净。）｜介多东西我吃勿光。（这么多东西我吃不完。）（阮桂君，2006）

C. 否定标记词 + VO：如果动词与宾语间关系紧密，有组合成一个词的趋势，一般整个动宾结构都是否定的范围；如果动词与宾语间关系较松散，否定的范围会随着实际交际的需要而有所不同，否定可以独立指向动词或宾语成分。例如：

湖北安陆：我早晨冇读书。｜他一直冇说话。（盛银花，2007）

河南郑州：我没去北京。

湖南长沙：我不吃辣椒的。（卢小群，2007）

湖南涟源：渠根本唔晓得以甲内者咕名堂。（他根本不知道这里面的奥妙。）｜移唔读书。（根本不读书。）（卢小群，2007）

海门：明朝我有处弗买小菜特。（明天我可以不买菜了。）（王洪钟，2011）

武汉：我冇看到他开会。（张义，2005）

广西宾阳：冇吃猪肉。你丁莫泼水了。（你们不要泼水了。）（邱前进，2008）

宁化客家：做和尚不怕食斋。（张桃，2004）

连城客家：我唔食馒头。（项梦冰，1990）

广东潮州：伊到日唔开嘴。（他整天不开口。）（庄义友，2001）

海门：我弗吃酒个。（我不喝酒的。）（王洪钟，2011）

浙江宁波：我勿买东西，我看闹热。（我不买东西，我看热闹。）（阮桂君，2006）

D. 否定标记词 + 状语 + V：动词被其他副词性成分修饰，否定词没有同动词毗邻，而是同修饰动词的副词成分毗邻，这种情况下否定词一般不是对动词的否定，而是对跟否定词毗邻的副词性成分的否定。也就是说，这种情况否定标记的否定范围只是其右侧成分中的一部分，这一部分一般也是否定的焦点所在。例如：

北京：他不认真工作。｜这儿也不是天天下雨。｜他没一直请假。

"他不认真工作"的谓语动词"工作"并没有被否定,"不"否定的只是毗邻的状语"认真"。"这儿也不是天天下雨。他没一直请假。"只是否定了个别成分"天天""一直",整个句子的肯定语义并没有被否定,"这儿也不是天天下雨"的意思是这儿下雨,但不是"天天"都下雨,"他没一直请假"的意思是他请过假,但不是"一直"请假。

河南郑州:这地儿的东西还没恁贵。(这个地方的东西还不是那么贵。)

例子表达的不是这个地方的东西不贵,而是不是非常贵,否定的是"恁"。

河南浚县:他没这号儿书。(他没有这种书。)(辛永芬,2006)

例子表达的意思不是"他没有书",而是没有这种类型的书,否定的是"这号儿"。又如:

湖北安陆:我冇到街上去。(盛银花,2007)
浙江宁波:诺勿努力学习。(你不努力学习。)|莫乱讲三气格讲。(别乱说。)|诺葛记勿快眼去,迟到勒莫怪我。(你现在不快些去,迟到了别怪我。)|莫太客气,阿拉自家来。(别太客气,像在自己家里一样。)(阮桂君,2006)
湖南长沙:他平时不怎么来。(卢小群,2007)
湖南岳阳:他长得唔蛮好看。(他长得不怎么好看。)(卢小群,2007)

从上面的例子中我们看到,汉语中否定词的位置不是固定不变的,而是具有一定的灵活性,汉语可以通过否定词的移位[①]来改变语序,再

---

① 刘丹青(2008)将其称之为"否定词的漂移"。

由语序的改变来调整信息结构，表达不同的意义。这在普通话和方言中都有所表现。如：

  普通话：他早晨不读书。他不早晨读书。
  湖北安陆：我早晨冇读书。我冇早晨读书。

"他早晨不读书"和"我早晨冇读书"否定的是"读书"，"他不早晨读书"和"我冇早晨读书"否定的是"早晨"，句子优先理解为可能读书了，但不是在早上读的。

否定标记对其右侧内容的否定类型是现代汉语普通话的基本否定方式，汉语大部分方言中的情况也是如此。我们上文在讨论否定词"不""没""别"时，列举的绝大多数例子也都是这种情况。

5.2.2　否定词的左向否定

否定范围的"右项原则"确实有一定的解释力，上节的情况都可以用"右项原则"加以解释。但"右项原则"并不是一个普遍正确的标准，我们不能认为它适用于语言中所有的否定结构，其实有许多语言现象是同这一原则相违背的，张春柏（1984）描写了"右项原则"与英语中某些句法结构相冲突的现象。以下我们结合汉语方言讨论汉语中的一些结构对否定"右项原则"的违反，同英语一样，汉语方言的许多否定结构也与否定范围的"右项原则"相冲突，用该原则来解释这些结构中的否定范围是行不通的。

5.2.2.1　否定词对左侧受事成分或话题成分的否定

众所周知，汉语缺乏严格意义上的形态变化，语序是汉语实现语法功能的重要手段。汉语语序的基本规律是主语在前，谓语在后；动词在前，宾语在后；状语、定语在中心语之前，补语在中心语之后，这些基本语序自古至今有很大的继承性和稳固性。汉语自古以来沿袭着动词在前，宾语在后的 VO 式语序，受事成分的位置应该是在谓语成分之后，但汉语也存在受事成分在谓语之前的句子结构，古汉语在特殊情况下宾语的位置也可以出现动词前面，最突出的表现是在疑问句和否定句中的代词宾语需前置。例如：

不患人之不己知,患不知人也。(《论语·学而》)
子不我思,岂无他人?(《诗经》)
三岁贯女,莫我肯顾。(《诗经》)
子产相郑伯以如晋,晋侯以我丧故,未之见也。(《左传》)
莫余毒也已!(《左传》)
我无尔诈,尔无我虞。(《左传》)
然民虽有圣知,弗我谋;勇力弗敢我杀。(《商君书》)
疑问句中疑问代词宾语前置:
吾谁欺?欺天乎!(《论语》)
圣王有百,无孰法焉?(《荀子》)
姜氏何厌之有?(《左传》)
皮之不存,毛将安傅?(《左传》)
沛公安在?(《史记》)

这种宾语前置的现象从古汉语一直延续到现代汉语中,现代汉语的普通话和方言中均有该结构,只是运用的环境条件存在差异。对于该结构的性质,学界一直存在争论。传统语法学常把这类结构叫做受事宾语前置句,即"SOV"或"OSV"。但也有不少学者不把前置的成分看做是宾语,而把它认定为是话题主语的一种,即"STV"或"TSV"。(刘丹青 2001;徐烈炯、刘丹青 2007［1998］;江蓝生 2000)。江蓝生(2000)总结了古今汉语尤其是现代汉语受事主语句的主要特点:①受事主语。位于句首的受事主语实际是起强度作用的话题主语的一种,谓语是对主语的描述和说明,受事主语最重要的是起强调语义的作用,除了强调语义以外,受事主语还有助于句子音节上的平衡。②谓语动词。谓语动词不能是单个动词,通常是动词前面有状语等修饰成分或后面有补语、宾语等补充说明成分,或修饰语补充成分两者兼有。

徐杰(2000)认为强化焦点的语法手段除了给带［+F］标记的焦点成分加用焦点标记词这种常见的、直观形式外,还可以采用移位的方式,把焦点成分移走,移至一个相对来说更重要的语法位置。至于哪个位置相对更重要因不同的语言而论,徐先生将其称为"焦点成分的移位"，亦即"焦点前置"（Focus-Fronting），上古汉语就是用这种方式表达焦点的代表语言。古汉语中的宾语前置同焦点的表达相关，是表达焦点的语法表现方式之一。具体操作是把焦点成分移至动词之前。我们在本书中只涉及否定句中的宾语前置结构。我们知道，古汉语受事成分前置句的一个重要环境就是在否定句中，只不过通常是否定句中代词做的宾语需要前置。根据徐先生的分析，否定句中否定词都带［+F］焦点标记，它会对句子原有的焦点进行强化，另外，徐文还指出句子否定的焦点可以是句子的任何成分，当宾语充当否定句的焦点成分时，这个宾语就需要前置到句首这个相对重要的位置上了。现代汉语普通话该句式结构的使用大多同焦点的表达相关，受事成分往往是否定的重心所在，且前置的受事成分也不仅仅是代词性成分了。如：

这本书我看了。｜牛奶我不喝，酸奶还行。

否定句中受事成分前置的现象在现代汉语方言中也大量存在，宾语也不再局限于代词性宾语了，宾语的前置受语用因素的影响很大，前置的宾语常常需要重读。例如：

连城客家：面还唔曾洗。（脸还没洗）｜作业还唔曾改。（作业还没有改。）（项梦冰，1997）

湖南常德：饭没要吃。（饭没有吃。）（易亚新，2007）

湖北英山：屋里灯也有得。｜一本书也有得。　（陈淑梅，2001）

宁波方言：渠油肉勿吃个。（他肥肉不吃。）｜今年杨梅勿摘勒，摘葡萄。（今年杨梅不摘了。）｜我钞票没个。（我没钱。）｜冷水莫吃。（冷水不要喝。）｜我荤下饭勿吃个，我吃素。（我荤菜不吃的，我吃素。）｜香烟我从来勿吃个和。（我从来不抽烟。）（阮桂君，2006）

绍兴方言：葛一眼意思没个。（这一点意思都没有。）（徐阳春，2006）

上海：生水吃勿得。（钱乃荣，1997）

海门方言：你香烟末奥吃特，老酒末吃点弗关个。（你烟呢别抽了，酒呢喝一点没关系的。）（王洪钟，2011）

福建宁化：项项事抵盲荡掉。（每件事都没忘记。）｜快滴去，不时票买不倒（快点儿去，不然买不着票。）（张桃，2004）

南疆方言：我你这种女婿就没有瞧上。（我就没瞧上你这种女婿。）｜我把你还不知道？（我还不知道你？）（莫超，2008）

甘肃临夏：你晚夕书看啦不？（你晚上看不看书？）（王森，1993）

宁夏同心：我连你不要。（我不和你玩。）｜我们也兰州没去过。（我们也没去过兰州。）（张安生：2006）

青海：我你哈没见。（我没见你。）｜我把你没见。（我没见你。）｜王秘书把介绍信没开。（王秘书没开介绍信。）｜我把你没认得。（我没认得你。）（张成材，1998）

受事成分在否定句中可以前置体现了古代汉语和现代汉语之间的一个相通之处，不过，现代汉语否定句前置的受事成分不仅限于代词宾语，而且否定句中的代词性宾语也非必须前置，受事成分的前置更多地跟语义、语用上的突出强度有关，有比较大的灵活性，而古代汉语受事成分前置则有很强的规则性。

海门方言中有"NP + 呒得"的结构。如：夷就两个儿子，丫头呒得个。｜今朝迷露呒得。（今天早上没有雾。）｜老李六十岁呒得个。（老李没有六十岁。）（王洪钟，2011）

普通话中虽然也有一些"NP + 没有"的结构，但数量上比海门话的要少得多，所受到的限制也多得多，"今朝迷露呒得。老李六十岁呒得个"在普通话中就说不通。

该结构是否能判断为宾语前置，不是一桩易事。汉语自古就有受事主语句，判断哪些受事主语句其实不是话题句，而是底层结构为 SOV 句式的表层反映，是一件很复杂的事。但是在一般情况下不能把受事主语都看做宾语前置，因为受事主语句也是话题句的一种。不过，就本节讨论的内容而言，不管是把该结构看成是受事成分前置，还是话题结构，否定词所指向的否定范围都应该不仅是其右侧的内容，而是应包含否定成分之前的受事或话题成分，而且这些成分多是否定的焦点所在。

附带说明，这种结构在各个方言的表现也是有所不同的。有些方言同普通话的情况一致，此结构只是在一定条件下的少量使用，数量并不多，说话人似乎也不把此结构看做是同"SVO"一样极自然的常态语法结构，它的使用通常要受到某些特定情况的影响，所谓特定的情况包括语用、语气、语法结构等方面，跟这些特定情况相关的受事前置句通常包含有说话人的某种意图，它的使用很多时候是为了凸显焦点而进行的位置前移，从语用上看，该类结构在普通话和一些方言中可以被看做是强调焦点的一种语法手段，而并非是一种基本的句法结构。受事成分前置是对受事成分位置做出的调整，目的是满足语用上的临时性需要，在否定句中，前置的受事成分通常是句子否定的焦点所在，又因为否定词本身就带有【F】焦点标记，它会强调原有的句子焦点，因此，当否定的焦点成分是宾语时，这个宾语经常会前置。受事前置句也受到一些句法规则的制约，比如，如果受事是已知的、有定成分往往放在动词之前，如：这本书我还没读。

汉语一些方言中就同以上说的情况很不一样了，此结构成规模地大范围使用，数量很多，在说话人的潜意识里似乎认为它同"SVO"一样是一种自然常态的句法结构。吴语就是这种情况的典型代表。刘丹青（2001）根据吴方言12个点的调查资料指出吴语的话题结构和动宾结构各自的分布十分不同，吴语除了静态句使用动宾结构外，其他情况下常使用受事充当话题的句子结构，即"STV"结构或"TSV"结构，其中否定陈述句话题结构（TV）的使用以绝对优势超过VO结构，这种趋势在浙江沿海吴语中表现得尤为明显，该方言的受事前置接近真正意义上的OV结构，有可能进一步促使该方言中"STV"结构向"SOV"结构的历时演变，也就是说，在吴方言中，不考虑语用因素，否定句中的TV结构压倒性地超过VO结构。拿绍兴方言为例，重叠式"VPVP"是绍兴方言反复问最常见的格式，该格式动词后的宾语一般要前移在重叠动词的前面，如：吃不吃饭——饭吃吃；洗不洗衣服——衣裳汰汰，普通话的反复问就没有这样的要求，而且这也与其他方言中的反复问有很大区别，如在客家方言中，动词重叠也是反复问的常用形式之一，但重叠动词之后的宾语并不提前，如：做做工？削削皮？按照刘先生的描述，此种结构在吴语中很难理解为是受制于语用影响下的一种临时性句法结构，而似乎应该是与"SVO"平行的一种基本结构，在这类语言里，"SOV"结构不仅是一种因语用需要而产生的临时性句法结构，它更应该被看做是一种常规的句法结构，鉴于种种因素，刘先生把吴方言的前置成分统分析为话题，根据对吴语种种现象的分析，刘文得出结论：吴语是很不典型的 SVO 类型和典型的话题优先类型的语言，并预见吴语有发展成"SOV"语言的趋势。

除了吴语，这种结构还大量存在于西北方言，西北的青海、甘肃、新疆、宁夏等地都大量地使用该结构。并且，据王森（1993）对甘肃临夏话的描述，临夏话中当进行否定判断时，否定判断词通常放在句末。例如：

明天早晨的不是。（不是明天早晨。）｜我谦虚的不是，也保守的不是。（我不是谦虚，也不是保守。）｜我新衣裳有的，有了没穿的不是。（我是没有新衣裳，不是有而不穿。）｜那么个算的不是，致么个算的是。（帐不是那么算，是这么算。）

除了以上列举的否定句中宾语前置的例子，在这些方言中，该结构也广泛用于肯定句中。如（王森，1993）

甘肃临夏：我箱子揭开者三块钱拿出来了。（我打开箱子拿出了三块钱。）｜我的亲人想者。（我想我的亲人。）

青海西宁：我茶喝，馍馍吃。（我喝茶，吃馒头。）｜爸爸一个洋糖给了。叔叔给了一块水果糖。｜家上海去过。（他去过上海。）｜我开水哈喝了。（我喝了开水。）

甘肃兰州：我把他们的名字知道。（我知道他们的名字。）

关于西北方言的这一特点，江蓝生（1999），祖生利（2001、2002）等学者已经做了一些研究。汉语是 SVO 型语言，宾语一般是置于动词之后，江先生、祖先生都认为西北方言中宾语前置的情况是受到

"汉儿言语"的影响。①

另外，据张桃（2004）的描述，福建宁化方言中受事前置句的出现频率比普通话要高得多，并且在一些条件下只能用受事前置句，如量词重叠修饰受事名词表示周遍性、句子结构是并列结构的短句等，普通话中不少受事宾语句在宁化方言里习惯上也常常说成受事前置句，如：快滴去，不时票买不倒（快点儿去，不然买不着票）。

从以上的分析可以得出，现代汉语普通话和方言均中存在受事前置的结构，特别是在吴语和西北方言中，受事前置的现象不仅存在还非常强势。

5.2.2.2 否定词对左侧修饰性成分的否定

否定词否定左侧的话题成分，在普通话和方言中都存在，只是方言中的使用频率比普通话高得多，但它也并不是方言否定范围最为凸显的特征，与之相关，本节讨论的否定词对左侧修饰性成分的否定同普通话的出入很大，是否定中非常特殊的一类。据现有的资料表明，该类型最主要分布在西北方言和陕甘方言跨境分支的东干语中，该类型总的特点是否定副词"不、没"等否定状语一般位于其他状语后紧接谓语，否定的内容是其前的状语成分。看下面例子：

> 人都还没来。｜这次考试都不要给及格。｜人还没都来。｜这次考试不要都给及格。

"人都还没来。这次考试都不要给及格。"普通话的意思是"一个也没来""全都不给及格"，用形式语法可以做出如下解释：在前两个例子中，否定词语"没、不要"占窄域，而总括副词"都"占广域，这样，否定词语就只能否定其后的词语"来、及格"，而不能否定其前的"都"。而后两例中，否定词语"没、不要"占广域，总括副词"都"占窄域，否定副词是对总括副词"都"的否定。而莫超（2008）在介绍甘肃各地方言中指出前两例在该方言中有歧义，莫文指出甘肃话除了有"一个也没来""全都不给及格"外，还可以表示"有人来了，

---

① 有关"汉儿言语"的问题我们在下文还会涉及，因而和后面的问题一起论述。

但没有来全""可以给及格,但不能全给及格",该意义在普通话的表达方法是范围副词在否定副词的后面,说成"人还没都来""这次考试不要都给及格"。这就证明,该方言否定副词的否定范围可以是其左侧的总括副词成分,这种现象不仅仅在总括副词充当状语的结构中,在其他类副词充当状语的结构中也普遍存在。

当程度副词与否定词连用表示程度不重时,普通话用"不+程度副词+VP",如"不很疼"表示不太疼,莫超(2008)指出甘肃话于此相反,"程度副词+不+VP"表示"不大VP""不太VP"。例如:

这个人很不说话。(这个人不大说话。)|他很不喝酒。(他不大喝酒。)

当动词前禁止副词或疑问副词和其他各类状语连用时,普通话的语序是禁止副词或疑问副词在句子的谓语动词或谓语动词的修饰语之前,而在甘肃中部、银川、西宁等采用的语序与普通话的语序相反,禁止副词或疑问副词在状语之后,谓语动词之前。如(王森,1993):

你胡不要拉。(你不要胡拉。)|你乱别说。(你别乱说。)|你话怎么好好不说。(你怎么不好好说话。)|你深不要挖。(你不要深挖。)|多不买煞?(不多买点吗?)|东西乱不要摆。(东西不要乱摆。)|房子各处胡不要盖。|他这个人很不说话。(他这个人不太说话。)

青海西宁:上课的时候胡孬想。(上课的时候别胡想。)|他常常按时不上班。|你阿蒙好好不学习?(你怎么不好好学习?)|之个小说我仔细没看过。(这个小说我没仔细看过。)(张成材,1998)

介词短语做状语时,普通话中否定词在介词短语前,西北方言中否定词在介词短语后。例如:

宁夏同心:他给我直接还没有来信。(他还没有直接给我来信。)

|这个话我给他不说。(这个话我不对他说。)(张安生，2006)

以上的情况在陕西方言中也有体现，以西安话为例，普通话表达性状程度不高时，多将程度副词置于"不"之后组成"不甚 A、不很 A、不太 A"等格式，如"不甚多、不很好、不太近"，而西安方言表示上述语义时，有一种特殊的格式，就是将程度副词"甚"前置于"不"之前构成"甚不 A"格式，说成"甚不多、甚不近、甚不少"等。如："今年的葡萄甚不贵，五块钱能买二三斤。|王老师甚不批评人，老是鼓励学生。|老柯甚不爱说话，跟他交往的人不多。"也就是说，"甚不 A/V"不表程度深，而表程度浅，"甚不近"是不太近而不是很不近的意义，"甚不贵"是不太贵而不是很不贵的意义。普通话否定副词"不"的位置一般在引进对象的介词短语"给 NP"之前，如：你为什么不给我一本？学校不给发书，但是西安方言否定副词"不"与"给 NP"之间的位置比较灵活，可以是在"给 NP"之前，也可在"给 NP"之后，西安方言中"不"置于后的用法更多一些。例如：

你不给他检查一下？|单位给这次出差的人不发钱。|你今儿咋给花儿不浇水呢？|你咋给娃不讲故事呢？

西安方言表达特殊意义的"甚不 A/V"结构没有类推性，表现在该结构中的"甚"不能被其他程度副词替换，这种结构的成因很可能是人们将"不 + 甚 + A"的语义转移至"甚"前置的"甚 + 不 + A"结构上，致使"甚 + 不 + A"与"不 + 甚 + A"的表意相同。

普通话的"不知道"，在西安话中却说成"知不道"。例如：

我知不道他今年多大咧。|谁也知不道他在阿搭（哪里）工作。

"知不道"很可能是在动补否定结构的类化作用下形成的，动补结构的否定式一般是"V 不 C"，"知不道"的表达式与动补结构否定式"V 不 C"的构造一致。

相比于西北方言大片地存在，一些方言中，也零星地存在某些类型状语在否定词之前的情况，否定标记的否定范围包括其左侧的状语部分。不过，只是些极少的例子。例如：

湖南常德：我今朝该不来的。（我今天不该来的。）｜我该不告诉你这件事的。（我不该告诉你这件事的。）（易亚新，2007）

浙江宁波：我葛记作业勿做，夜到再做。（我现在作业不做，晚上再做。）（阮桂君，2006）

这种情况在与西北话有很大关系的东干语中也有体现，东干话指1876年陕西、甘肃的部分回族西迁至今吉尔吉斯斯坦、哈萨克斯坦等国后所使用的汉语方言。王森（2001）对中亚东干人所说的东干话语序研究后得出了几点结论，其中谈到东干话的否定句否定副词"不、没"等总是与谓语中心词紧密相连，而其他词语所充当的状语总在否定副词之前，这和普通话的语序有所不同。如（王森，2001）：

我的窗子甚不高。（我的窗子不太高。）｜水很很地不热。（水不太热。）｜我的头这会儿甚咋呢不疼哩。（我的头这会儿不怎么疼了。）｜偷菜蔬的贼，在园子呢里不睡。（偷菜蔬的贼，不在园子里睡。）｜谁把你夸奖，都也不是好的。（谁把你夸奖，也不都是好的。）｜问家呢不要钱。（不问家里要钱。）

这些例子中否定的辖域或焦点就不单是否定词右侧的内容，而是针对否定词左侧内容的否定，否定词前的副词也都在否定词的辖域之内。

闽南话的"无"有一种位置也十分特殊。闽南话中表示对动作或性状结果否定的"无"，用于谓词的后面作为动词性的结果补语，如果谓词后面还连着宾语或补语，"无"也紧跟谓词，置于宾补之间，这种句型是普通话所没有的，但却是闽语中的常见句式。如（李如龙，2007）：

搜有金鸡母，搜无拳头母。（搜到有赏，搜不出东西挨揍。）

│食无三日菜，就卜上西天。（没吃三天素，就想上西天。）

5.3 "状语+否定词"结构的溯源

不仅是上文谈到的"状语+否定词"结构，西北方言存在许多与普通话不同的语法特点。突出的表现在：一是汉语普通话及大部分方言都是 SVO 型语言，宾语一般置于动词后面，而西北方言中普遍使用 SOV 式的语序进行语法表达，宾语一般置于动词前面。如（张成材，1998）：

西宁方言：菊花碗里清茶喝。│你馍馍吃。│你作业哈写！│我家里没心肠去。

二是，汉语是孤立语，没有严格意义的形态变化，主要靠前置的虚词表达各种语法关系和语法意义。西北方言中有许多用后置的格助词表示语法关系和语法意义。西宁话的"哈"一般用于宾语之后，提示前面的成分是宾语。如（张成材，1998）：

他我哈打了。（他打了我。）│你饭哈吃。（你吃饭。）│你我的书包哈拿来。（你把我的书包拿来。）

西宁话的后置词"俩"提示前面的成分是表工具、对象、材料等的成分。如（张成材，1998）：

作业铅笔俩写！（用铅笔写作业！）│木头俩做板凳。（用木头做凳子。）│小王我俩一搭北京去了。（小王和我一起去了北京。）

西宁话的后置词"搭拉"提示前面的成分或者是表示动作发生的时间，相当于普通话中的"……的时候"或者表示选择关系，相当于普通话的"与其……不如"。如（张成材，1998）：

他来搭拉，我们睡觉着俩。（他来的时候，我们还在睡觉。）｜他去搭拉，还不如叫我去！（与其让他去，还不如让我去！）

目前，已有学者发现西北方言中的种种异常现象几乎都跟上述两种语法特点有关，且这些现象都在元代白话资料中有所体现，也就是说，西北方言的特点同元时期的汉语有很大关联，受元时期汉语的影响很大且保留至今（江蓝生1999；祖生利2001）。江文、祖文认为西北方言的特点正是对元时期产生的一种汉语变体"汉儿言语"的反映，江先生认为西北方言就是汉儿言语的活化石，他们把"汉儿言语"的主要特点归纳为11个方面，其中与本节内容有关的是"副词的异常位置"。

"汉儿言语"是指在元代产生的流行于大都等北方地区的一种汉语地域变体。"汉儿"即指"汉人"，是北朝时期"汉人"的口语说法，但"汉儿言语"一词却是在《老乞大》中才看到，古本《老乞大》正是这种语言的记录。"汉儿言语"是指在北方汉人和汉化了的北方民族之间通行的共同语，它带有阿尔泰语的某些特点，"汉儿言语"在一定程度上可以看做是一种混合语，一般认为它是一种克里奥尔语。"汉儿言语"是北朝以来特别是辽金元时期在北方地区普遍通行的口语形式，它使用的词汇基本是汉语的，词序有OV式也有VO式，一般以OV式为主，它较多地吸收了阿尔泰语的语法范畴、对阿尔泰语系的句法结构进行了复制与重组的再加工，产生了混合汉语与阿尔泰语的混合句法形式。反映"汉儿言语"真实面貌的重要著作是元代的《老乞大》和《朴通事谚解》，它的语言十分口语化，跟直讲体十分接近，很能反映出那个时期北方汉语口语的真实状况。《老乞大》和《朴通事谚解》成书于元代，两书应是用在东北、华北一带通行的汉语口语写成，元朝灭亡以后，"汉儿言语"势力衰退，南北方均官话盛行。"汉儿言语"作为历史上的真实存在，必然会留下自己的印记，甘肃、青海、宁夏、陕西、新疆等西北地区的汉语方言就集中体现了"汉儿言语"的特点。就我们本节所讨论的西北话中的"状语+否定词"的结构，在汉儿言语中就有所反映。例如：

你底似的休早行。(《老乞大·8a》)

"底似"用如"很、十分",在清代的《新释》《重刊》中,该句被改为"你们不要十分早行",调整了程度副词与禁止词"休"的位置。

《朴通事谚解》中也有与《老乞大》相同的情况,这说明"汉儿言语"程度副词与禁止词的词序跟现代汉语的相反:

你十分休小看人。(36b)
我再没高的了,官人十分休驳弹。(37b8)

这种异常的词序是因为:阿尔泰语这类句子的词序是"程度副词(+宾语)+动词+否定词",汉语则为"否定词+程度副词+动词(+宾语)",在接触中为兼顾两种语言的要求被调整为"程度副词+否定词+动词(+宾语)"。

我们在上节中曾提到西北方言中的"SOV"结构是受到了"汉儿言语"的影响。阿尔泰语与汉语的一个重要区别就是汉语是SVO型语言,宾语在动词之后,而阿尔泰语是SOV型语言,宾语在动词之前,"汉儿言语"受到阿尔泰语语序的影响,其宾语也常置于动词之前,这种"SOV"结构在金元白话文献中已十分常见,以下的例子自古本《老乞大》:

为什么这般的歹人有?│卖的好弓有么?│咱每结相识行呵,休说那你歹我好,朋友的面皮休教羞了。│咱每为父母心尽了,不曾落俺家里书信有那没?│书信有。

我们曾提到的西北方言否定判断句中否定判断词通常放在句末,这也是受到了"汉儿言语"的影响。阿尔泰语表示肯定或否定的判断时,总是把名词或短语放在系动词之前。据江蓝生(2000)的研究,《老乞大》中类似"自穿的不是""一主儿的不是""寻常的不是"等是这种语法特点的反映。

我们看到，不论是动词对其右侧内容的否定，还是动词对其左侧修饰性状语成分的否定，汉语中否定词和动词的相对位置都是否定词在动词之前，汉语中"否定词—动词"语序对其可交替的语序有压倒性的优势，应该是一种优势语序。Dryer（1992）考察出不论是"SVO"型语言还是"SOV"型语言，否定小品词和动词的优势语序都是"否定词—动词"，和"SVO"型语言相比，弱势语序"动词—否定小品词"同"SOV"型语序表现出一定的相关性（见表5-1，表5-2）。

表5-1　否定小品词与动词在"VO"与"OV"语序中的统计

Dryer1992	VO	OV	总计
否定小品词 – V	43	31	74
V – 否定小品词	7	11	18

表5-2　否定助动词与动词在"VO"与"OV"语序中的统计

Dryer1992	VO	OV
否定助动词 – V	13	3
V – 否定助动词	1	8

西北方言保留了很多古"汉儿言语"的特点，又受蒙古等语言的影响，使其具有了很多阿尔泰语系的特征，如动词和宾语常采用OV语序、有后置词等，这也使西北方言与普通话及汉语的其他方言有相当大的不同。西北方言自古以来就处在语言接触频繁、民族杂居混处的地区，而且，这种环境很少因为朝代的更替而有所改变，相对稳定的语言环境使西北方言得到很好的保留，过去因为西北方言既不是少数民族语言，又不像东南方言那样一直是方言研究的重阵，所以一直未能得到应有的重视，迄今为止汉语学界对西北方言的研究仍是相当缺乏的，但西北方言本身具有很高的学术价值，它跟"汉儿言语"有一脉相承的联系，我们应该重视对它的调查研究，使其发挥应有的作用。

5.4　小结

　　从上面的分析，我们不难看出，不论是对左侧受事或话题成分的否定，还是对左侧修饰性成分的否定，这都超出了否定范围"右项原则"的解释范围，仅用一条"右项原则"来判定句子否定的范围似乎过于片面，也并非适用于所有语言或是一种语言的所有句子。袁毓林先生曾认为在无标记情况下，否定辖域是否定词之后的成分；在有标记的情况下，否定辖域可以出现指向否定词之前成分的情况。这个论断应该是适用于汉语普通话的，可汉语方言的情况可能不全如此，我们判断一种句法结构是属于有标记结构还是无标记结构的一个重要标准是它的使用频率，使用频率高的通常是无标记结构，使用频率低的是有标记结构（沈家煊，1999）。根据我们上文的描写，在西北方言和吴方言中受事成分前置不是个别的少量现象，而是成批大规模存在的，根据判定有无标记句的标准，这些方言中受事成分前置句可能不应该同普通话一样看做有标记句，而应是无标记的句法结构，如果按照这一思路，否定词否定其左侧的修饰成分在西北方言中也应该是无标记结构。至于上文提到的有些方言也偶有受事成分前置或否定词否定其左侧的修饰成分，在这些方言中应该认为和普通话的情况一致，是一种有标记的句法结构。

第 6 章 否定副词的历时演变

否定副词早在甲骨文时代就已频繁使用,古代汉语中的否定词,一般可以分为以下四个小类:①表示单纯的否定,以"不"为代表的"不"类词;②表示对过去已然状况的否定,以"未"为代表的"未"类词;③表示禁止、祈使的否定,以"莫"为代表的"莫"类词;④表示判断的否定,以"非"为代表的"非"类词。①、②、③类词仍是现代汉语普通话最常用的三类否定副词,不过,在现代汉语中,②类多用"没",③类多用"别"。否定副词"不、莫、毋、未、非、勿"早在上古汉语或中古汉语就已经产生并普遍使用。邢公畹(1948)在讨论《论语》中的否定词系时将否定词划分为否定副词,以"不、未、勿"为代表;否定谓词,以"非、否"为代表;否定代词,以"莫"为代表。本章我们主要考察现代汉语"不""没""别""非"类否定副词的历时演变。本章另一个重要的内容是对古代汉语否定副词形义关系分配问题的讨论。

6.1 "不"类否定词的历时考察

"不"是"不"类否定词的典型代表,早在上古时期,"不"就已经是一个比较常用的表示单纯否定的否定副词了,"不"的用法固定,可以否定动词成分和形容词性成分,是一个从古沿用至今的单纯否定标记。例如:

来乙未帝不令雨。(董作宾《殷墟文字乙编》)

君子之车,既庶且多;君子之马,既闲且驰。矢诗不多,维以遂歌。(《诗经》)

采采卷耳,不盈倾筐。(《周南·卷子》)

在明,不见是图。予临兆民,懔乎若朽索之驭六马,为人上者,奈何不敬?(《尚书》)

《诗》曰:"人亦有言,无哲不愚。"此之谓也。(《淮南子》)

相人,古之人无有也,学者不道也。(《荀子·非相篇》)

君子三年不为礼,礼必坏;三年不为乐,乐必崩。(《论语·阳货》)

学而不思则罔,思而不学则殆。(《论语·为政》)

圣人不从事与务,不就利,不违害,不喜求,不缘道。(《庄子·齐物论》)

象曰:其行次且,位不当也;闻言不信,聪有明也。(《周易》)

齐帅贱,其求不多,不如下之,大国不可怒也。(《左传》)

今土木胜,臣俱其不安人也。(《晋语·九》)

足下非刘氏,不当立。(《史记·吕太后本纪》)

孝文皇帝临天下,通关梁,不异远方。(《史记·孝文本纪》)

公登台而请解,不许;请盟,不许;请自杀於庙,不许。(《史记·齐太公世家》)

我们不信,敢是你哄我?(《水浒传·四十二回》)

高名凯(1948)认为"不"字本来的用法并不一定是纯粹的否定词,多半相当于"not－A"之类的"not－",在古文里多半的"不"字上面都可以加上"是"或"非"字。所举的例子如下:

知而使之,是不仁也;不知而使之,是不知也。(《孟子·公孙丑下》)

剖之以为瓢,则瓠落无所容,非不呺然大也。(《庄子·逍遥游》)

城非不高也,池非不深也,兵革非不坚利也,米粟非不多也,委而去之,是地利不如人和也。(《孟子·公孙丑下》)

高先生认为这些例子中的"不"都不能看做是纯粹的否定词,它所否定的只是"不"后的词,而并非否定整个句子。高先生解释古书中所谓"不仁、不义、不忠、不信"等,其实都只是词的反面的说法,严格地说起来,根本算不上否定。"不仁"的意义并不是否定"仁",乃是说在"仁"对面的那个坏的性格,这一类和"不"字组合在一起的词往往具有名词的功能,"知而使之,是不仁也","不仁"就具有名词的功能,而"城非不高也"的"不高"也有"不高的东西"的意味。它在现代汉语中的证据是"不"常用于"是……的"的结构中。例如:

钱是必不可少的。
他是不买这种东西的。

上古汉语中,表示单纯否定的副词除了"不",经常使用的还有"弗"。以下我们结合目前学者们对"弗"的研究成果,论述"弗"的用法与特点。学者们研究"弗"有很多都采用将其与"不"相比较的方法。汉代的何休注释《公羊传·桓公十年》认为:"弗者,不之深也。"这可以看做是从表意功能上对"弗"所做的解释。丁声树(1936)从语法上分析了两者的差异,丁先生认为总体说来,"弗"字似乎是一个带有名词性宾语的否定词,略与"不之"相当,而"不"字则只是一个单纯的否定词。在与动词的搭配上,"弗"字只用在省去宾语的及物动词之上,不及物动词及带有宾语的及物动词只能用"不"否定,而不能用"弗"。在与介词的搭配上,"弗"字只用在省去宾语的介词之上,带有宾语的介词之上只用"不",不用"弗"。"弗"字决不与状词连用,与状词连用的只能是"不",而不能是"弗"。邢公畹(1948)认为"不、弗"只有否定程度上的差别,类似"最"和"颇"。黄景欣(1958)则认为"弗"和"不"在秦汉以前的用法一致,不存在有什么区别。王力(1980)在调查了多数先秦史料的基础上认为,"弗"后面的动词不带宾语是无可争辩的事实,这种情况一直

持续到汉代,"弗"字的基本用法就是用于否定及物动词。例如:

> 弗问弗仕。(《小雅·节南山》)
> 靡人弗胜。(《小雅·正月》)
> 博学于文,约之以礼,亦可以弗畔矣夫!(《论语·颜渊》)

另外,先秦早期的"不"和"弗"在语义指向上也存在一定的差异,证据是"唯"在卜辞中是一个相当于普通话"是"的焦点标记形式,"唯"后面的成分通常也是语句表达的焦点所在。在"唯"之前经常用否定词"不",而几乎不用"弗"否定,从这个意义上讲,"不"具有否定句子结构中某个句法焦点成分的作用,这个作用是"弗"所不具备的。例如:

> 且不唯泰誓为然。(《国语》)
> 帅赋舆,以为鲁、卫请。若苟有以藉口,而复於寡君,君之惠也。敢不唯命是听?(《左传》)

"弗""不"所否定成分的性质也不一样。"弗"基本指向动词性成分,"不"除了可以指向动词性成分外,还可以指向名词性、代词性成分,指向形容词性成分,指向介宾结构。例如:

> 不日不月。(《王风·君子于役》,"不"修饰名词活用为动词的成分。)
> 上帝不宁。(《大雅·生民》,"不"修饰形容词"宁"。)

据车淑娅(2008)的研究,在表达客观性否定意义上,"不"比"弗"具有的客观性更强。证据是"不"常与天气变化有关的词语搭配,如"不雨;不风;不易日"等,且据车文的描写,"弗"能否定的动词比较有限,常见的有"弗受、弗宾、弗子、弗获、弗降"等,而"不"对否定的动词基本不设限,绝大多数动词都能与"不"搭配。车文的材料说明了在修饰动词的能力上"不"大于"弗",同"弗"结合的动词与"弗"之间似乎有一种固化搭配的关系。

  总体来讲,"不"和"弗"一般被看做是无法探明其来源的原生副词。先秦汉语中的"不"和"弗"有较为明确的分工,在功能分布上也存在有一定的差异。据杨荣祥(1999)的研究,大约到六朝时期,汉语中表示单纯否定基本上只集中使用"不",到了近代汉语,"不"和"弗"的区别逐渐淡化,用法逐渐趋同。另据池昌海(2003)对《史记》中副词"弗"的调查和分析,池文发现《史记》中"弗"所修饰的动词后已经允许宾语的出现,例如:

  群臣如张武等受贿遗金钱,觉,上乃发御府金钱赐之,以愧其心,弗下吏。(《史记·孝文本纪》)

  《史记》中的"弗"不仅能修饰动词,还能修饰形容词、名词,先秦"弗"的原有特点正在减弱,与"不"的同一性正在增强。如在《左传》中一些用"弗"的情况,在《史记》中不用"弗"而用"不","不"取代了"弗"。例如:

  公登台而请,弗许;请盟,弗许;请自刃於庙,弗许。(《左传·襄25》)
  公登台而请解,不许;请盟,不许;请自杀於庙,不许。(《史记·齐太公世家》)

  现在大多数方言中"弗"的用法也已经冲破了古代汉语中的种种限制,"弗"后可以修饰带宾语的及物动词,如"宁波:弗关事(许宝华等,1999)";"弗"除了后面带动词性成分外,还可以跟形容词性成分、介词结构,如"崇明(许宝华等,1999):弗勒屋里(不在家)|花弗红|西瓜弗甜|弗大去(不常去)"。从目前所见的资料来看,方言中"弗"大多也不再受其后动词的约束,"弗"之后已经可以修饰带宾语的动词了,如"江苏海门:明朝我有处弗[fəʔ⁴]买小菜特。(明天我可以不买菜了。)|我弗吃酒个"。(王洪钟,2008)

  我们说上古时期"弗"字一般只否定及物动词,且及物动词所带的宾语无须出现，但这也不是绝对的，其实在这一时期"弗"句也有少数带有宾语或否定不及物动词或否定形容词的用例。例如：

若王一弗若王。（董作宾《殷墟文字乙编》）
我弗其受黍年。（郭沫若《殷契粹编》）
虽与之俱学，弗若之矣。（《孟子·告子上》）
今吕氏王，大臣弗平。（《史记·吕太后本纪》）

从表面上看，直至现代汉语，"不"都是最主要的否定标记词，"弗"在口语中已接近完全消失，表示单纯的否定一般只用"不"，"弗"似乎是统一于"不"了。现代汉语"不"类词内部的形式单纯，在文字上用"不"，很少有其他别的近义或同义替代式。"不"在同"弗"的竞争中取胜，同"不"在组合功能方面的优势分不开，"不"的使用范围明显宽出于"弗"，使用范围的限制有可能是"弗"衰落的原因之一。

从方言和古代文献否定标记的比较来看，有的方言和古代文献中的否定标记一致，有的不一致，在这里我们从"古—方"考辨的角度对"方言"与"古代共同语"的"不"类否定词进行简要的对应性考察。"不"普遍存在于现代汉语方言中，有些方言"不"的用法和普通话相同，有些则和普通话中的用法有差异，本书已有详细论述，此处不再赘言。上古汉语用法相当于"不"的"无"在现在的福建屏南、仙游、南安等地；广西的荔浦、贵港、陆川等地；广东南部的阳东、雷州等地以及海南省的绝大多数地区仍然使用。吕叔湘曾指出古语中的"无"亦作"毋"，"字形虽异，音读不殊，传世经籍亦多彼此互为异文，故得视为一个语词之两种书写方式，无须辨析，而毋、无与勿之分别，汉、魏以降，积渐渐亡"，现在吴语区的许多地方用"勿"。例如：

上海：勿去｜勿调查｜勿漂亮｜开勿开心（钱乃荣，1997）
苏州：我勿买物事。（我不买东西。）｜你到底想转去勿想转去？（你到底想不想回去？）｜哀浪勿来三，弯浪呢？（这样不行，那样行吗？）（李小凡，1998）

上古汉语用法相当于"不"的"莫"在现在湖南的宁远、嘉禾、道县、临武等地仍有使用。上古汉语的"弗"在现在江苏南部的海门、启东、句容、江阴、无锡、金坛、宜兴、常熟、崇明等地及江苏中北部的宿迁、泗洪、宝应、泰兴、如东、通州等地；浙江的大部分地区：安吉、余杭、德清、桐乡、海宁、仙居、龙泉、青田等；江西省东部毗邻浙江省的玉山、广丰等地仍有使用。

在这里，我们顺便谈论一下否定词"否"。王力在《同源字典》中认为"不"和"否"当属同源，且两者同"弗"也是同源，"不""否""弗"三字实同一源。"否"是具有代词作用的否定词，"是否"等于"是不是"，"能否"等于"能不能"，普通话"否"的用法有一定的限制，一般只能和"是、可、能"等有限的几个单音节词搭配，在双音词或动宾结构之后也可以用"否"，但是中间要用"与"字连接。例如：这项计划是否能批准，现在还是个未知数。学校这个专业今年招生与否，现在还没有消息。上古时期的"否"除了可以用做副词，还可以用做动词，一般认为，否定动词"否"以否定动词"不"为同源词，否定副词"否"最初分化出来的时候，与"不"的界限也不是很清楚，以下例子中"否"用法同"不"，用于陈述否定、描写否定。例如：

苗民否用练。(《墨·尚同中》)
师出以律，否臧，凶。(《左·宣12》)

现在方言中的"否"也在很大程度上与"不"靠近，有些在"不"的基础上延伸出"不好"等语义，如"浙江温州（许宝华等，1999）：否是（不是）"，温州话（同上）"否是"中的"否"相当于"不"；如"福建厦门：否看（不好看）｜否天（不好的天）"，福建话上述结构中的"否"是"不好"的意义。

不过，随着语言的发展，"不"和"否"的分工逐渐明确，"不"主要承担陈述否定和描写否定的作用，"否"主要承担选择否定和正反否定的作用。用于选择否定和正反否定的"否"，从语义上看，"否"

比"不"语义含量丰富，它兼有否定性与称代性，可以被看做是一种具有称代作用的否定词；从功能上看，"否"不再具备加在谓词前充当状语的能力。周生亚（2004）详细论述了"否"的选择否定与正反否定。周文根据对 19 种文献的考察，将"否"的选择否定划分为选择否定 A 和选择否定 B 两种结构：

A 结构出现在先秦两汉时期，主要是针对陈述句中词、词组的正选择与反选择。例如：

未知臧否，若将逐俗，抑废吾志，私称从令，未必为孝（《三国志》）

明日午时克（刻）到君家，方始救之，未知得否？（《敦煌变文集新书》）

B 结构出现于魏晋以后，由针对句中的某些成分扩展到针对整个句子，例如：

伯羽问：持敬、克己，工夫相资相成否乎？（《朱子语类》）

如果句子中省略了具有动词功能的词，则不用"不"，而用"否"，例如：

赴以名，则亦书之，不然则否。（《左传·僖公二十三年》）

周文中所指正反否定中"否"的意义跨越了"否"所在的句子，指在上下文的语言环境中，"否"否定上文的论述，"否"代表的是与上下文环境中出现过的截然不同的一个结论，这种用法的"否"既可以与其他词组合，也可以单独成句。例如：

小人曰不免，君子则否。（《国语》）

"否"还用于对问题的应答上。汉语表示肯定的应对，古文用

"诺""唯",在口语则用"是""对"等;表示否定的应对,在古文用"否",在口语则用"不"。例如:

如此则动心否乎?孟子曰:否,四十不动心。(《孟子》)
晏子对以"小善"。公曰:"否,吾非问小善,问子之君德行高下也。"(《晏子春秋》)

6.2 "没"类否定词的历时考察

表示对过去、已然的否定,上古汉语主要用"未","未"除了表示否定的概念外,还包含有时间性意义,表示对以往的否定,同英语中的"not yet"类似。例如:

然而不王者,未之有也。(《孟子·梁惠王上》)
水旱未至而饥,寒暑未薄而疾。(《荀子·天论》)

另外,否定副词"未"还可以出现在句末,构成反复问。例如:

君除吏已尽未?吾亦欲除吏。(《史记·魏其武安侯列》)
哭而不悲,君知其解未?(《汉书·外戚传》)

"未"字的这一用法,在早期一般认为是在否定副词"未"后省略了动词性成分,"未"仍是做状语,如"已尽未尽""知其解未知"。
方言中也有"未"用于疑问句末尾位置的用例,例如:

温州:衣裳晒燥未?|饭吃罢未?(许宝华、宫田一郎,1999)
广州:着咗衫未?(穿衣服了没有?)
厦门:食未?(吃了没有?)

近代汉语也经常使用由"未"组成的合成副词表示对过去已然的

否定，常见的"未"类合成否定副词有"未曾、未尝"等，"未尝"一词早在先秦时期就已产生。例如：

诸侯之会，寡人未尝后卫君。（《左传》）
阙廷之礼，吾未尝敢不从宾赞也；廊庙之位，吾未尝敢失节也；
受命应对，吾未尝敢失辞也。（《史记·秦始皇本纪》）

"未曾"在汉代已有用例。例如：

文武不备，良民惧然身修者，官未曾乱也。（《史记·循吏列传》）

杨荣祥（1999）认为，上古汉语中的"曾"与"尝"是一对同义时间副词，在"未尝"的影响下，"曾"也通过和"未"连用而逐渐发展为一个与"未尝"同义的否定副词。除了"未尝"和"未曾"，大约于六朝时期还产生了"不曾"，如：

（习凿齿）后至都见简文，返命，宣武问："见相王何如？"答云："一生不曾见此人。"（《世说·文学80》）

杨文中提到唐诗中"不曾"已很常见，到《变文》时代，"不曾"的使用频率已大大高于"未曾"和"未尝"。"不曾"取代"未曾、未尝"的原因可能是"未"除了表示否定，也包含有"过去、已然"的时间概念，"未"再和"尝""曾"结合，语义上就出现了重复和冗余。而"不"表示单纯的否定，它和"曾"结合，正好准确地表示对过去、已然的否定，所以"不曾"具有排挤"未尝""未曾"的优势，从而得以迅速发展。近代汉语中的"不曾"不但使用频率不断增高，用法也更进一步，突出表现在它能出现在句尾构成反复问句，这是"未曾"和"未尝"所不具备的。例如：

何不试思，自家为人谋时，亦曾尽不曾？（《语类·二一·486》)

莫依傍他底说，只问取自家是真实见得不曾？（《语类·一一六·2802》)

15 世纪以后"未"逐渐被淘汰，近代汉语中，产生了一个新的单纯副词"没"。"没"产生于南宋，在《语类》中已有用例。经过元代的发展，到明代，"没"已成为一个在"未"类词中使用频率最高的否定副词。一般认为"没有"是在"没"普遍使用之后出现的由"没"参与构造的否定副词。

现代汉语普遍使用的否定标记"没"最初应该只能当做动词性的否定词，其后带名词性宾语，到了 15 世纪前后，"没"开始出现了副词的用法，后面可以带谓词性的成分。"没有"是后起的说法，"没有"一般认为是用"没"代替了"无有"中的"无"进而产生的说法。

根据梅祖麟（1984）对宋末元初大量文献的调查，那时还是只用"没"不用"没有"，编于 14 世纪到 15 世纪的《老乞大》《朴通事》《水浒传》才开始用"没有"，梅先生认为副词"没有"应该是在"没"用做副词后产生的，"没有"的产生可能是受到了"没"的类推作用和汉语词汇普遍双音节化规律的影响。副词"没"产生后，它取代了"未尝""未曾""不曾"，成为同类意义中的优势词，原来表示同类意义的其他副词逐渐衰落。

一般认为，否定副词"没"来源于表否定领有意义的动词"没"，"没"开始只是动词性的，后面都是带体词性宾语，大约宋代，"没"后就可以带谓词性成分了。"没有"的情况与"没"相似。"没有"开始也只是动词性的，否定体词性宾语，如"此间正是鱼米之乡，如何没有鲜鱼？（《水浒传·三十八回》)"就各家所举书证来看，"没有"在元代以前，还没有用做副词的用法，石毓智（1998）发现明中叶的文献里已见"没有"作为动词的复合否定标记。由此可见，"没有"和"没"都是由一个表领有意义的动词逐渐虚化为一个已然体的否定标记副词的，"没+有"和"没"形式、功能相近，因此否定副词"没有"的产生有可能是受到否定副词"没"类推作用的影响。

"没有"也体现了封闭性动词词项的否定式可能出现不规则的现象。汉语基本存在动词"有"是封闭性词项,在普通话中,否定式不是"不有"而是"没(有)",有些方言说"无""唔没"等,这些都是不同于"不有"的形式。不过,古汉语中出现过"不有"的用法,"不有"在先秦文献和《史记》中都有少量用例。例如:

夫政不简不易,民不有进;平易近民,民必归之。(《史记鲁周公世家》)

古代汉语除了"不""没"外,也用"莫""未"后面加"有"字。例如:

莫有知价底么?(《云门匡真禅师广录》)
不忍一日未有所归也。(《礼记·檀弓》)

现代汉语方言中,湖北安陆话由动词"有"构成的正反问格式,不同于普通话的"有没有",而是"有不有"。例如:

嗯有不有乜本书?(你有没有这本书?)

从"古—方"考辨的角度看,"未"类同"不"类词一样,方言和古代汉语的"未"类词有同有异。"没(有)"是现代汉语最为常用的一种已然体否定标记词,上古汉语常用的否定标记词"未"在现在浙江的龙游、金华、武义、丽水、龙泉、永康、兰溪、义乌等地;福建的周宁、福安、屏南、古田、罗源等地仍有用例。如(李如龙,2007):

福建福州:头未剃,汤也未洗。|只瞒固未开车。(现在还没开车。)
福建屏南:饭还未熟。

古代汉语产生于六朝的已然体否定标记"不曾",现在江苏的泰兴、如皋，安徽的绩溪、屯溪等地仍有此用法。

古代汉语中还曾出现过一个"没的"。根据马荣尧（1990）的研究，"没的"跟"没有"出现的时间相同，也是在元明时期。"没的"在明人小说中非常普遍，直到《红楼梦》还相当常见。例如：

他们吃酒吃肉，我们粥也没得吃。（《水浒传·六回》）
一针一线他们也没的收藏。（《红楼梦·四回》）

现代汉语的某些方言也还存在用"没"加"的"对已然体进行否定的用法，如四川的旺苍、湖北的阳新、安徽的繁昌。

下面我们就一些问题做具体分析。

第一：否定词"没的"的使用情况。

近代汉语的"没的"，一般认为出现于元朝，可以分成三类：一是动词"没"加结构助词"的"构成的名词性"没的"结构，如，你别尽说些有的没的。表否定意义的名词性"没的"与表肯定意义的名词性"有的"相对，但不是先有肯定形式，再有否定形式，而是先有否定形式"没的"，在稍晚的明代文献中才出现"有的"的用法，这是"没的$_1$"。二是动词"没"加语气助词"的"，其意义为"没有"，这是"没的$_2$"。三是"没的"是一个单纯词，并非"没"加"的"的语法组合，也不表示没有的意思，而是表示语气情态的副词，但在普通话中已经消失，只出现在北方的一些方言中，这是"没的$_3$"。在这三个"没的"中，"没的$_2$"类似本书所讨论的否定标记。李双剑（2013）[①]对《红楼梦》中的"没的$_2$"进行了统计，文中提到在《红楼梦》里"没的$_2$"仅见3例，分别是：

晴雯没的话，嗤的又笑了，说："你不来便使得；你来了就不配了。起来，让我洗澡去。袭人麝月都洗了澡，我叫了她们来。"
（第三十一回）

[①] 李双剑:《〈红楼梦〉中的否定式把字句研究》，《云南师范大学学报》2013年第1期，第53—59页。

凤姐笑道："烦是没的话。倒是宝兄弟屋里虽然人多，也就靠着你一个照看他，也实在的离不开。我常听见平儿告诉我，说你背地里还惦着我，常常问我，这就是你尽心了。"（第六十七回）

周瑞家的四人又都问着她："你老可听见了？明明白白，再没的话说了。如今据你老人家，该怎么样？"（第七十四回）

这三例中的"没的"后面都是与"话"连用，"没的"是否定名词性成分的动词性否定标记，相当于我们所说的"没$_2$"类否定标记，《红楼梦》里的"没的"已经很少与"话"之外的词连用，反映了这一时期"没的"用法的衰落。

上文中已经详细论述了"没"加"有"或"得"形成的"没有""没得"是汉语中常用的否定标记，也是方言否定标记的基本类型之一，我们搜集到的语料涉及多种方言类型，又如（杨正超，2011）[①]：

河南唐河：我没得［mu^{33}nai^{42}］空儿管你哩闲事。｜明儿哩没得雨。｜没得人给我说你回来了。｜今儿哩没得馍吃了。｜你给他喧哩没得话儿说。｜他去了没得两天斗回来了。｜这点儿米没得十斤重。｜我一个月挣哩没得两千块钱。

从上面的例子可以看出，河南唐河方言中的"没得"是一个否定动词，"没得"只能是一个否定动词，该方言中还有"没有"的用法，"没有"既是否定副词，又是表否定的动词，但在用于否定性动词的时候，"没得"的频率要高于"没有"。这个例子再次证明，"没得"是汉语方言中非常常见的否定标记形式，也印证了我们上文所讨论的"没$_1$"与"没$_2$"否定标记的多义性和多样性。这里我们主要来看"没得"的演变情况。上面我们讨论过"没有"的演变情况，我们认为，"没得"的演变情况与"没有"相类似。蒋绍愚考证得出唐诗中动词"得"有"有"的意义和用法，例如：

[①] 杨正超：《唐河方言中否定标记"没得"和"没有"的来源》，《天中学刊》2011年，第66—71页。

陈留风俗衰，人物世不数。塞上得阮生，迥继先父祖。（杜甫《贻阮隐居》）

汉得闻奏钧天乐，愿得风吹到夜郎。（李白《流夜郎》）

处处山川同瘴病，自言能得几人归。（宋之问《至端阳释》）

蒋绍愚根据史料推测"南宋人已经不知道得字的这种用法了"。①

孔子的名句"三人行，必有我师焉"，在现存最早的完整的（魏）何晏集解、（梁）皇侃义疏的《论语集解义疏》，以及（唐）陆德明音义、（宋）邢昺疏的《论语注疏》都作"三人行，必得我师焉"，可见，"得"有"有"的意义与用法，而且"得"字在西汉时应该已有"有"义。上文已经提到，一般认为"没有"的形成是受到"无有"类推作用的影响，那么，"没得"也该在汉语系统性调整下类化出现的情况。我们推测，同"没有"从"无有"中发展而来类似，在"没得"前应该也有"无得"的使用，例如：

谋无不当，举必有功，非加贤也。使百里奚虽贤，无得缪公，必无此名矣。今焉知世之无百里奚哉？故人主之欲求士者，不可不务博也。（吕不韦《吕氏春秋》）

且昔齐闵王南攻楚，破军杀将，再辟地千里，而齐尺寸之地无得焉者，岂不欲得地哉，形势不能有也。（司马迁《史记》）

常耻作文士，文患其事尽于形，情急于藻，义牵其旨，韵移其意，时虽有能者，大较多不免此累。政可类工巧图缋，竟无得也。（沈约《宋书》）

山僧一相访，吏案正盈前，出处似殊致，喧静两皆禅。暮春华池宴，清夜高斋眠，此道本无得，宁复有忘筌。（韦应物《赠琮公》）

在上述例子中"无得"之间的关系虽然还比较松散，"无"和

---

① 蒋绍愚：《唐诗词语札记》，《北京大学学报》1980 年第 3 期，第 69—86 页。

"得"的意义还比较具体,"无"可译为"没有","得"可译为"得到",没有完全固化成一个紧凑的双音节复合词,但是"无"和"得"的确是经常连在一起使用了。那么,随着"没"对"无"的替换,"无得"发展出"没得"也是自然的类化现象,例如:

  静里寒香触思初,开缄忽见二琼琚。一吟丽可风流极,没得弘文李校书。(李群玉《酬魏三十七》)
  月帐星房次第开,两情惟恐曙光催。时人不用穿针待,没得心情送巧来。(罗隐《七夕》)

石毓智、李讷指出:"'没'由一个动词变成动词'有'的单纯否定标记,这为'没'向否定动词性成分的扩展提供了可能","没"起初像一个类副词修饰其后的"有"或"得",之后随着使用范围的扩大,在连动式结构中反复出现,终使得"没"逐渐虚化为一个表示否定意思的副词,而"没得"也逐渐凝固成一个复合词,"没得"否定动词的用法应该在元代已经形成,并在词形上分化出"没的",例如:

  【俫云】这早晚还没得早饭吃,兀的不饿杀我也?【末云】浑家孩儿害饥哩,甑中还有米也没有?(费唐臣《贬黄州》)
  (小生)吴忠,你不仁不义,无始无终!你来这里做甚么?(末)念吴忠没得工夫来看小官人,休怪!(无名氏《杀狗记》)
  我孩儿幼习经史,学成满腹文章。我可为甚么不着他应举去?只因我家祖代不曾做官,恐没的这福分,不如只守着农庄世业,倒也无荣无辱。(武汉臣《包待制智赚生金阁》)
  (鲁智恩云)老王,我那山寨上有的是羊酒,我教小偻罗赶二三十个肥羊,抬四五十担好酒送你。(王林云)多谢太仆!只是老汉没的谢媒红送你,惶恐杀人也。(康进之《梁山泊李逵负荆》)

以上例子中的"没得",已经不再是一个短语结构,而是紧缩凝固成一个动词。

"没得"做动词在现代汉语中也有用例：

"没得邮花怎么发……是的，就是一分，也没有！你不看早上洋火、夜里的油是怎么来的！"（沈从文《一封未曾付邮的信》）

"哪有只赚不赔的生意？有时候赔得精光，裤儿都要脱下来卖了。话又说转来，赚是多数，要不哪个吃饱了没得事干肯出来遭罪？你说呢？"（张勤《旅途匆匆》）

我们与一个摊位里的妇女谈生意，话题转入查封药市的事，正说着，来了一个小伙子，他说："怕啥子么？我柜台里没的货，生意照样做。他们（指管理人员）睁只眼闭只眼，上边不来人他们不管。"（1996年《人民日报》）

作为动词的"没得"，可能是受到"没得 + N + V"结构的影响，也就是同"没"一样，"没得"在连动式中的句法位置，促使其向副词的演变，在语义和句法位置等因素的多重影响下，人们对"没得"的词性重新分析，连动式核心动词前出现的"没得"逐渐失去了动词的地位，被看做充当核心动词的状语修饰成分，"没得"的词性发生改变，变成可以表示否定意义的否定性副词，例如：

【颂】急急修，急急修，和尚好吃烂猪头。西天活佛没得与我做，再来阴凉树下舔鼻头。无量佛阿弥陀佛。（刘唐卿《白兔记》）

（王二云）母亲，我有一本《孟子》，卖了替父亲做些经忏。（王三哭云）我也没的吩咐你，你把你的头来，我抱一抱。（关汉卿《包待制三勘蝴蝶梦》）

（陈德甫云）员外，你问他买甚么东西哩，一贯一贯添。（贾仁云）我则是两贯，再也没的添了。（郑延玉《看钱奴买冤家债主》）

他们吃酒吃肉，我们粥也没得吃。（罗贯中《水浒传》）

现代汉语中有不少用例：

后来我回故乡去，才知道一些较为详细的事。爱农先是什么事也没得做，因为大家讨厌他。他很困难，但还喝酒，是朋友请他的。(鲁迅《朝花夕拾》)

鸿渐像落水的人，捉到绳子的一头，全力挂住，道："哦！原来她来了！怪不得！人家把我的饭吃掉了，我自己倒没得吃。"(钱钟书《围城》)

病到七天头上，林姑娘已经两天没有吃什么。当没的当，卖没的卖，借没地方去借。(老舍《也是三角》)

我以为我有那么多手表，最后呢，这一个星期我竟然没的戴了。(王蒙《短篇小说集》)

在上述例子中的"没得"，虽然有些后面跟的是动词，但如果把"没得"完全看做是副词，又不甚妥当，比如，上面的"我也没的吩咐你""我则是两贯，再也没的添了"，"当没的当，卖没的卖"，"这一个星期我竟然没的戴了"，这些例子中的"没得"虽然后面是动词，但显然全然理解为"没有"并不合适，它们后面应该都省略掉了名词性成分，实际是"我也没的（什么）吩咐你"，"我则是两贯，再也没的（什么）添了""当没的（什么）当，卖没的（什么）卖"，"这一个星期我竟然没的（什么，特指表）戴了"，"没得"并没有完全虚化成同"没有"意思相同的否定副词，从语义上理解，它还应是否定后面名词性成分的否定动词，不过这里"没得"的"得"已经可以解释成"有"的意思，"没得"和做否定动词的"没有"相类似。不过，这也从侧面说明了，"没得"后面越来越多地同动词性成分相连，"没得"也获得了重新分析为副词的语法化动因，同"没有"相似，"没得"从否定动词进一步语法化为可以表示否定意义的副词。例如：

意欲即今三股分开，撇脱了这条烂死蛇，由他们有得吃，没得吃，可不与你我没干涉了？(冯梦龙《醒世恒言》)

但是，不可否认的是，正如上面所言，"没得"后跟动词时确实比"没有"后跟动词情况复杂，通过语料分析，我们可以很清楚地看到，

"没得"后跟动词时,很多情况下并不能理解为副词"没有",而是省略了其后名词的动词"没有",上面已经举例,类似的例子又如:

进寿道:"侄女既贤淑,侄婿又是孝子,天意必不久困此人,我正为此事已凑银二十两,又将田典银十两,共三十两与侄女去,他后来有得还我亦可,没得还我便当相赠他孝子。人生有银不在此处用,枉作守虏何为?"(安遇时等《包公案》)

大李:"那还有的说呀,没的说。不过你将来发了,可千万别把哥们给忘了。"(曹桂林《北京人在纽约》)

正在无话回答,陈统领笑说:"今晚有得进,却没得出去,你非在这里同我困觉不可。"(李伯通《西太后艳史演义》)

上述例子中"没得还我便当相赠他孝子""没的说""今晚有得进,却没得出去",不能理解为"没有还/说/出去",而是"没有(什么)还我""没有(什么)说""没有(办法)出去"。

以上的分析,似乎可以说明,表示否定意义的副词"没得",没有否定副词"没有",使用频率高,适合范围多,换言之,应该可以理解为当作否定副词时,"没得"没有"没有"语法化得彻底。通过对"没得""没有"语法化的论述,我们试图说明"没得""没有"在现在汉语方言中一些使用情况。

(1)"没有""没得"都是现代汉语方言中"没"类否定标记的基本类型,"没有""没得"在古代汉语中就已存在,一直并存沿用至今,在很多方言中都有不同程度地分布。语言的发展是一个渐变的历史过程,有些语词在推陈出新中被不断地替换淘汰,而有些则并存在汉语的语言系统中,形成在不同历史层次下新旧要素的共存。"没"取代"无","没有"取代"无有"、"没得"取代"无得"都不是朝夕之内一蹴而就的全盘替换,而是一个逐渐转换替代的漫长过程,"无"与"没"、"没有"与"无有"、"没得"与"无得"都在一定时期内共同存在着。

(2)据上文的描述,"没得"做否定性副词的语法化程度不如"没有"来得彻底,这可能对普通话为什么选择"没有",而没选择"没得"，与不同方言中"没得"不同的语义与用法起着一定程度的影响。正因为"没得"做否定性副词的语法化程度不如"没有"来得彻底，现代汉语官话很自然地优先选择语法化更彻底的"没有"作为自己副词性的否定标记之一。随着汉语的分化和整合，"没得"依其在不同方言中虚化程度的不同表现，发展出差异性的语义与用法。"没得"在中原官话、西南官话、江淮官话等方言中普遍存在，只是读音上存在一定差异，从历时的眼光看，这些方言中的"没得"应该是读音不同但源流相同的共有成分，但语法化的程度，使得"没得"在这些方言中有不同的差异表现，虚化程度弱的，只能做否定动词；虚化程度强的，可以做否定副词，如在河南唐河话中的"没得"就只能做否定动词，没有否定副词的用法，如：它在各方言中的表现形式虽有不同，但不同的形式却在各自的方言中表达同样的功能，而且通过对历时文献的分析，证明它们是从古汉语发展而来的同源成分路径在不同的方言中有着共同的方向，但也出现了一些差异。比如，中原官话、西南官话和江淮官话这些方言选择继承了"没得"；汉语史上的"没得"功能比较单纯，主要是做动词用，而在今天的西南官话、江淮官话中"没得"的功能得到进一步的扩展，除了有做否定动词的用法，还发展出否定副词的用法。

第二："未"的使用情况。

古代汉语否定标记"未"的用法，很多学者都进行过多方面的研究，调查了上古文献中"未"的使用情况。邢公畹（1983）专论《论语》中的否定词系，邢先生认为《论语》中的"未"相当于现代北京话里的"还没有"，意思是对过往（截止到目前）表示否定，但将来却可能发生的否定副词。先秦汉语中的"未"是一个表动态否定的否定副词，"未"暗示动作行为的某种可变性，它具有时间性，是对过去以至现在某种动作行为的否定，但对将来某种可能性表示肯定。正是"未"具有的这些表示否定意义的时间动态特征，使得"未"对谓词具有选择性，当谓词具有时间性和动态可变性时，可以激活否定词"未"的时间动态意义，而当"未"后跟助动词、没有动态变化的动词或形容词时，"未"表示静态否定，但仍有动态意味，表示"还不"。张华（2006）① 专论《左传》中的否定词"未"，得出了两个方面的结论。从语法功能方面来看，用在动词谓语句中的"未"占绝对性优势，约占总比例的97%。从表义功能方面来看，"未"表示时间性的动态否定。它是对过去以至现在某种动作状态的否定，对将来表示愿望或可能，强调动作行为的可变性。文中也指出，正是因为"未"具有的动态可变性否定语义特征，使得对其后的谓词具有选择性，一般来说，"未"后的谓词具有时间性、动态可变性，但也并非绝对，"未"后也可以跟一些助动词或没有变化的动词，只是在这种情况下，"未"表静态否定，但仍有动态意味，表示"还不"，但这是少数。文中还提到了"未"的特例用法，当"未"表"没有"后跟助动词时，"未"强调的是客观陈述动作本身是否发生，理解的重点在客观陈述上。另外，《左传》中有单独使用的"未也"，"未也"省略掉动词，在"未"后加上语气词"也"，动词在"未也"中处于隐含状态，"未也"可以单独使用，不过都出现在对话的环境里。

王亭（2007）② 调查了《国语》中的"未"，得出了两个方面的结论：从语法功能来看，动词谓语句是"未"出现的主体环境，大约96%的"未"用在动词谓语句中，"未"字句的代词宾语前置只有一种形式，即"未+宾（代）+动"且在对话的环境里"未"可以单独使用，动词可以被省略，这与张华（2006）调查《左传》中"未"的语法功能基本一致。从语义功能来看，"未"表示的否定语义丰富，可以表达多种否定意义，表示什么否定意义同"未"后跟的动词有很大关系。"未"可以表示静态否定的"还不"意，也可以表示动态否定的"没有""还没有"意。当"未"修饰"瞬间性"动词时，"未"否定的是该时间点的动作；当"未"修饰"延续性"词语时，"未"的否定也具有了延续性，即从过去一直否定到现在。

张玉金（2013）③ 对出土战国文献中的"未"做了全面的考察，调

---

① 张华：《〈左传〉否定词"未"研究》，《渤海大学学报》2006年第6期，第43—45页。
② 王亭：《〈国语〉否定词研究》，《暨南大学学报》2007年第2期，第40页。
③ 张玉金：《出土战国文献中"不"和"弗"的区别》，《中国语文》2014年第3期，第268—277页。

查的范围主要包括战国金文、楚简帛和秦简牍。得出总的结论是：否定副词"未"在出土战国文献中共出现181次，分布的比例为战国金文1次，楚简帛80次，秦简牍100次。在总体结论下，文章从语法功能、语义功能、否定的范围和焦点三个方面对出土战国文献中的"未"做了分析。从语法功能来看，"未"字句的谓语中心词绝大多数都是动词，有169次，占总次数（181）的93.4%；其次是形容词，有11次，占6.1%；数词只有1次。例如：

令以其未败直（值）赏（偿）之。（《睡虎地秦简·秦律十八种》）

欲贼杀主，未杀而得，为牧（谋）。（《睡虎地秦简·法律答问》）

军新论攻城，城陷，尚有栖，未到战所。（《睡虎地秦简·秦律杂抄》）

甲谋遣乙盗杀人，受分十钱，问乙高未盈六尺，甲可（何）论？当磔。（《睡虎地秦简·法律答问》）

未卒岁而得。（《睡虎地秦简·法律答问》）

子大女子某，未有夫。（《睡虎地秦简·封诊式》）

而未或（有）明、未或（有）兹（滋）生。（《上博楚简三·恒先》）

公有责（债）百姓未赏（偿），亦移其县，县赏（偿）。（《睡虎地秦简·秦律十八种》）

有稟叔（菽）、麦，当出未出，即出禾以当叔、麦。（《睡虎地秦简·法律答问》）

亦未尝召丙饮。（《睡虎地秦简·封诊式》）

从军当以劳论及赐，未拜而死。（《睡虎地秦简·秦律十八种》）

妾未使而衣食公。（《睡虎地秦简·秦律十八种》）

告人曰邦亡，未出徼阑亡，告不审，论可（何）殹？（《睡虎地秦简·法律答问》）

虎未越泛蘚，从之，虎还，赀一甲。（《睡虎地秦简·秦律杂

抄》）

　　赋岁功，未取省而亡之，及弗备，赀其曹长一盾。（《睡虎地秦简·秦律杂抄》）

　　以上例子中"未"后的谓词都是动词。不过，"未"后也有谓词是形容词的情况，例如：

　　法律未足，民多诈巧。（《睡虎地秦简·语书》）
　　（治）之於丌（其）未乱。（《郭店楚简·老子甲本》）

　　据张文中的调查，"未"的谓语带宾语的情况大致是：在"未"出现的181次，75次不带宾语，71次带宾语，可见省略掉宾语不带宾语的略多。例如：

　　欲贼杀主，未杀而得，为牧。（《睡虎地秦简·法律答问》）
　　受衣未受。（《睡虎地秦简·秦律十八种》）

　　"未"后带宾语的例子，如：

　　子大女子某，未有夫。（《睡虎地秦简·封诊式》）

　　从语义功能上分析，否定副词"未"最基本的语义特征是对"过去时+实现体"谓词的否定。例如：

　　已租者（诸）民，弗言，为匿田；未租，不论。（《睡虎地秦简·法律答问》）

　　例子中"已租"和"未租"相对使用，"已"是对"过去时+实现体"的肯定，"未"则是对"过去时+实现体"的否定。又如：

　　公将鼓之，刿曰："未可"。齐人三鼓，刿曰："可矣。"（《左

传·庄公十年》)

上例中的"未可"与"可矣"相对使用，现代汉语的语气词"了"的作用同它相似，"了"是现代汉语的时体标记之一，现代汉语常用的时体标记还有"着""过"。一般而言，"了"表示完成体，"着"表示持续体，"过"表示经历体，完成体"了"同经历体"过"在时间上的主要区别是"过"着重突出在过去某一时间内经历过某种动作状态，而"了"含有截至目前的时间意义。例子中"可矣"的"矣"提示"未可"的"未"除了有过去的时间意义外，还往往表示事件与现在有联系。"未"除了可以译为"还没（有）"，还可译为"还不"，具体的语义要结合具体的语言环境。不过，结合"未"后述题的情况，也是有一定规律的。一般说来，"未"翻译成"还没（有）"的情况占多数，当"未"用于谓语中心词是动作动词的叙述性述题时，通常要译为"还没（有）"。当"未"用于谓语中心词是形容词的描写性述题之中时，通常要译为"还不"。有些状态动词前的"未"译为"还不""还没"皆可。张文中又指出当谓语中心词是"知"时，当"未"后出现"尝"时，"未"通常也要译为"还不"。当"未"用于评议性述题之中时，都要译为"还不"，没有例外。"未"后可以加上"尝""曾"等，组合成"未尝""未曾"的形式。例如：

子曰："自行束脩以上，吾未尝无诲焉。"（《论语·述而》）
自古及今，未尝有两而能精者也。（《荀子·解蔽》）
答曰："友闻白羊肉美，一生未曾得吃，故冒求前耳。"（《世说新语·任诞》）

"未"的否定意义勾连过去和将来，"未"和将来实现的可能性以及已经实现的事情做了对比，而"未尝（曾）"则隔断了"未"的否定意义中同将来相联系的部分，用表示过去时间意义的词"尝（曾）"指定了否定的时间意义，"未尝（曾）"简单地否定过去。

从否定的范围和焦点来分析，在非对比性的常规句子中，"未"在古代汉语中的否定范围和焦点基本符合"右项原则"。因为"未"后可以出现状语、谓语、宾语、定语、补语,而这五种成分又可以形成一个否定焦点的优先序列,张文中认为应是状语 > 补语 > 定语 > 宾语 > 述语,例如:

句(苟)又(有)丌(其)青(情),唯(虽)未之为,(斯)人(信)之壴(矣)。(《郭店楚简·性自命出》)
子大女子某,未有夫。(《睡虎地秦简·封诊式》)
军新论攻城,城坫,尚有栖,未到战所。(《睡虎地秦简·秦律杂抄》)
甲谋遣乙盗杀人,受分十钱,问乙高未盈六尺,甲可(何)论?当磔。(《睡虎地秦简·法律答问》)
入禾未盈万石而欲增积焉。(《睡虎地秦简·秦律十八种》)

不过,"未"也有违反"右项原则"的情况,否定"未"左侧的句法成分,例如:

上造盗一羊,狱未断。(《睡虎地秦简·法律答问》)
王梦晶(三),闰未启。(《上博楚简四·柬大王泊旱》)

上述是宾语前置结构。

总之,邢公畹(1983)、张亚茹(1999)、王力(1999)、张华(2006)、王亭(2007)、张玉金(2013)等对"未"的语义与语法功能基本达成如下共识:①先秦时期"未"表达的否定语义虽然丰富,但相对集中,虽然可以译为"还不""还没(有)",但译为"还没(有)"的占绝对优势,也就是说,"未"的否定语义与过去和将来都有联系,是对过去某种动作状态的否定,但也隐含对将来某一时间段可能发生的肯定,指截至目前尚未发生某一行为状态,但不排除之后某一时间发生的可能性;②"未"字句的谓语中心词,绝大多数是动词,少数是形容词,"未"字句后谓语的加带成分齐备,可以出现修饰谓语的状语、补语,可以出现谓语的受事成分,可以出现修饰受事的定语成分;③先秦汉语"未"的否定范围和焦点可以形成优先否定序列:状语＞补语＞定语＞宾语＞谓词（述语）。

古代汉语的否定标记"未"在普通话和方言中都不同程度保留，只在使用范围和频率方面有差别，普通话中的"未"带有明显的书面语体色彩，而在吴方言、闽方言、粤方言中还是一个比较常用的否定标记。例如：

福建潮州：太阳未上山，天光还早。
福建泉州：我掠叫伊也未来呢。（我以为他还没来呢。）
浙江温州：太阳未上山，天光还早。
广东广州：我未睇过呢本书。（我还没有看过这本书。）｜今冬重未落过雨。（今年冬天还没有下过雨。）

方言中"未"的语义和先秦汉语中"未"表达的主体否定语义相同，译为"还没（有）"，否定语义与过去和将来都有联系，是对过去某种动作状态的否定，但也隐含对将来某一时间段可能发生的肯定，指截至目前尚未发生某一行为状态，但不排除之后某一时间发生的可能性。这些方言中保留的否定标记"未"，与其存在的其他否定标记"冇""无"等，使这些方言中否定标记自身表现出的时体意义更加细致化。先秦汉语用在对话中能够单说单用的"未"，省略掉句法的其他成分独立成句，具有代句词的代词作用，满足我们之前讨论的否定叹词的性质特点，可见，否定叹词的用法在先秦时期就已经出现。

第三："没"（没有）的使用情况。

普通话的"没"类否定标记，既是一个动词性的否定形式，又是一个副词性的否定形式，且普通话除了有单音节的"没"外，单音节的"没"还同"有"组合成"没有"，普通话中"没"和"没有"的用法基本相同。关于"没"在汉语中的产生及发展，已有不少学者做了调查研究，取得的结论主要有：

1. "没（有）"出现的时间。

梅祖麟（1984）对宋末元初大量文献调查发现，宋末元初的文献中只用"没"不用"没有"，直到 14—15 世纪的《老乞大》《朴通事》《水浒传》"没有"才开始使用，所以"没有"的出现应大致在 14 世纪。"现代汉语的'没有'有两个用法,一个相当于文言的'未',一个相当于文言的'无'",他认为《朱子语类》中没有"没有"的语词。上述研究表明,学者们普遍认为"没"最初是表达否定意义的动词,之后否定动词的"没"与动词"有"结合,为"没"向否定动词性成分的语法功能的扩展提供了可能性。太田辰夫(1989)① 认为否定副词"没"大约始于元明,"'没'的原意是'陷没''埋没'的'没'。由此引申,大约在唐代用于'无'的意思。"并认为"恐怕是用'没'代替这种用法,即可能只是为了语调的关系把单个的'无'扩展成两个音节(即'无有',笔者按),因而就产生了'没有'这种说法。"

孙锡信(1992)② 认为否定动词"没"大约始于元明,向熹(1993)认为"'没'在唐代开始用做'有'的否定。""明代'没'用来修饰动词,有了副词的用法。'没有'本是一个偏正词组,连用既久,也用来修饰别的动词,就成为一个复合的否定副词,产生较晚,不见于元曲及《水浒传》、《西游记》等小说里,到清代才盛行起来。"③ 刘坚、蒋绍愚(1992)④、吴福祥(1995)⑤ 发现在南宋时就已经出现了否定副词"没"的用法,例如:

没瞒过我,实是你灾。
侯门相府知有万千,读书人怕没为姻眷,料它(他)没福缘浅。

俞光中、植田均(1999)⑥ 说,"宋元以前对于'领有、具有'的否定多用'无',少用'没',至于副词'没',更是凤毛麟角。《祖堂集》'没'字凡九例,无一副词用法。《大唐三藏取经诗话》也没有副

---

① 太田辰夫:《中国语历史文法》,北京大学出版社1987年版,第278页。
② 孙锡信:《汉语历史语法要略》,复旦大学出版社1992年版,第169—171页。
③ 向熹:《简明汉语史》,高等教育出版社1993年版,第425页。
④ 刘坚、蒋绍愚编:《近代汉语语法资料汇编》(宋代卷),商务印书馆1992年版,第556—607页。
⑤ 吴福祥:《否定副词"没"始见于南宋》,《中国语文》1995年第2期,第153页。
⑥ 俞光中、植田均:《近代汉语语法研究》,学林出版社1999年版,第314—326页。

词'没'。元曲里副词'没'很少，香坂顺一（1983）找到过若干用例……《古本董解元西厢记》是明代海阳（休宁）适适子据明嘉靖年间张羽本重新校刻的，明人刻本尽管文字上时有更动，但添加个副词'没'来似乎不大可能。合理的解释，副词'没'是在北方某一方言区内首先使用开来的，副词'没'普遍使用开来是很晚的事。明代也有些作品在使用，偏于北系作品，其中有些书使用频率较高，如《金瓶梅》。"例如：

脸儿稔色百媚生，出得门儿来慢慢地行，便是月殿里妲娥也没恁地撑。
不当道你个日光菩萨，没转移好教贤圣打。
何处疼，那面痛，教俺没理会。

石毓智、李讷（2000）①认为"'没'在唐、宋时期一直是一个名词性成分的否定标记，它否定动词性成分的用法十五世纪前后才出现……明中叶（约十五世纪）以后，'没'开始逐渐用于谓语中心动词的否定……'没'从约八世纪起开始引申做否定'领有'的动词，一直到约十四世纪的五六百年的时间里都是单独用，'没有'是后起的用法。""'没'作为普通动词的否定标记的时间比'没有'凝固成复合动词的时间大约要晚一、两百年的时间……16世纪以后现代汉语中的作为名词性和动词性否定标记的'没（没有）'已经形成了。"②徐时仪（2003）认为《敦煌变文集》《朱子语类》中"没"已有用例，例如：

数次叫问，都没应挨；推筑（催促）再三，方始回答。（《敦煌变文集》）

---

① 石毓智、李讷：《十五世纪前后的句法变化与现代汉语否定标记系统的形成——否定标记"没（有）"产生的句法背景及其语法化过程》，《语言研究》2000年第2期，第39—62页。
② 石毓智、李讷：《十五世纪前后的句法变化与现代汉语否定标记系统的形成——否定标记"没（有）"产生的句法背景及其语法化过程》，《语言研究》2000年第2期，第39—62页。

如人读书，初未理会得，却不去究心理会。问他《易》如何，便说中间说话与《书》甚处相类。问他《书》如何，便云与《诗》甚处相类。一齐都没理会。(《朱子语类》)

若谓《春秋》谨严，便没理会。(《朱子语类》)

从上述材料可见，一般认为，"没"做否定性动词早于做否定副词，关于做否定副词的"没"出现的时间，学者们存有争议，讨论集中在是在唐代之前还是在唐代之后，唐代之前证据如徐时仪（2003）成书于汉末，流传在魏晋的《小尔雅》中"没"已有"无"义，即已经出现否定动词的用法。在唐代以后出现，学者们也有争议，是在宋，又或是在宋后等，宋元明清这一时期也是一个争论的焦点时期。可见，"没"替换"无"在唐代已露端倪，在宋代进一步展开，到元明时期已经基本完成了对"无"的替换。上述学者们的讨论，虽然存有这样或那样的差异，但却并不截然对立，有的是基于词汇意义的引申发展，有的是基于音变的事实，综合来看，语言某一要素成分的发展改变，也不应是单一要素致使的结果，作为一个复杂的系统，语言要素的转变势必要受到多种因素共同的制约与影响，语言音义发展的适宜性、词汇语法系统古今演变的适应性都应该可以看做是语言要素调整的体现。

2. "没（有）"的来源

"没有"一般认为是否定性副词标记的"没"从专门对动词"有"的否定，功能扩展为对动词"有"之外其他动词的否定。

向熹（1993）[①] 指出甲骨卜辞中已有否定副词"不、弗、勿、毋"等，周秦时又产生了"非、匪、微、无、蔑、未"等新的否定副词。"无、蔑"本是否定动词，表示"没有"。关于"没（有）"的来源，主要有两种观点：一是认为"没（有）"来源于"未"；一是认为"没（有）"来源于"没"。吴福祥（1997）指出"否定词'没'由'陷没'义动词演变而来，最早见于唐代文献……'没有'原本是动词'有'的否定形式，它的出现可能是受古汉语'无有'形式的类化影响……'无有'最初应是一个偏正词组，随着'无'为'没'所取代，出现了

[①] 向熹：《简明汉语史》，高等教育出版社1993年版，第321—345页。

'没有'与'无有'平行的现象,'没有'亦逐渐取代了'不有'。"①石毓智、李讷指出:"'没'作为普通动词否定标记的时间比'没有'凝固成复合动词的时间大约要晚一两百年的时间……'没'从约8世纪起开始引申做否定'领有'的动词,一直到约14世纪的五六百年的时间里都是单独用,'没有'是后起的用法……'没有'的广泛使用带来两个直接效果:一是加速了'没'向单纯否定标记的发展,二是'没有'又凝固成一个复合词,为其后来向动词否定标记的发展提供了可能。'没有'作为动词的复合否定标记已见于明中叶的文献里"。②

潘悟云(2002)认为:"古汉语的'无'在北方并没有消失,而是在虚化的过程中语音发生促化变成了'没'。"并指出:"在各地方言中还有一个现象,即有'无'的南方方言没有'没',有'没'的北方方言没有'无','无'只是作为文言残留在语言中。两者的互补关系也透露了两个词之间的历史关系。"③

徐时仪(2003)从"无"的文白读音证明了"没"源于"无",徐文认为,"'没'的上古音为明母入声物部,《广韵》中的音韵地位为明母入声没韵。'无'的上古音为明母平声鱼部,《广韵》中的音韵地位为微母平声虞韵……'无'是微母字,隋代以后,轻唇微母字由重唇明母字分化出来(唐守温字母已有轻唇音),可是口语中许多常用字仍说重唇音。这种文白异读情况犹如今吴语重唇和轻唇的白音、文音对应……'毛'即'无'的白读音[mu],'无'的白读音[mu]和'没'音相似……'没'由沉入水中引申的'消失'、'失去'义融入了'无'的'亡'义而产生'没有'义,'没'韵的舒声化与'无'的文白异读使得'没'的读音与'无'的白读音[mu]趋于相似,进而逐渐形成了'没'取代'无'的语义和语音条件……上古的'无'在虚化过程中语音发生促化变成了'没'……'不'从尤韵读入虞韵,

---

① 吴福祥:《从"VP – neg"式反复问句的分化谈语气词"麽"的产生》,《中国语文》1997年第1期,第44—54页。

② 石毓智、李讷:《十五世纪前后的句法变化与现代汉语否定标记系统的形成——否定标记"没(有)"产生的句法背景及其语法化过程》,《语言研究》2000年第2期,第39—62页。

③ 潘悟云:《汉语否定词考源——兼论虚词考本字的基本方法》,《中国语文》,2002年第4期,第302—309页。

'无'也是虞韵。'不'在北方促声化以后,进一步失去介音,读入没韵,与'没'同韵,它们的语音和语义关系是完全平行的。"潘悟云也指出"毛"的上古音为明母平声宵部,汉以前的宵部或与宵部有通转关系的韵部中没有否定词,所以最好的解释是"毛"即"无有"二字的合音。这里就又到涉及"没有"的来源,蒋冀骋、吴福祥《近代汉语纲要》一书说"'没有'原本是动词'有'的否定形式,它的出现可能是受古汉语'无有'形式的类化影响。"① 罗杰瑞《建阳方言否定词探源》一文认为闽北方言里相当于普通话"没有"的 mau^3(建瓯)、m^9(石陂)、mo^2(镇前)等,"都可以看做是'无有'的合音。②"

3. "没(有)"的语法化过程

P. J. Hopper 和 E. C. Traugott（1998）提到,"语言中普通的词和结构在某些上下文中会发展出语法功能的作用,并且一旦语法化,会继续发展新的语法功能。"③ 汉语中的副词许多就是借助句法位置的转移由动词虚化而来,上面的众多学者在讨论表示否定意义"没(有)"的出现时间和来源时,都或多或少地涉及该意义"没(有)"语义用法出现的动因,即其语法化过程,"没(有)"从本义引申为可以表达否定意义的动词,接着由表达否定意义的动词演变为表达否定意义的副词,进而又影响到表示否定意义的副词性"没有"的产生与发展,是一个连续地渐变的语法化过程,学者们的意见大体如下：

①表示否定意义"没"的演变。

"没"由本义先引申出表示否定意义动词用法的"没","没"的本义表示"沉没",由"沉没"义引申出"消失""失去"的意义,根据词义由具体到抽象的引申规律,唐宋时"没"已经可以表达抽象意义的"消失""失去","没"完成了替换"无"的语义条件,又如上文所述,"无"的白读音与"没"音趋于相近,这又使"没"具备了替换"无"的语音条件,"没"逐渐取代了"无"而成为否定动词。如：

---

① 蒋冀骋、吴福祥：《近代汉语纲要》,湖南教育出版社1997年版,第447—448页。
② 罗杰瑞：《建阳方言否定词探源》,《方言》1995年第1期,第31—32页。
③ P. J. Hopper, E. C. Traugott：《Grammaticalization. CambridgeUniversityPress》, 1993, 转引自文旭《语法化简介》,《当代语言学》1998年第3期：第1—2页。

众卒谣曰:"张家寨里没来由,使他花腿抬石头。二圣犹自救不得,行在盖起太平楼。"(《鸡肋编》)

若只恁地宏,便没倒断了。(《朱子语类》)

上面的例子中,"没"是句子唯一的谓语,而接着,"没"还可以出现在连动句中,"没"已不再是句子中唯一的动词,而是与其他动词共同组成连动式谓语。"没"在连动式谓语结构中,经常出现的位置是在其他动词之前,动词之前又是状语的常用位置,"没"在句中的这种语法位置被固定下来后,其词义就逐渐抽象化,语法功能也逐渐虚化,逐渐变成谓语动词的修饰补充成分,进而引发其词性词义的转变,具体表现为词义进一步虚化,词性变为一个表示否定意义,修饰其后中心谓词的副词性成分,"没"由于句法位置的变化而在连动式句子中处于次要地位,依附于句中主要谓语动词的这种语境导致其动作性减弱,这是其语法化的诱因和基础。在这个特定的语法位置上,在语境等因素的相互作用下,"没"产生了新的用法,词义也不断虚化,最终虚化成表示否定的副词,迄至明代遂使用日广。例如:

庙倒没去得成,倒把俺婆婆气了个挣。(《醒世姻缘传》)

那孟玉楼低着头纳鞋,没看见。(《金瓶梅》)

数次叫问,都没应挨;推筑(催促)再三,方始回答。(《敦煌变文集》)

若合理会底不理会,只管去理会没紧要底,将间都没理会了。(《朱子语类》)

②表示否定意义"没有"的演变。

汉语中许多双音复合词是由于两个单音词经常习惯性的组合而逐渐固定下来的,当是单音节词时它们通常有多种语义,不过随着两个单音词之间的搭配关系逐渐固定,也就是两个单音词逐渐凝固成一个词时,其各自所表示的词义在复合词中一般集中指向某个具体的义项,两个单音词经过各自语义的相对虚化、集中、组合进而形成了由其所组成的复音词的词义。古汉语的"无"可以与"有"组合,"无有"在句中做谓语。例如：

> 见我头上无有发毛，谓为是石。（《百喻经》）

"没"替代了"无"后，"无有"自然也可以被替换成"没有"。"无有"中的"无"否定指向其后的动词性成分"有"，"没"最初也是表示否定意义的动词，当它取代"无"而在"有"前出现时，这种句法位置为其具有副词属性提供了语法化的句法位置动因，使得"没"的动词性语义进一步弱化，随着"没"与"有"在句中经常连用，"没"与"有"渐渐凝固成一个表示否定的复合动词。如：

> 这殿里又没有庙祝，殿门不关，莫不有歹人在里面么？（《水浒传》）

与动词"没"虚化为副词"没"相似，"没有"在句中与其他谓词性成分相比，语义上的相对次要性，以及受到核心谓词前状语位置的习惯影响，在这种类推作用的机制下，"没有"同"没"一样，其词汇意义亦逐渐虚化，语法属性也随之改变，演变成一个可以表示否定意义的否定性副词。例如：

> "道千乘之国"，五者相因，这只消从上顺说。人须是事事敬，方会信。才信，便当定如此，若恁地慢忽，便没有成。（《朱子语类》）
> 俺等了一早起，没有吃饭哩。（《东堂老》）
> 你想是没有用早饭。（《金瓶梅词话》）
> 我服侍了奶奶这么几年，也没有弹我一指甲。（《红楼梦》）

"没""没有"在由动词虚化为副词后，其动词性语义与词性仍然保留，表否定的动词与表否定的副词并存。如：

> 读了没有两句，麝月又斟了一杯茶来润舌。（《红楼梦》）

如今可要依着我行，错我一点儿，管不得谁是有脸的，谁是没脸的，一律清白处治。(《红楼梦》)

6.3 "别"类否定词的历时考察

该类否定词是表示祈使、禁止意义的否定副词。关于表示祈使、禁止的否定标记，上古汉语多用副词"勿"和"毋"，"勿"和"毋"都既有表禁止的意思，也有表祈请的意思。上古汉语中"毋"和"勿"对立明显，在语气上有强、弱的差异，"勿"的语气较强，"毋"的语气较弱。它们用法上的差异表现在"毋"为单纯否定式，而"勿"为含代名词的否定式，略与"毋之""毋是"相等，因此在先秦时期动词被"勿"否定后，其后一般不能再出现宾语，战国后期的《商君书》《韩非子》《吕氏春秋》等著作中"勿"与"毋"之间分布上的对立已经不明显，两者主要的差别在使用的数量和频率上，此后这一限制逐渐消失，"勿+动词"后逐渐可以出现宾语，其与"毋"的区别也逐渐消亡了。例如：

非礼勿视，非礼勿听，非礼勿言，非礼勿动。(《论语·颜渊》)
勿欺也，而犯之。(《论语·宪问》)
公曰："微宁子不及此，吾与之言矣。事未可知，只成恶名，止也。"对曰："臣杀之，君勿与知。"(《左传·襄公二十七年》)
子绝四：毋意，毋必，毋固，毋我。(《论语·子罕》)
忠告而善道之，不可则止，毋自辱焉。(《论语·颜渊》)
二千石各察官属，勿用此人。(《汉书·宣帝本纪》)

方言中存在"勿"表禁止、劝诫意义的用法。例如：

福建永安：勿惊（别害怕）(许宝华、宫田一郎，1999)
福建泰宁：勿话（别说）(同上)

"勿"的演变并不是孤立的,它同我们上文说到的"弗"有很大的类同性。经多数人的研究,大家基本承认上古汉语的副词"弗"与"勿"在否定及物动词时,及物动词的宾语基本都不出现。王力(2005)曾对这一问题做过深入详细的研究,王先生认为"弗"和"不"是有分别的,"勿"和"毋"也是有分别的。"不"跟"弗"相反,"毋(无)"跟"勿"相反,前者的谓语是及物动词时,宾语经常出现;后者的谓语是及物动词时,宾语一般不能出现,在"弗、不"并用或"勿、毋"并用的一句或相连的两句中,更足以证明它们在分工上的明确。例如:

> 弗食,不知其旨也。(《礼记·学记》)
> 毋友不如己者,过则勿惮改。(《论语·学而》)
> 薄昭还报曰:"信矣,毋可疑者。"(《史记孝文本纪》)
> 且夫天子以四海为家,非壮丽无以重威,且无令后世有以加也。(《史记高祖本纪》)

在中古时期,"勿"的使用频率已经大大超过了"毋",如《论衡》中"毋"有40余例,而"勿"只有2例。在《颜氏家训》中,"勿"的使用范围已经覆盖了"毋",且"毋"一般只在引用前人话语时使用,处于衰落、淘汰的过程中。

东汉以后,表禁止的"莫"开始大量出现。"莫"的迅速崛起严重制约了"勿"的发展,"勿"开始表现出衰弱之势。先秦时期的"莫"多做否定性无定代词,也就是说,"莫"应具有指代词和否定副词两种词性,即同时具备指代功能和否定功能,在表否定的同时,其指代作用限制了其否定范围是有限的。例如:

> 叔孙昭子曰:"诸侯之无伯,害哉!齐君之无道也,兴师而伐远方,会之,有成而还,莫之亢也。无伯也夫!"(《左传·昭公16年》)
> 岂若匹夫匹妇之为谅也,自经于沟渎而莫之知也。(《论语·宪问篇》)

"莫"表禁止在西周时期就已经出现，汉以后使用渐多，唐宋以后这种用法在口语中相当活跃。如"当杯已入手，歌姬莫停声。"（孟浩然《晚春诗》）王力（2005）认为副词"莫"本来是无定代词，同英语中的 nobody、nothing、none、nowhere 类似，后来随着词义的虚化变为副词，与"勿、毋"混同起来，其演变过程首先是"勿"和"毋"混同，然后"莫"字虚化，"勿、毋、莫"三字混用。现在有些方言中的"莫"虽然失去了代词性，但仍保留有动词性，当动词"没（有）"讲。例如：

成都：一天干些事莫名堂。｜家里莫什么活计。（许宝华、宫田一郎，1999）

"莫"由无定指代词变为表禁止的副词，在现代汉语方言里也有所使用，如湘方言和赣方言，而且它还是一个很占势力的副词，"莫"仍是一个常用的表禁止的否定副词，不过在现代汉语普通话中，"莫"基本上被"别"取代了。

唐代出现了新的表禁止的副词"休"，晚唐五代以后，使用渐趋普遍。据杨荣祥（1999）调查，元代的北方方言区，"莫"渐趋萎缩，"休"的使用频率已远远超过"莫"了。例如：

劝君休叹恨。（杜甫《戏赠友》）

总之，"勿、毋"在近代汉语中特别是在口语中已经带有了明显的文言色彩，使用度大大降低，逐渐被"莫、休"替代。汉、魏以后，"毋"与"勿"已非常稀少，遂渐合并于"不"。如吕叔湘曾举例说"君子毋云云"，其中的"毋"既可以理解为婉谕之辞，义为"不要"；也可以理解为客观的直说，义为"不"，经史注疏中也多用"不"来解释"毋、勿"。到了现代，"勿"只在"请勿吸烟"之类的特定书面语中使用，"休"口语里只用"休想"一词，"莫"还保存在武汉、长沙、成都等方言里。

表禁止的副词"别"产生于元代（江蓝生1991），但在元、明时期，它的使用频率远远低于"休、莫"，到了清代已很常见。"别"字在北方话作品中用得很多，直到现代，"别"还是最主要的表禁止的副词。吕叔湘（1944）认为"别"是"不要"的合音，"不要"一词在长时间的使用中逐渐失去了原义，变成了一个与"休""莫"等一样的禁止词。

王力（1951）持不同看法，王先生认为"别"的来源有待考察，但"别"绝不是"不要"的合音，"别"字本来是个指别词，义为"另外"，如"别人、别地儿、别有洞天"等。太田辰夫（1957）也不赞成"别"是"不要"的合音形式，证据是除了说"不要"，还可以说成"别要"，太田先生推测禁止词"别"的来源可能跟指别词"别"有关系，表禁止的副词"别"在明代就有一些，但用得较多的是在清代。江蓝生（1991）从语音演变的角度，联系另外两个否定词"莫、休"，得出结论：北京话里的禁止词"别"是"不要"的合音，《金瓶梅词话》里"别要"远远多于"别"，可能是"不要"合音发生的另一种第二变化。从元曲中已出现表示禁止的"别"，以及《金瓶梅词话》中"别"与"别要"并用来看，北京话里的禁止词"别"似不源自皖南话，表示禁止的"别"不是来自指别词的"别"，北京话里，指别词"别"只是"不要"合音的同音借字。

除了上述这些，古代汉语表否定的禁止词还常用双音节的"不得、不可"等。例如：

> 而秦法，君臣侍殿上者，不得持尺兵。（《战国策·燕三》）
> 丞相语大将军："不可复使羌人东行"。（《世说新语·尤悔》）

在现代汉语中保留有古汉语中"不得""不可"的用法。例如：

> 不得无礼；人不可貌相。

总体来看，古代汉语早期表祈使意义的否定副词是"勿"和"毋"。到了近代汉语早期，"勿"和"毋"逐渐被"莫"代替，"莫"

处于优势地位，发展到元明时期，"莫"在北方方言中逐渐衰落，"莫"又在很大程度上被"休"替代，"休"逐渐居于优势地位，明代以后，在北方话中，"休"又开始衰落，而"别"逐渐占据优势地位。

以下我们仍从"古—方"考辨的角度对"莫"类词做论述。我们上面曾提到，该类否定词表达的是对祈使态的否定，意思是"不要"。吕叔湘（1990）指出上古汉语中主要用"勿"和"毋（无）"，并且"勿"与"毋"有相当明显的对立[①]。近代汉语中，"勿、毋"在口语中已不大使用，带有明显的文言色彩，代之而起的是"莫、休"等词。"莫"表禁止产生于西汉，"休"用做表禁止的否定副词始于唐代，晚唐五代以后，使用渐趋普遍。"莫、休、别"的使用在古汉语中就已经体现出了明显的方言分布差异。据杨荣祥（1999）的调查，《语类》在使用"莫"这一否定副词上，表现出了明显的南方方言特色，在南方"莫"的使用频率非常高，而"休"很少见。在元代的北方方言区中"休"的使用频率已远远超过"莫"了，在元明时期的北方话中，"莫"已逐渐被"休"取代。关于"别"的使用，据江蓝生（1991）研究，"别"的使用范围十分有限，清代可能主要通行于北京（包括河北省）、山东一带。"别"是现代汉语中该类词的主要形式之一，在现代汉语中，"别"的使用范围比较广泛，根据《汉语方言地图集》的记录，"别"主要分布在华北、东北的官话中，江西的瑞昌、湖口、彭泽、武宁、修水、永修、芦溪、余干、景德镇等地区。"莫"也是现代汉语方言的优势形式。湘语中多用"莫"，如湖南的汨罗、平江、安化、吉首、溆浦、衡南、张家界、永顺、长沙、耒阳、临武等地。此外还有广西的鹿寨、柳州、柳城、罗城、龙胜、三江、全州、北流、贵港、贺山、兴安，陕西平利、镇安，四川北川、盐亭，湖北房县、枣阳、广水、红安、应城、宜都、鹤峰、恩施，江西的宜丰、上高、高安、崇义、信丰、定南、乐安、广丰，福建寿宁、周宁、古田、顺昌、罗源、福安等地。秦、汉以来，"毋"渐混于"不"，常常是用加合的"不能、不得、不愿"等词表"毋"的意思。今天，仍有许多方言区使用这种类型的加合式来表禁戒祈请的语义。如西南、江淮官话的一部分地区，

[①] 吕叔湘：《吕叔湘文集》第二卷，商务印书馆1990年版，第79—80页。

晋语的大部分地区，江西铅山、兴国、南康、安福、宜春、吉水、永丰、德兴、金溪、瑞昌、湖口、彭泽等地区用"不要"。江苏的苏州、常熟、太仓、昆山，上海，浙江的嘉兴、平湖、海盐等地区用"勿要"。

在先秦时期，"不""未""莫"这三类否定标记就已具备，隶属于同一小类中否定副词，有些还存在着分布上的对立，不过，这些对立随着语言的发展有些逐步消亡，近代汉语中，同一小类的否定副词有许多都失去了在语法上的区别，由有别变为无别。一些古代汉语中的否定标记，已经不再使用于普通话中，但也并没有完全消亡，在一些方言中仍然保留并且广泛使用。现代汉语普通话最为常用的"不""没""别"，从产生的时间上看，"不"是上古汉语就已产生并普遍使用的，"没""别"则大体产生于近代汉语。

6.4 "非"类否定词的历时考察

除了上面提到的这三类否定词，"非"类也是古代汉语中一类常用的否定词，普通话副词"非"的用法一是表示相当于"不"的否定，如"非凡、非比寻常"，现在一般充当构词成分；二是与否定副词"不"配合使用，张谊生（2000）认为该情况下"非"表示的是一种对称性的否定，这种否定式由非X和不Y构成，整个格式表示的意义是没有X就必然没有Y，要想实现Y就必须先有X，突出的是X的重要性。除了与"不"配合使用，"非"还可以和"不行""不可""不成"等词配合，表示必须、一定的语义。如：这事非你不可；这事非他出面不行吗？"非"还有一种用法，表示"不是"的语义，词性上比较靠近于动词，如：她也并非一定要拿到东西不可；这绝非我们授权。"非"字在上古汉语就已出现，从表意上看，古汉语里"非"和"是"意义相反，古文"非"的基本用法是用于名词性谓语句中，否定句中的名词性谓语，同名词谓语一起构成否定性判断。例如：

子非鱼，安知鱼之乐。（《庄子·秋水》）

"非"也可以用于形容词性谓语句中，对某种性质进行否定，同形容词性谓语一起构成否定性判断。例如：

城非不高也，池非不深也，兵革非不坚利也，米粟非不多……（《孟子·公孙丑下》）

高名凯（1948）认为"非"与远指指示词的"彼"发音相近，从而推测出其来源很可能是远指指示词，证据是我国古代的文献"是非"往往和"是彼"相混，"非"和"彼"的意思虽然不完全相同，但应该可以认为是从"彼"引申而来的，只不过这种引申不是文字角度的引申，而是语言意义的引申，后来随着"非"指示意义的退去，"非"变成一个纯粹的否定词，于是出现了"非是"的说法。"非是"中的"非"只能看做是否定"是"的否定词，近世的白话。为了形式的统一，就用一般的否定词"不"来代替"非"，所以出现了"不是"的说法，高先生把这归结为是类推作用下所产生的自然现象。王力（2005）对"非"字做了深入的研究，王先生认为"非"在意义上虽等于"不是"，但"非"实际是一个独立的单体，"非"的性质并非是系词性加副词性，把"非"当成"不是"的合体是不合理的，因为从产生的时间上看，做系词讲的"非"字比做系词讲的"是"字至少早出现一千年，因此并非先产生肯定式的系词"是"，然后再加副词性演变为"非"。"非"同"不是"在性质上也有差别，"不是"的"不"与"是"显然是两个可以分得开的词，"不"是副词，"是"是系词，与单用的"非"绝对不同。例如：

惠子曰："子非鱼，安知鱼之乐？"庄子曰："子非我，安知我不知鱼之乐？"（《庄子·齐物论》）

子曰："非吾徒也，小子鸣鼓而攻之可也。"（《论语·先进》）

王先生明确指出否定是"非"字的根本作用，用于主格与表词之间为系词，在其他句法位置上可以理解为准系词。例如：

> 人惟求旧，器非求旧，惟新。(《尚书·盘庚》)
>
> 君子生非异也，善假于物也。(《荀子·劝学》)

王先生还将"非"与"不"进行了比较。王先生认为"非"与"不"有其共同之处，都可以认为是用来否定宾辞的，"非"字的根本作用是否定，"非"字的系词性只是句式所形成的，并非其本身最初就含有的，"非"字与"不"字同为纯粹的否定词，只是适用的环境有所不同。不过，"非"与"不"也存在相异之处，"非"字的后面是整句话的正义所在，"不"字可以用在表意重要的句子中为正意之所在。如"天下不小不弱"，可以独立成语，"天下非小弱也"则仅引起下文。

古汉语中，如果在判断谓语前加上副词"非"就表示对一个判断进行否定，"非"可以直接用来否定体词性判断谓语。随着汉语判断词"是"的产生和成熟，出现了在"是"前加"非"的用法，即"非"由直接否定体词性谓语发展出否定"是NP"的用法。例如：

> 及见他鬼非是所素知者，他家若草野之中物为之也。(《论衡·订鬼》)
>
> 世人或疑，言非是伪，论者实之，故难为也。(《论衡·案书》)

"非"这一用法上的改变，反映出"非"有向"不"转化的趋势。

汪维辉(1998)发现"不+是NP"的格式大概产生在汉末，其意义和用法与"非+是NP"等同，"不+是NP"在使用频率上很快超过"非+是NP"，成为一直沿用至今的表示否定判断的最基本的形式。例如：

> 彼常愿欲共我一过交战，我亦不痴，复不是苻坚。(《宋书·索虏传》)

"非+是NP"被"不+是NP"取代，原因之一可能是"非"本身已经有"不是"的意义，"非"后面再加"是"，明显出现了语义的冗余,而"不"只表单纯否定,"不"与"是"搭配,语义上的配合度恰好。随着"不是"的出现,"非"作为汉语中表示否定判断的最基本形式的地位也发生了动摇,最终在口语中走向衰亡,口语中用"不是"取代"非"。

吕叔湘在谈到古代汉语的否定词时有一段总结颇为精辟,吕先生说"否定之词,实以'不'为巨擘,古语'非''不''无',各有其主要之用途,今则'非'变而为'不是','无'之表语气者或先或后见并于'不'。'勿'与'毋'之用为禁戒之辞,在文字上固历纪不替,而口语中则疑自汉、魏已逐渐废弃,代之而兴者非'不'而为'莫'。"

现代汉语的"不是"可以构成"不是+名词"的结构,这种用法常充当复句的前一分句,表示假设关系,后面的分句可以是肯定形式,也可以是否定形式,表示如果没有 X,就非常有可能或不会有 Y 情况的发生。例如:

不是他,你早迟到了。
不是他,你现在还不知道自己有这种实力呢。

古汉语中"非"的这种用法还可以用"微"。例如:

微二子者,楚不国矣。(《左传·哀公十六年》)
微斯人,吾谁与归?(范仲淹《岳阳楼记》)

现代汉语的"不是"还可以用来否定动词性或形容词性成分。例如:

我不是说你,正常人谁能干出这事?
他不是不漂亮,可就是太高傲。
你说的不是靠谱,而是非常靠谱。

值得关注的是,我们在先前中曾讨论过方言否定形式多义性和多样性的问题。我们谈到,有些方言的否定形式没有明确的形义分配,表现出一种跨类兼用的特征，这在古汉语中也有反映，且从这一点上看，方言比普通话更为靠近古代汉语的情况。汉语的否定副词早在上古汉语中就已频繁使用，汉语的否定副词类型丰富，比如，具备了四类基本的否定形式，且在某一大类中还存在有各种小类形式。除了有丰富的类型外，汉语的否定副词还具有分工明确的特点，表现在隶属于某一大类的小类形式，有较为明确的功能上的分布。如上文详细论述过的"不"与"弗"和"勿"与"毋"。但是说它们功能较为明确，并不是说它们在形式与意义之间就是绝对的一一对应的对等关系，它们也会出现形式与意义间混同兼用的情况，就如太田辰夫（2003）所说，古汉语中表否定的概念往往具有一定的相通性，这一情况在上古汉语中便有所反映。上古汉语表示单纯否定的副词主要是"不"和"弗"，但是不局限于"不""弗"，"无、未、蔑"有时也相当于"不"。例如：

宁事齐楚，有亡而已，蔑从晋矣。（《左传·成公十六年》）
人固未易知道，知人亦未易。（《史记·范雎传》）

据杨荣祥（1999）的考察，表示禁止否定的"莫""休""勿"在近代汉语中曾有过一段"趋同"于"不"的过程，具体表现在"莫""休""勿"可以用于表示单纯否定，造成这一情况的原因可能是"莫""勿"受使用频率极高的"不"的类化，因而也可以出现在少数应该用"不"的位置上。另据吴福祥（2002）研究，"不"与"未"在意义和用法上的严格分工，出现于唐代之后。

6.5 古代汉语否定形式的形义分配

古代汉语曾经出现过的表单纯否定的"弗、不"等、表已然体否定的"未、未曾、没"等、表祈使态否定的"勿、毋、莫、别"等，在现代汉语的普通话中都逐渐统一于"不、没、别"，像"莫、勿"等词虽在一些情况下也还使用，但一般它能出现的结构形式非常有限，多是在一些固定的结构或习语中，有的是古代汉语的残留，如"请勿吸烟；非请勿进"，和古代汉语丰富的否定形式相比，普通话的否定形式趋向于单一性。我们在本书"否定形式"中专门有一节讨论方言中否定形式的形义分配，研究的问题是方言中某个否定形式所表达否定意义的多义性，和某个否定意义所使用否定形式的多样性。在本章中，我们也多次描写了古代汉语否定副词的多义性与多样性的问题，本节我们在参照诸位学者调查研究的基础上，对古代汉语否定形式的形义分配问题做专门、系统地归纳。

6.5.1　与普通话"不、没、别、非"对应的否定形式

6.5.1.1　与普通话"不"对应的否定形式

古代汉语中除了用"不"外，另一个常用的否定形式就是"弗"。总的来说，参考甲骨卜辞、《诗经》、《论语》、《左传》、《孟子》等文献，"不"和"弗"在用法、功能、使用频率等方面均有所差异，有关"不""弗"的差异表现在上文中已有详细论述，此处不再赘言。无论如何，和"弗"相比，"不"在用法、使用的频率和数量上一直处于优势地位，且随着时间的推移，"不"的优势性越加明显，大约到了近代汉语，"弗"的用例已经极少，"不"已经占据了绝对的优势地位。除了"弗"，以下例子中的"无、蔑、莫、非"等否定形式都相当于今天的"不"。例如：

贞：在北史有获羌？贞：在北史亡其获羌？（郭沫若《甲骨文合集》）
小子何莫学夫诗？（《论语·阳货》）
太子见已，莫辨圣凡，令遣车匿问之。（《变文·四·335》）
罔罪尔众。（《尚书·盘庚下》）
是伐是肆，是绝是忽，四方以无拂。（《大雅·皇矣》）
楚人来讨，能勿从乎？从之，晋师必至。（《左传·襄公八年》）
非威非怀，何以示德？（《左传·文公七年》）
君子安可毋敬也。（《韩非子·说林下》）
未见君子，忧心靡乐。（《秦风·晨风》）
古布衣之侠，靡得而闻已。（《史记·游侠列传》）

罗衣王挂因虫啮,半臂休穿为酒伤。(《变文·六·812》)

颜渊喟然叹曰:"……虽欲从之,蔑有也已。"(《史记·孔子世家》)

以上例子中的"莫""亡""勿""毋""靡""罔""非""休""蔑"都表"不"的语义。

6.5.1.2 与普通话"没"对应的否定形式

除了上文提到的"未、不曾、不尝、未尝、没"等否定形式外,"不、靡"也用做现在"没"的情况。例如:

然而不王者,未之有也。(《孟子·梁惠王上》)

文武不备,良民惧然身修者,官未曾乱也。(《史记·循吏列传》)

莫依傍他底说,只问取自家是真实见得不曾?(《语类·一一六·2802》)

彼采萧兮,一日不见,如三秋兮。(《王风·采葛》)

6.5.1.3 与普通话"别"对应的否定形式

以下例子中加点的否定词用做现在"别"的意义。例如:

无欲速,无见小利。(《论语·子路》)

无使滋蔓。(《史记·隐公元年》)

己所不欲,勿施于人。(《论语·颜渊》)

弗及,不践其难!(《左传·哀公十五年》)

安之!毋失节。(《吕氏春秋》)

此吉事也,毋多言。(《论衡·初禀》)

卿莫作强口马,我当穿卿鼻。(《世说新语》)

6.5.1.4 与普通话"非"对应的否定形式

以下例子中加点的否定词用作现在的"非",表"不是"的意义。例如:

不无事矣。(《左传·宣公十二年》)

下民之孽，匪降自天。(《左传·僖公十五年》)

虽微先大夫有之。(《左传·成公十六年》)

神农皇帝犹有可非，微独舜汤。(《吕氏春秋》)

以上例子中的"不、匪、微"都当现在的"非"用。

6.5.2 古代汉语否定形义关系分析

古代汉语中的"不"除了有现在"不"的意义和用法以外，"不"还兼有其它否定意义。例如：

吾问狂屈，狂屈中欲告我而不告我。(《庄子·知北游》)

(贼)捉得，便自欢喜；不捉得，则中夜皇恐。(《语类·一〇六·2642》)

然则孔子闻政以人言，不神而自知之也。(《论衡·知实》)

师云："非佛不众生者。"(《祖·八·123》)

季子曰："吾姑至焉。"子羔曰："弗及，不践其难！"(《左传·哀公十五年》)

"吾问狂屈，狂屈中欲告我而不告我"与"(贼)捉得，便自欢喜；不捉得，则中夜皇恐"的"不"相当于"未"，"然则孔子闻政以人言，不神而自知之也"与"师云：'非佛不众生者。'"的"不"相当于"非"，"季子曰：'吾姑至焉。'子羔曰：'弗及，不践其难！'"的"不"相当于"莫"。

"弗"在下面例子中也不表达单纯否定，而表达的是已然性的否定，相当于"没"。例如：

卫灵公将之晋，至濮水之上，夜闻鼓新声者，说之，使人问之，左右皆报弗闻。(《论衡·纪妖》)

葛佳才（2004）统计了东汉否定副词的使用情况，总结出了东汉时期否定副词具有的几大特点。这一时期各个否定副词都具有一个基本的否定功能，但在基本功能之外，还出现了否定副词各小类混同兼用的现象，这一现象造成否定副词间分工不明的结果，更进一步说，各个副词在兼用混类上强弱有别，且各小类在混同兼用中有一种趋同于"不"的倾向。以《史记》为例，《史记》中的"毋"除了表禁止的基本用法外，有时还可以表示"没有"；"无"除了表没有的基本用法外，有时还可以表禁止；"未"除了用于已然体的否定外，偶尔也见表达禁止的用法。例如：

举适诸窦宗室毋节行者，除其属籍。（《史记·魏其武安侯列传》）

余死，汝必为太史；为太史，无忘吾所欲论著矣。（《史记·太史公自序》）

沛公欲以兵二万人击秦峣下军，良说曰："秦兵尚疆，未可轻。"（《史记·留侯世家》）

高名凯（1948）认为依《广韵》的反切，"不""否""弗""毋""勿""靡""亡""罔""曼""微""无""莫""末""蔑"这些否定词都是双唇音，高先生推测它们在上古必是属于同一发音或属于同一类而略有不同的发音，其实只是方言或时代的不同变式而已，北方的"官话"历来只有 p-（不）和 m-（没、莫）的不同；南方的方言中，上海语的否定词有一个唇齿音的 fu，它也是由古代双唇音演变而来；云南方言，将"没有"说为"不有"，也可以证明古代"不"类和"无"类原是同样的词，后来分化为两类，而云南方言还保留有古代的痕迹。闽广方言中，则一般的否定词为 ŋ，而"有"的否定词为 mɔ。在参考诸位学者先前文献，以及上文描写归纳的基础上，我们对古代汉语否定形义关系进行了分析，我们认为，主要的特点表现在以下几个方面：

（1）从总体上看，与普通话相比，古代汉语否定形式和其所表达否定意义之间的关系复杂，具体表现在存在这样一种情况，即某个否定形式可以表达不止一种否定意义和一种否定意义不仅可以用一种否定形式表达，这同普通话否定形义间有较为明确对应关系的情况不同。但古代汉语这种否定形式的多样性和表义的多义性，在不同历史时期的表现不尽相同，这种情况在整个古代汉语中也处在一个不断变化的过程中。

①从否定形式的数量上看，据车淑娅（2008）的调查，先秦时期《诗经》中的单音否定副词大约有11个，《论语》中大约有8个，《左传》中大约有11个；战国后期《商君书》中的否定副词较之于先秦时期有了减少，大约有6个；中古时期的《论衡》《世说新语》中否定副词也大约有6个；到了近代时期，常用的有"不、未、休、别、非、莫"6个否定词。从以上数据我们可以看出，先秦时期单音否定副词的数量相对最为丰富，而后否定副词的数量呈递减趋势，在数量上否定副词沿简约化方向发展，到了现代汉语普通话中，基本就统一于了"不、没、别"。造成语言形式多样性的一个因素就是语言的相对稳定性和人们使用语言的习惯性，否定形式的情况也不例外。语言系统是相对稳定的，人们对语言的使用又有很大程度上的保守性，产生的结果就是原有语言形式在语言系统中不会很快彻底地消失，出现了语言形式的累积。就否定形式而言，表禁止的否定副词"莫、休、别"，"莫"产生于西汉，"休"始于唐代，在唐代"休"与"莫"兼用；"别"始于元代，但在这一时期"别"与"休"和"莫"兼用，这说明否定副词在新旧兴替上是比较有限而又缓慢的，一个原有语言形式的衰落或一个新兴语言形式的发展，通常都需要经过相当长的时间，如"不"自上古汉语产生后，直至现代汉语，仍是一个最常用的否定副词。如产生于南宋时期的否定副词"没"，直到明代才开始大规模地使用。

②从否定形式的意义、功能上看，先秦时期否定形式的多义性表现得最为突出，否定形式之间大量出现表意上的混同并用情况，即一个否定形式往往可以表达"已然""未然""禁止"等多种否定意义，不过，随着时间的推移，否定形式往往具有了一个基本的、常用的否定意义。还有一点值得注意的是，否定形式表意上的兼同，并不是无序的，而是有一定方向性的，表现在兼同于"不"的形式最多，也就是说，相比较于用"不"来表达其他否定意义，各否定形式最常被借用来表达"不"的意义。这种否定形式多义性的情况在汉语的发展中也在发生着改变，否定形式间意义与功能的界限更为清楚，也更加明确化。发展到

现代汉语,"不、没、别"有各自担负的意义与功能。

③从否定意义的表达形式上看,古代汉语表达某种否定意义往往存在有多种否定形式,当然这同①中所说古汉语否定形式的丰富性有密切关系,古汉语中表达某一种否定意义往往存在多种否定形式可供选择。②和③的特点造成了古代汉语中否定形式与否定意义间缺乏对应的形义关系,不过,随着否定词数量和否定形式表意上的简化,否定意义的表现形式也趋于单一化。在①、②、③的共同影响下,以基本否定形式"不、没、别"为例,现代汉语普通话否定形式"不、没、别"各有其肩负的否定意义,这些否定意义也集中在否定形式"不、没、别"上,呈现出一种较为固定、明确的形义关系。

(2) 古代汉语表示相同否定意义的多种否定形式在初期阶段往往在分布范围上有或多或少的差别,存在一定的对立关系,如"不"与"弗""勿"与"毋"、不过,这种对立性在发展中逐渐消失,不仅对立性消失,同义否定形式之间也出现了取代与替换,如上文提到的"弗""毋"的消失,"勿"对"毋"的取代,"不"对"弗"的取代,且"弗"与"毋"的消失,"不"对"弗"、"勿"对"毋"的取代不是孤立的,这两组词之间存在平行关系。

(3) 不同类别的否定副词历时的发展演变具有不平衡性,有的否定小类相对保守,基本没有什么变化或变化缓慢;有的小类则在发展中表现出较大差异。如"不"是一个在汉语中从上古沿用至今的否定标记词,且它在否定副词中一直占有非常重要的地位,而已然体的否定标记词变化就比较大。上古汉语主要用"未",在"未"的基础上引申发展出一批合成词"未曾""未尝""不曾"等,南宋时期产生了"没",经过元代的发展,到明代使用数量增加,逐渐取代其他成为在现代汉语中普遍使用的已然体否定标记词。禁止否定标记词变化也比较大,近代汉语早期,"莫"是主要的禁止标记词,到元明时期,"莫"开始衰落,"休"取代"莫"处于优势地位,同时"别"开始出现,明代以后,北方话的"休"开始衰落,而"别"逐渐取代"休"占据优势地位,现代汉语大部分北方方言仍沿用"别" (参何九盈、蒋绍愚,1980;沈家煊,1994;杨荣祥,1999)。

6.5.3 否定副词演变的动因与机制

语言是一个具有严密规则的系统，它的发展演变一般都是在一定规则的指导下进行的，否定副词的情况也不例外，否定副词的演变大概受以下几个因素的影响。

6.5.3.1 语义因素

表禁止意义的否定副词"休"的原意和用法是用做动词表示"休止、停息"的意义，"休"的这一实词意义正好为演变成否定副词提供了语义基础。具体来说，否定副词"休"由实词"休"演变而来，实词"休"表"休止、停息"的动词义为"休"的副词化提供了语义上的基础和条件，"休"虽然在语义上发生了一定程度的虚化，但我们仍能看出它与实词"休"之间的语义联系，副词"休"的意义是"禁止、劝阻某人不要做某事"，换句话说，就是某人在某事上的休止、停息。另外，"休"后所带动词总是表示说话人不希望发生某事的意义，这些都是动词"休"虚化为副词"休"的语义要素，如"劝君休叹恨，未必不为福。（杜甫：《戏赠友二首之二》）"。

6.5.3.2 结构因素

"没"出现后，取代了先前流行的"不曾"，"不曾"被"没"取代的原因之一就是两者在结构功能上的区别与限制。具体表现在对动补结构的否定上，"不曾"否定动补结构要受到很大的限制，"不曾"只限于对整个事件的否定，这个事件是一个行为和结果不可分割的整体，即动补结构的动作和补语是个统一体，而"没"就不受到这方面的制约，"没"除了具有与"不曾"相同的用法外，即都可以是对一个整体事件的否定外，还可以否定表示动作和结果可分离事件的动补结构，可以将否定焦点落在结果而非动作上。并且，"不曾"也不能用于中心动词之后有量性词语的情况，而"没"却可以。除了在使用范围上占有优势外，"没"在句法位置上也有优势。石毓智（1998）发现汉语的动补结构在 15 世纪前后发生了位置上的变化，具体来说汉语的单句结构在先秦一直到元明时期起补充说明作用成分的位置都在宾语的后面，即"S + V + O + X"，如"女乃呼坤女：'唤江郎觉。'（《世说新语·假谲》）；讲《大般涅槃经》数十遍。（《菩提达摩南宗是非·一卷》）；负服矢五十个。(《荀子·议兵》)"，但之后的情况是随着以前相对独立的V和X变成一个单一的结构单位，如果句子需要出现否定词的话，"V"和"X"之间不再允许"Neg"的插入，"Neg"的位置随之移到了V之前。否定标记词对汉语语法结构的这一变化是如何反应的呢？石文对《水浒传》做了统计，结果是"未"没有一例是用于动补结构等整个谓语之前，它的主要用法仍然是在V和X之间，"未"未能适应语法结构的新变化，它仍限于"动"和"补"之间，结果是其难免遭遇被淘汰的命运。而"没"由于经常做连动式的第一动词，该位置是一个很容易产生虚化的句法位置，这就首先从位置上适应了汉语语法结构的新变化。"休"发展出否定副词的用法也有这方面的原因，"休"也常用在动词性成分之前这个容易被虚化的位置。石毓智（2000）尝试解释了"没"语法化的句法环境和途径，结论是："没"因为常常用做与第二动词紧邻出现的第一动词的位置上，处在第一动词句法环境中的"没"，逐渐虚化丧失了其动词的特点，与第二动词之间的关系发生了改变。总之，"没"用做第一动词的句法环境为其后来语法化为中心谓语动词的否定标记提供了可能。

6.5.3.3 语言交际因素

语言是人们交际的最重要的工具，这就要求语言需要有很大程度上的统一性、规范性和明确性，从而使人们能够顺利、正常地进行交流，不因语言障碍而使沟通受阻。而古代汉语的否定副词出现互相兼有彼此否定意义与功能的情况，具体表现在表达一种否定意义有多种否定形式的选择，一种否定形式又可以选择多种意义，这就与语言的规范性和明确性原则相违背，使人们在交流中容易发生歧义与误解，而现代汉语普通话表单纯、未然的否定集中于"不"，表已然的否定集中于"没"，表禁止劝诫的否定集中于"别"，这正是体现了对语言交际单纯性和明确性的适应。另外，语言的经济性原则又要求语言符号的简约化、单纯化，这是造成古代汉语否定副词的数量大幅度减少的一个重要因素。

6.6 小结

古代汉语中的否定副词经历了新旧副词的兴衰与更替，上古汉语中的不少否定副词被近代新兴出现的一些否定副词取代，随着时间的推移，近代汉语中某些否定副词又被新近出现的词替代，不过，也有一些否定副词一直经久不衰，如"不"，也有一些副词在其意义与用法上发生了细微的变化，其中突出的表现在功能分布上的继承和突破，比如，否定形式间的差异逐渐模糊，从而造成了混同兼用的局面，内部系统性大大减弱，像"不"与"弗"和"勿"与"毋"在分布对立上的消失。不过，在现代汉语普通话中，各否定形式的语义、功能在很大程度上呈现出单一性和明确性的面貌，否定副词又有了很强的系统性，但是方言的发展情况并不与普通话协调一致，方言中仍存在有否定形式的混同与兼用（详见第四章）。方言否定词的使用情况更接近于古代汉语，且一些曾经在古代汉语中出现但在普通话中已经消失的否定形式，有些还在方言中保留使用，比较常见的有与普通话"不"对应的"弗、无"等，与普通话"没"对应的"未"等，与普通话"别"对应的"莫、勿"等。从信息交际的角度看，某个否定形式如果肩负有多种否定意义则会造成句子的歧义，致使听说双方都不能清楚地传递和接收信息，影响语言的交际功能。因此，普通话的情况似乎更能迎合信息交流的需要，否定形式的职能划分得更清楚，它们的作用也就更为专职化，语言交流也就更为快速准确。

第 7 章　结语

7.1　本书的特点与认识

7.1.1　本书的特点

否定是人类语言普遍具有的语法范畴之一。近年来，关于否定范畴的研究，越来越受到学者们的关注，并获得了令人瞩目的成果。邢福义（2003）指出"汉语语法的特点，需要从诸多方面加以发掘，否定形式就是极为重要的一个方面。如果一方面对普通话的否定形式及其所在的句法结构做深入的研究，另一方面又对各个方言里的有关现象有充分的理解，那么汉语语法研究必定能取得突破性的进展。在汉语的众多方言中，否定形式的差异，以及包含否定形式的句法结构的差异，绝对不是三两个方言存在的现象。"[①]

本书以类型学为视角，在搜集大量方言语料的基础上，选取汉语方言中比较有代表性的否定问题进行研究，试图通过方言与普通话、不同方言间的比较研究，发现方言与普通话、方言与方言之间所表现出的一些差异性特征，以使我们对否定这一问题的认识有所深化。我们的调查研究不局限于单一的方言，而是将视野扩展到尽可能多的方言类型。本书的特点如下：

（1）运用"普—方—古"大三角的理论方法，立足于整体汉语，对汉语否定问题进行比较分析。两个三角的理论是邢福义先生提出的著名论断。邢先生（1990）认为，研究汉语的语法事实，既需要进行静

[①] 邢福义：《否定形式和语境对否定度量的规约》，《世界汉语教学》1995年第3期，第5—13页。

态地分析，更需要动态地分析，那就是对语法事实进行多角度的验证，邢先生把多角度的验证总结为是两个三角的事实验证。两个三角指的是大三角"普—方—古"和小三角"表—里—值"。邢先生（2001）强调指出：21世纪的汉语语法研究，不可忽视"整体汉语"中的方言现象，方言有些时候可以帮助我们解决普通话中的难题，有些时候可以帮助我们验证就某一问题得出的结论。本书通篇都贯彻了邢先生大三角的理论指导思想。本书所选取的语料包括有现代汉语普通话、现代汉语方言和古代汉语，比较是本书采用的最重要的方法之一，比如，在讨论方言中否定词的类型时，我们首先介绍了普通话常用的几个否定词，以这几个常用的否定词为依据，考察它们在方言中所采用的语言形式和基本用法，随后从"普—方"的角度，通过比较这些否定词在普通话与方言以及不同方言间的表现，得出方言与普通话之间、各种方言之间否定词的差异性特征。对于这些问题的研究我们都是比较其在普通话与方言、各种方言之间表现的基础上进行的。在讨论否定的范围时，我们采用的仍是"普—方"和"方—方"比较的办法。考虑到语法成分和句法形式的历时演变往往会在方言的共时平面上有所反映，因而在这些章节中，我们还联系古代汉语，对一些问题进行了纵向的历时比较。本书在否定词的历时演变这一章中，充分联系古代汉语，从"普—古"的角度，将历时的发展同共时的面貌进行相互印证，讨论了几个基本的否定词在历时上的发展演变。可以说，本书自始至终都没有离开过"普—方—古"这一大背景之下，我们所做的研究都是极尽可能地在整个汉语中综合考虑这三个方面的内容。

（2）运用"表—里—值"的小三角理论，对一些否定的具体问题进行研究。邢福义（2000）提出了"表—里—值"的小三角理论。小三角理论在本书中最突出的运用表现在对否定副词表意的多样性和否定副词表达方式多样性这一问题的研究上。本书认为，普通话否定副词（标记）从意义和形式的对应关系上看，基本符合"一对一"的映衬关系，但方言中的情况不尽如此。我们在分析了大量语料的基础上发现，许多方言中的否定副词（标记）意义同形式间并不是对称关系，具体表现在两个方面：一种形式可以表达多种否定意义，即"一对多"或多种形式表达一种否定意义，即"多对一"。

（3）广泛借鉴和吸收当代语言学的理论和方法，不拘泥于某一学派学说，在"多元论"的指导下，试图运用各种科学的理论方法来解释语言问题。在这种"多元论"思想的指导下，形式主义语言学、功能认知语言学、类型学等学派思想、学术理念、概念方法都在本书中有不同程度地体现。如运用比较的方法，对否定作多角度、多侧面、多层次的描写，总结比较的结果（共性和差异性）。文章归纳出方言中"不""没""别"类词的常见形式类型，并考察了这些形式类型的地理分布。在分析否定副词（标记）对谓词的选择上运用了"语言交际的礼貌"原则，在否定的范围一章中运用了"右项原则"等概念，在否定词的单说单用问题中使用了"否定叹词"的概念。

（4）自下而上的描写归纳和统计分析。本书整体的结构是采用自下而上地描写归纳，我们对本书所讨论的否定问题在普通话中的使用情况进行了详细地描写，以此为参照，结合收集到的语料，充分描写各种否定问题在方言中的表现情况，由此归纳出一些属于普通话或方言的区别性特征。比如，在讨论否定副词的单说单用时，我们归纳了一些方言同普通话一样，某个否定副词还兼有否定叹词的作用，而在一些方言中的否定副词不具有单说单用的能力，即没有否定叹词的作用。此外，我们还在描写和归纳的基础上，进行了统计分析。比如，在"汉语方言否定词的类型"一章中，我们根据《汉语方言地图集》，对方言中"不"类词，"没"类词，否定副词"没"与否定动词"没"的对应关系等问题进行了统计分析，并制成表格。

通过比较分析，深化了对否定本身的认识，也为深入研究汉语其他范畴提供了新的角度。

7.1.2 本书的认识

本书在研读、借鉴前贤对否定研究的基础上，将研究视角从单点方言扩展到跨方言研究，以"整体方言"的视角来认识方言否定问题，本文采用的基本研究方法是比较法，本书的主要观点如下：

（1）普通话的否定标记"不、没、别"，几乎所有的方言中都存在与之对应的否定形式，普通话"不"在方言中的常用形式有"不、弗、勿、无、唔"等，"没"在方言中的常用形式有"没、没得、无、未"

等,"别"在方言中的常用形式有"别、莫、勿、白"等,具体的地域分布见表4-3、表4-4、表4-8。但这些形式与普通话"不、没、别"之间并非都是一一对应的关系,汉语方言否定有其自身的形义分配关系,突出表现在否定形式的多样性和否定形式的多义性。否定形式的多样性是指多种否定形式表达同一种否定意义,否定形式的多义性是指一种否定形式表达多种否定意义。普通话的"没"是个兼有动词与副词性质的兼类词,方言中的情况是有些方言和普通话的情况一致,否定动词与否定副词的形式相同,而有些方言则和普通话的情况不同,否定动词和否定副词采用不同的形式,具体采用的形式和地域分布见表8和表9。"不、没"虽然在方言中存在与其意义和用法对应的形式,但这些形式经常在语义、功能等方面有其自身的特点和特殊性。普通话的"不、没、别"可以单说单用,具有否定叹词的性质,否定叹词在一些方言中存在,而在另一些方言中不存在。

(2) 我们一般认为,否定在无标记的一般情况下指向否定标记右侧的成分,但据我们观察,方言中确实存在有否定范围在否定标记左侧出现的情况,据此我们认为,说否定标记都是对其右侧成分的否定未免过于绝对。

(3) 一些曾经在古代汉语中出现但在普通话中已经消失的否定形式,有些还在方言中保留使用,比较常见的有与普通话"不"对应的"弗、无"等,与普通话"没"对应的"未"等,与普通话"别"对应的"莫、勿"等,方言中否定形式的形义关系与古代汉语更为靠近,它们都具有否定形式多样性和否定形式多义性的特点,即它们都有下列情况:一种否定形式表示多类否定意义,一类否定意义用多种形式表达。

7.2 本书的不足

限于时间、精力和作者的水平,本书的研究也存在很多不足,有待进一步地深入研究。

(1) 本书主要关注的是具有显性否定形式标志(否定副词)的否定结构,否定副词无疑是否定标记中一种最基本、最直观的表现形式,但语言中除了否定副词，是否也还具有其他一些否定的标记类型，比如，有些学者就将反问看成是一种句法上的否定标记类型，这些表达否定意义的语气语调、句子格式、语境等形式，本书都没有涉及。我们这样做的原因是本书研究的角度是跨方言性的，材料也是从各个方言中选取而来，对非本方言者来说语气语调、句子格式、语境等形式在辨识确认上难度很大，因此，受本书研究对象、选取材料和作者本身能力所限，本书的否定基本上以出现否定标记词为标准。另外，本书主要以普通话最为常用的"不""没""别"为比较研究对象，对于其他的一些否定副词并没有进行详细地分析，只是做了大概的论述，并且，针对"不""没""别"而言，我们也只是描写了它们在现有的能搜集到的方言资料中的形式和用法，这肯定是不全面的，一定会出现一定程度上的遗漏，这就要求我们在以后的调查研究中不断挖掘和完善。如项梦冰（1997）提到连城客家话的"懒"可以表示否定的意义，它与"唔"的区别是"唔"既可以修饰动词也可以修饰形容词，"懒"只能修饰动词；"懒"否定动词，针对的是对意愿上的否定，而"唔"则没有这样的限制，但是该方言中的"懒"是否是一个纯粹的否定副词，它是否有其他的词性和用法，这需要有更进一步的语料的支持。类似"否""非"这些普通话中已不常用的否定词在方言中又是什么情况？这些问题都值得我们做更深入地研究。

（2）除了本书探讨的否定问题之外，我们在整理资料时还注意到了有关否定的其他问题，比如：①普通话中否定副词同其他副词的排序问题是学界关注的热点问题之一，一般认为，"又、再、更"之类的累加副词同否定副词连用时，根据累加副词的不同，前后位置也会发生变化，如"又"一般多居于前，而"再"一般多居于后；"都"之类的总括副词同否定副词连用时，否定副词的位置一般居于总括副词之后；"只、特"之类的限定副词和否定副词连用时，否定副词与限定副词的位置可以互为先后；否定副词与时间副词连用时，否定副词的位置一般在时间副词之后。方言中否定状语与其他类状语连用时的排序问题。如同心话谓语前如果有否定副词"不、没、不咧"时否定状语一般位于其他状语后紧接谓语，这和普通话的语序不同。例如：他给我直接还没有来信（他还没有直接给我来信）。②复合趋向补语和处所宾语连用时，普通话是将宾语放置在复合趋向补语之间，施其生（1996）在《方言论稿》中曾提到汕头方言是将宾语放置在复合趋向补语的后面，如"条蛇爬入去空底了（那条蛇爬进洞里去了）"。我们原本有意也将这些问题纳入本书比较研究的范围，但在进行的过程中发现只有个别文献对这些问题进行了描写分析，致使我们无法获得大规模成系统的语料资源，进而也无法对其做对比性的研究。

（3）材料问题是本书存在的最主要的不足之一。虽然我们力图尽可能多地搜集语料，查找了各方言志、汉语方言词典、各种有关的学术论文，但这些书面材料跟客观存在的语言事实相比无疑是非常有限的，且对于跨方言语法比较而言，数量也是远远不够的。而且，本书的一部分语料来源于方言志、词典、专著、论文等，我们所获取的资料有时只是对某一问题一笔带过，缺乏深入的分析，有的甚至没有例句，这些资料描写的角度或记录的详略程度也不太可能完全符合我们研究的需要。对某一方言某一问题的分析上，有时还会出现材料间的相互矛盾；有一些否定问题，只在某一篇或几篇方言文章中有记录，无法形成系统性的成片状的方言材料，自然也就无法对这些否定问题做跨方言的比较研究。材料是进行跨方言语法研究的基础，材料上的缺乏无疑影响了本研究的深度、广度和准确度。例如，普通话的"不"和"没"在有的句中可相互替换，两者替换后表意上并没有发生什么改变，如"这本书不/没在桌子上"，"不"和"没"在某些句子中还可以共现、连用，如"我没不想去，我真的有事"，"没""不"的这种用法我们目前尚未找到有关方言材料，因而也无法进行比较研究。又如，普通话的"把"字句出现了一个新的变化，即原先"把"字句不太能接受在"把+宾语"和动词之间加入否定词，通常的情况是将否定词放在"把"字之前，很少放在"把"字之后，但现在在许多情况下普通话都突破了上述限制，但在方言中这种用法是否也发生了某种发展与变化，我们也尚未找到相关的材料。

（4）解释上的不足。本书基本是从自下而上的角度对问题进行描写，很少从自上而下的角度去分析现象背后的成因。不同现象的共性和差异是如何形成的？源自语言结构内部自身的改变，或是古代汉语的历时继承，又或是受到其他方言、少数民族语言或普通话的影响？是不同方言之间的相互渗透，还是受到经济、文化等因素的影响，普通话对方言的渗透，或是一些强势方言（如粤语）对普通话的渗透。本书没有对这些问题做出回答，这些都需要我们在今后的研究中强化扩充自身的理论装备，努力寻求占有更大规模的语言资料，从结构、认知、生成、语言接触等方面对这些问题做进一步多角度地探索和研究。

参考文献

中文专著

[1] 曹志耘：《汉语方言地图集》，商务印书馆 2009 年版。

[2] 车淑娅：《古代汉语语义语法发展专题研究》，巴蜀书社 2008 年版。

[3] 陈平：《英汉否定结构对比研究》，中国社会科学出版社 1985 年版。

[4] 陈淑梅：《鄂东方言语法研究》，江苏教育出版社 2001 年版。

[5] 陈泽平：《福州方言研究》，福建人民出版社 1998 年版。

[6] 储泽祥：《岳西方言志》，华中师范大学出版社 2009 年版。

[7] 丁声树：《现代汉语语法讲话》，商务印书馆 1952 年版。

[8] 范俊军：《桂阳方言词典》，民族出版社 2008 年版。

[9] 范晓、张豫峰等：《语法理论纲要》，译文出版社 2003 年版。

[10] 高名凯：《汉语语法论》，商务印书馆 1948 年版。

[11] 高名凯：《语言论》，商务印书馆 2011 年版。

[12] 何耿镛：《客家方言语法研究》，厦门大学出版社 1993 年版。

[13] 贺巍：《洛阳方言研究》，社会科学文献出版社 1993 年版。

[14] 胡光斌：《遵义方言语法研究》，巴蜀书社 2010 年版。

[15] 胡松柏、林芝雅：《铅山方言研究》，中国社会科学出版社 2008 年版。

[16] 胡裕树：《现代汉语》，上海教育出版社 1987 年版。

［17］黄伯荣：《汉语方言语法类编》，青岛出版社 1996 年版。

［18］黄伯荣、廖序东：《现代汉语》，高等教育出版社 1991 年版。

［19］蒋绍愚：《近代汉语研究概况》，北京大学出版社 2001 年版。

［20］蒋绍愚、曹广顺：《近代汉语语法史研究综述》，商务印书馆 2005 年版。

［21］金兆梓：《国文法之研究》，商务印书馆 1983 年版。

［22］金颖：《汉语否定语素复合词的形成演变研究》，广东人民出版社 2011 年版。

［23］李荣、熊正辉、张振兴：《中国语言地图集》，香港朗文出版有限公司 1987、1990 年版。

［24］李如龙：《闽南方言语法研究》，福建人民出版社 2007 年版。

［25］李如龙、张双庆：《客赣方言调查报告》，厦门大学出版社 1992 年版。

［26］李如龙、潘渭水：《建瓯方言词典》，江苏教育出版社 1995 年版。

［27］李铁根：《现代汉语时制研究》，辽宁大学出版社 1999 年版。

［28］李小凡：《苏州方言语法研究》，北京大学出版社 1998 年版。

［29］李宇明：《理论语言学教程》，华中师范大学出版社 1997 年版。

［30］刘村汉：《柳州方言词典》，江苏教育出版社 1995 年版。

［31］刘丹青：《南京方言词典》，江苏教育出版社 1995 年版。

［32］刘丹青：《语法调查研究手册》，上海教育出版社 2008 年版。

［33］刘坚等：《近代汉语虚词研究》，语文出版社 1992 年版。

［34］刘伦鑫：《芦溪方言研究》，中国社会科学出版社 2008 年版。

［35］刘纶鑫：《客赣方言比较研究》，中国社会科学出版社 1999 年版。

［36］刘泽民：《瑞金方言研究》，北京文化艺术出版社 2006 年版。

［37］卢小群：《湘语语法研究》，中央民族大学出版社 2007 年版。

［38］罗福腾：《牟平方言词典》，江苏教育出版社 1997 年版。

［39］罗昕如：《新化方言研究》，湖南教育出版社 1998 年版。

［40］吕叔湘：《中国文法要略》，商务印书馆 1990 年版。

［41］吕叔湘：《现代汉语八百词》，商务印书馆 1980 年版。

［42］马庆株：《汉语动词和动词性结构》，北京语言学院出版社 1992 年版。

［43］马庆株：《汉语语义语法范畴问题》，北京语言文化大学出版社 1998 年版。

［44］彭兰玉：《衡阳方言研究》，中国社会科学出版社 2005 年版。

［45］钱曾怡：《济南方言词典》，江苏教育出版社 1995 年版。

［46］钱曾怡：《烟台方言报告》，齐鲁书社 1982 年版。

［47］钱乃荣：《上海话语法》，上海人民出版社 1997 年版。

［48］钱乃荣：《当代吴语研究》，上海教育出版社 1992 年版。

［49］饶秉才等：《广州话方言词典》，商务印书馆 2010 年版。

［50］邵敬敏：《汉语语法学史稿》，上海教育出版社 1996 年版。

［51］邵敬敏：《现代汉语疑问句研究》，华东师范大学出版社 1996 年版。

［52］施其生：《方言论稿》，广东人民出版社 1996 年版。

［53］石毓智：《肯定和否定的对称与不对称（增订本）》，北京语言文化大学出版社 2001 年版。

［54］石毓智、李讷：《汉语语法化的进程》，北京大学出版社 2001 年版。

［55］石毓智：《语法化的动因与机制》，北京大学出版社 2006 年版。

［56］沈家煊：《不对称和标记论》，江西教育出版社 1999 年版。

［57］孙立新：《户县方言研究》，东方出版社 2001 年版。

［58］孙立新：《西安方言研究》，西安出版社 2007 年版。

［59］太田辰夫：《中国语历史文法》（蒋绍愚、徐昌华译），北京大学出版社 2003 年版。

［60］唐爱华：《宿松方言研究》，文化艺术出版社 2005 年版。

［61］王春玲：《西充方言语法研究》，中华书局 2011 年版。

［62］汪化云：《鄂东方言研究》，巴蜀书社 2004 年版。

［63］王箕裘、钟隆林：《耒阳方言研究》，巴蜀书社 2008 年版。

［64］王力：《中国语法理论》，山东教育出版社 1951 年版。

［65］王力：《中国现代语法》，商务印书馆 1955 年版。

［66］王力：《汉语史稿》，中华书局 1958 年版。

［67］王力：《古代汉语》，中华书局 1981 年版。

［68］伍云姬：《湖南方言的动态助词》，湖南师范大学出版社 2006

年版。

[69] 项梦冰：《连城客家话语法研究》，语文出版社 1997 年版。

[70] 谢留文：《于都方言词典》，江苏教育出版社 1998 年版。

[71] 辛永芬：《浚县方言语法研究》，中华书局 2006 年版。

[72] 邢向东：《陕北晋语语法研究》，商务印书馆 2006 年版。

[73] 熊正辉：《南昌方言词典》，江苏教育出版社 1995 年版。

[74] 徐慧：《益阳方言语法研究》，湖南教育出版社 2001 年版。

[75] 徐杰：《普遍语法原则与汉语语法现象》，北京大学出版社 2000 年版。

[76] 徐烈炯：《上海方言语法研究》，华东师范大学出版社 1998 年版。

[77] 徐烈炯、刘丹青：《话题的结构与功能》，上海教育出版社 1998 年版。

[78] 徐荣：《广西北流粤方言语法研究》，硕士学位论文，清华大学，2008 年。

[79] 许宝华、宫田一郎：《汉语方言大辞典》，中华书局 1999 年版。

[80] 杨荣祥：《近代汉语副词研究》，商务印书馆 2005 年版。

[81] 叶祖贵：《固始方言研究》，中国社会科学出版社 2009 年版。

[82] 易亚新：《常德方言语法研究》，学苑出版社 2007 年版。

[83] 尹世超：《哈尔滨方言词典》，江苏教育出版社 1997 年版。

[84] 殷树林：《现代汉语反问句研究》，黑龙江大学出版社 2009 年版。

[85] 殷树林：《现代汉语反问句研究》，黑龙江大学出版社 2009 年版。

[86] 詹伯慧：《广东粤方言概要》，暨南大学出版社 2002 年版。

[87] 张安生：《同心方言研究》，中华书局 2006 年版。

[88] 张伯江、方梅：《汉语功能语法研究》，江西教育出版社 1999 年版。

[89] 张成材：《西宁方言词典》，江苏教育出版社 1998 年版。

[90] 张国宪：《现代汉语形容词功能与认知研究》，商务印书馆 2006 年版。

[91] 张惠英：《崇明方言研究》，中国社会科学出版社 2009 年版。

[92] 张文轩、莫超：《兰州方言词典》，中国社会科学出版社 2009 年版。

[93] 张谊生：《现代汉语副词研究》，学林出版社 2000 年版。

[94] 张谊生：《现代汉语虚词》，华东师范大学出版社 2000 年版。

[95] 张一舟等：《成都方言语法研究》，巴蜀书社 2001 年版。

[96] 张振舆、蔡叶青：《雷州方言词典》，江苏教育出版社 1995 年版。

[97] 赵元任：《汉语口语语法》，商务印书馆 1979 年版。

[98] 周政：《平利方言调查研究》，中华书局 2009 年版。

[99] 朱德熙：《语法讲义》，商务印书馆 1984 年版。

中文文献

[1] 陈寿义：《安徽庐江南部方言研究》，硕士学位论文，西南大学，2007 年。

[2] 陈泽平：《福州话的否定词与反复疑问句》，《方言》1998 年第 1 期。

[3] 戴耀晶：《试论现代汉语的否定范畴》，《语言教学与研究》2000 年第 3 期。

[4] 戴耀晶：《现代汉语否定标记"没"的语义分析》，载《语法研究和探索（十）》，商务印书馆 2000 年版。

[5] 戴耀晶：《否定关系与反义关系》，载徐烈炯，邵敬敏《汉语语法研究的新拓展（一）》，浙江教育出版社 2002 年版。

[6] 戴昭铭：《天台话的否定词和否定表达方式》，《方言》2001 年第 3 期。

[7] 丁崇明：《昆明方言语法研究》，博士学位论文，山东大学，2005 年。

[8] 丁雪欢：《语言运用中"连"字句肯定式与否定式的选择》，《语文研究》1995 年第 4 期。

[9] 丁雪欢：《"连"字句肯定式与否定式之间的互转》，《语文研究》1998 年第 3 期。

[10] 范艳：《习水方言疑问句研究》，硕士学位论文，湖南大学，2010 年。

[11] 方梅：《汉语对比焦点的句法表现手段》，《中国语文》1995 年第 4 期。

[12] 甘于恩：《试论现代汉语的肯定式与否定式》，《暨南大学学报》1985 年第 3 期。

[13] 甘于恩：《再论现代汉语的肯定式、否定式及有关问题》，《暨南大学学报》1989 年第 3 期。

[14] 甘于恩：《广东四邑方言语法研究》，博士学位论文，暨南大学，2002 年。

[15] 葛佳才：《否定副词在东汉的混同兼用》，《湛江师范学院学报》2004 年第 2 期。

[16] 郭继懋：《反问句的语义语用特点》，《中国语文》1997 年第 2 期。

[17] 郭丽霞：《山阴话的正反问句》，《邵阳学院学报》（社会科学版）2006 年第 5 期。

[18] 郭锐：《"一个人（也/都）没来"类句式的配价分析》，载袁毓林、郭锐《现代汉语配价语法研究》，北京大学出版社 1998 年版。

[19] 郭校珍：《山西晋语的疑问系统及其反复问句》，《语文研究》2005 年第 2 期。

[20] 韩学重：《先秦否定句中"否 + 代宾 + 动"结构的语法特点》，《北京大学学报》（哲社版）1996 年第 6 期。

[21] 贺巍：《获嘉方言的疑问句——兼论反复问两种句型的关系》，《中国语文》，1991 年第 5 期。

[22] 胡德明：《从反问句的生成机制看反问句否定语义的来源》，《语言研究》，2010 年第 3 期。

[23] 胡建华：《否定、焦点与辖域》，《中国语文》，2007 年第 2 期。

[24] 胡清国：《南昌话与普通话否定标记的句法差异》，《江西科技师范学院学报》2002 年第 5 期。

[25] 黄盛璋：《否定与逻辑——否定词的习惯用法》，《语文学习》1954 年第 1 期。

[26] 黄映琼：《梅县方言语法研究》，硕士学位论文，西南大学，2006 年。

[27] 洪波、吴键：《非自主动词与否定副词的搭配律》，《语言研究论

丛》1997 年第 7 期。

[28] 贾甫田：《现代汉语中形式上的否定与语义上的否定不一致的几种情况》，《汉语研究第一辑》1986 年。

[29] 江蓝生：《禁止词"别"考源》，《语文研究》1991 年。

[30] 江蓝生：《〈老乞大〉语序研究》，《语言研究》2000 年第 3 期。

[31] 姜炜、石毓智：《"什么"的否定功用》，《语言科学》2008 年第 3 期。

[32] 景小平：《元语否定机制简论》，《山西师范大学学报》2002 年第 1 期。

[33] 柯理思：《形容词＋不了格式的认识情态意义》，载吴福祥《汉语语法化研究》，商务印书馆 2005 年版。

[34] 蓝利国：《柳州方言的句法特点》，《广西大学学报》1999 年第 2 期。

[35] 李宝伦、潘海华：《焦点与"不"字句之语义解释》，《现代外语》，1999 年第 2 期。

[36] 李虹：《富平方言研究》，硕士学位论文，陕西师范大学，2003 年。

[37] 李会荣：《娄烦方言疑问句研究》，硕士学位论文，华中师范大学，2005 年。

[38] 李科凤：《重庆方言与普通话疑问句的异同》，《重庆交通学院学报》2005 年第 1 期。

[39] 李铁根：《"不"、"没（有）"的用法及其所受的时间制约》，《汉语学习》2003 年第 2 期。

[40] 李一平：《什么表否定和贬斥的用法》，《河南大学学报》（社会科学版）1996 年第 3 期。

[41] 李瑛：《"不"的否定意义》，《语言教学与研究》1992 年第 2 期。

[42] 李宇明：《"一量＋否定"格式及有关强调的问题》，《华中师范大学学报》1998 年第 5 期。

[43] 李宇明：《非谓形容词的词类地位》，《中国语文》1996 年第 1 期。

[44] 李宇明：《形容词否定的不平行性》，《汉语学习》1998 年第

3 期。

［45］李宇明：《程度与否定》，《世界汉语教学》1998 年第 1 期。

［46］李宗江：《"V 得（不得）"与"V 得了（不了）"》，《中国语文》1994 年第 5 期。

［47］林伦伦：《广东闽方言语法特点的比较研究》，《汕头大学学报》（人文社会科学版）1993 年第 2 期。

［48］刘丹青：《上海方言否定词与否定式的文本统计分析》，《语言学论丛》2002 年第 26 期。

［49］刘丹青：《语法化理论与汉语方言语法研究》，《方言》2009 年第 2 期。

［50］刘汉银：《南康客家方言语法研究》，硕士学位论文，云南师范大学，2006 年。

［51］刘世儒：《"不"字用法汇释》，《语文教学》1959 年第 6 期。

［52］罗福腾：《山东方言里的反复问》，《方言》1996 年第 3 期。

［53］罗福腾：《山东方言比较句的类型及分布》，《中国语文》1992 年第 3 期。

［54］罗杰瑞：《建阳方言否定词探源》，《方言》1995 年第 1 期。

［55］吕叔湘：《疑问·否定·肯定》，《中国语文》1985 年第 4 期。

［56］卢红艳：《天门方言疑问句研究》，硕士学位论文，华中师范大学，2009 年。

［57］马骏：《柳州话的重叠》，《广西师范大学学报》（哲社版）2001 年第 3 期。

［58］马清华：《现代汉语的委婉否定格式》，《中国语文》1986 年第 6 期。

［59］马真：《表加强语气的副词"并"和"又"》，《世界汉语教学》2001 年第 3 期。

［60］莫超：《甘肃汉语方言语法特点综论》，载《巴黎语言接触研讨会论文》2008 年。

［61］潘悟云：《汉语否定词考源——兼论虚字考本字的基本方法》，《中国语文》2002 年第 4 期。.

［62］彭小川：《副词"并"、"又"用于否定形式的语义、语用差异》，

《华中师范大学学报》1999 年第 2 期。

[63] 戚晓杰：《威海方言的正反问句式》，《烟台师范学院学报》（哲社版）1990 年第 2 期。

[64] 钱曾怡等：《山东方言的分区》，《方言》1985 年第 2 期。

[65] 钱敏汝：《否定载体"不"的语义—语法考察》，《中国语文》1990 年第 1 期。

[66] 邱前进：《广西宾阳客家方言研究》，硕士学位论文，广西大学，2008 年。

[67] 任永辉：《关中方言的比较句》，《咸阳师范学院学报》2009 年第 5 期。

[68] 阮桂君：《宁波方言语法研究》，博士学位论文，华中师范大学，2006 年。

[69] 邵敬敏、王鹏祥：《陕北方言的正反是非问——一个类型学的过渡形式研究》，《方言》2003 年第 1 期。

[70] 邵敬敏、赵秀凤：《什么非疑问句法研究》，《语言教学与研究》1989 年第 1 期。

[71] 杉村博文：《现代汉语"疑问代词 + 也/都……"结构的语义分析》，《世界汉语教学》1992 年第 3 期。

[72] 杉村博文：《V 得 C、能 VC、能 V 得 C》，《汉语学习》1982 年第 6 期。

[73] 施其生：《汕头方言的反复问句》，《中国语文》1990 年第 3 期。

[74] 史锡尧：《"不"否定的对象和"不"的位置》，《汉语学习》1995 年第 1 期。

[75] 沈家煊：《"判断语词"的语义强度》，《中国语文》1989 年第 1 期。

[76] 沈家煊：《语用否定考察》，《中国语文》1993 年第 5 期。

[77] 沈家煊：《"好不"不对称用法的语义和语用解释》，《中国语文》1994 年第 4 期。

[78] 沈家煊：《语言的"主观性"和"主观化"》，《外语教学与研究》2001 年第 4 期。

[79] 沈家煊：《跟副词"还"有关的两个句式》，《中国语文》2001 年

第 6 期。

[80] 沈家煊：《如何处置"处置式"》，《中国语文》2002 年第 5 期。

[81] 沈开木：《反问语气怎样起作用》，《中国语文通讯》1985 年第 6 期。

[82] 沈开木：《"不"字的否定范围和否定中心探索》，《中国语文》1986 年第 4 期。

[83] 盛银花：《安陆方言语法研究》，博士学位论文，华中师范大学，2007 年。

[84] 寿永明：《疑问代词的否定用法》，《上海师范大学学报》（哲学社会科学版）2002 年第 2 期。

[85] 苏俊波：《丹江方言语法研究》，博士学位论文，华中师范大学，2007 年。

[86] 孙利萍：《汉语方言可能补语标志的类型学考察》，《内蒙古农业大学学报》（社会科学版）2009 年第 2 期。

[87] 覃东生：《宾阳话语法研究》，硕士学位论文，广西大学，2007 年。

[88] 覃远雄：《汉语方言否定词的读音》，《方言》2003 年第 2 期。

[89] 汪国胜：《当阳方言的语法特点》，《华中师范大学学报》（哲社版）1990 年第 5 期。

[90] 汪国胜：《可能式"得"字句的句法不对称现象》，《语言研究》1998 年第 1 期。

[91] 王洪钟：《海门方言语法专题研究》，《博士学位论文》（南京师范大学）2008 年。

[92] 王军虎：《〈西安方言词典〉引论》，《方言》1995 年第 2 期。

[93] 王森：《甘肃临夏方言的两种语序》，《方言》1993 年第 3 期。

[94] 王森：《东干话的语序》，《中国语文》2001 年第 3 期。

[95] 王亚丽：《〈左传〉〈论语〉中"莫"字用法比较》，《宜宾学院学报》2005 年第 2 期。

[96] 王一军：《口语中的一种否定表达方式》，《语言研究》1999 年第 1 期。

[97] 吴福样：《汉语能性述补结构"V 得/不 C"的语法化》，《中国语

文》2002 年第 1 期。

[98] 吴福祥：《能性述补结构琐议》，《语言教学与研究》2002 年第 5 期。

[99] 吴剑平：《副词修饰含"不/没有"的否定性结构考察》，《四川师范大学学报》1996 年第 2 期。

[100] 吴青峰：《涟源市古塘方言疑问句研究》，硕士学位论文，湖南师范大学，2006 年。

[101] 吴晓红、吴芬芳：《安徽颖上话的反复问句形式》，《广西民族学院学报》（哲学社会科学版）2004 年第 12 期。

[102] 伍和忠：《荔浦方言的语法特点》，《广西师院学报》（哲社版）1998 年第 1 期。

[103] 肖亚丽：《黔东南方言语法研究》，硕士学位论文，上海师范大学，2008 年。

[104] 项梦冰：《连城（新泉）话的反复问句》，《方言》1990 年第 2 期。

[105] 邢福义：《论"不"字独说》，《华中师范学院学报》1982 年第 3 期。

[106] 邢福义：《否定形式和语境对否定度量的规约》，《世界汉语教学》1995 年第 3 期。

[107] 邢福义：《说"V—V"》，《中国语文》2000 年第 5 期。

[108] 邢福义：《说"句管控"》，《方言》2001 年第 2 期。

[109] 邢公畹：《论语中的否定词系》，《国文月刊》1948 年第 66 期。

[110] 熊仲儒：《否定焦点及其句法蕴含》，《中国语文》2005 年第 4 期。

[111] 徐光禄：《贵阳方言动词的体貌,情态,状态格式》，《贵州大学学报》1997 年第 4 期。

[112] 徐杰、李英哲：《焦点和两个非线性语法范畴："否定"、"疑问"》，《中国语文》1993 年第 2 期。

[113] 徐烈炯、邵敬敏：《"阿 V"及其相关疑问句式比较研究》，《中国语文》1999 年第 4 期。

[114] 徐荣：《广西北流粤方言语法研究》，硕士学位论文，清华大学，

2008 年。

[115] 徐阳春：《绍兴方言否定词"勿"的语法特点》，《绍兴文理学院学报》2006 年第 6 期。

[116] 许卫东：《山东招远话中的 AA 式和 AAB 式正反问句》，《中国语文》2005 年第 5 期。

[117] 杨荣祥：《近代汉语否定副词及相关语法现象》，《语言研究》1999 年。

[118] 苑晓坤：《山东方言的比较句》，硕士学位论文，北京语言大学，2003 年。

[119] 姚丽娟：《绥阳方言的疑问句与普通话疑问句的异同》，《遵义师范学院学报》2007 年第 6 期。

[120] 殷相印：《微山方言语法研究》，博士学位论文，南京师范大学，2006 年。

[121] 殷兴鹰：《现代汉语否定词的句法、语义、语用平面考察》，硕士学位论文，北京广播学院，1991 年。

[122] 袁毓林：《并列结构的否定表达》，《语言文字应用》1999 年第 3 期。

[123] 袁毓林：《论否定句的焦点、预设和辖域歧义》，《中国语文》2000 年第 2 期。

[124] 袁毓林：《否定式偏正结构的跨维度考察》，《语法研究和探索》2000 年第 1 期。

[125] 袁毓林：《连谓结构的否定表达》，载陆俭明《面临新世纪挑战的现代汉语语法研究》2000 年。

[126] 余少平：《否定动词"没得"（没有）向否定副词转换的枢纽》，载邵敬敏《21 世纪汉语方言语法新探索——第三届汉语方言语法国际研讨会论文集》，暨南大学出版社 2008 年版。

[127] 岳刚：《安徽五河方言语法研究》，硕士学位论文，上海师范大学，2010 年。

[128] 张伯江：《否定的强化》，《汉语学习》1996 年第 1 期。

[129] 张春柏：《试论关于否定范围的"右项原则"》，《现代汉语》1984 年。

［130］张华:《〈左传〉否定词"非""未""勿""毋""弗""不"研究》,硕士学位论文,黑龙江大学,2003年。

［131］张惠英:《崇明方言研究》,中国社会科学出版社2009年版。

［132］张桃:《宁化客家方言语法研究》,博士学位论文,厦门大学,2004年。

［133］张义:《武汉方言的否定句》,硕士学位论文,华中师范大学,2005年。

［134］张园:《现代汉语否定句的范围及语用考察》,《北京大学学报》1988年第5期。

［135］庄义友:《潮州话的否定副词》,《语文研究》2001年第3期。

［136］周本良、黄丽霞:《临桂义宁话反复问句的表达方式》,载朱方枫《广西语言研究第四辑》,广西师范大学出版社2006年版。

［137］周生亚:《说"否"》,《中国语文》2004年第2期。

［138］朱德熙:《说"差一点儿"》,《中国语文》1959年第9期。

［139］朱德熙:《汉语方言里的两种反复问句》,《中国语文》1985年第1期。

［140］朱德熙:《汉语句法中的歧义现象》,《中国语文》1980年第2期。

［141］朱德熙:《"V‐neg‐VO"与"VO‐neg‐V"两种反复问在汉语方言里的分布》,《中国语文》1991年第5期。

［142］朱晓亚:《否定句研究概观》,《汉语学习》1992年第5期。

英文文献

［1］Dik&SimonC, Studiesin Functional Grammer（London：Academic Press,1980）.

［2］JerspersonOtto, The philosophy of grammer（London：George Allen & Unwin,1924）.

后　　记

《汉语方言否定范畴比较研究》终于完稿，不禁长舒一口气。

从大学本科开始，我就选择了进入汉语言文学专业学习。和现在众多的高考考生一样，一开始对专业的理解也是懵懵懂懂，对语言学更是知之甚少。在逐步深入接触专业的过程中，发现自己对"现代汉语""语言学概论"这些语言类课程特别有热情。乐于自觉去关注一些有趣的语言现象，对一些语言分析也不感觉尽是枯燥无趣，能从繁难的分析中了解语言结构的妙不可言。于是，在报考硕士研究生时，果断选择了语言学方向。在硕士研究生阶段，我攻读的专业是汉语言文字学，随着对语言学学科更为深度的了解，发现自己对语言中的语法问题最为感兴趣。在这种兴趣的驱动下，阅读了大量语言学各种流派的代表性作品，描写语言学的精细，认知语言学的有趣，转换生成语言学的新奇等等，都为我展开了语言学这门学科更大的世界，也让我有了能更进一步更深层次学习的想法。

提起这本书的创作，还得从 2010 年说起。2010 年，我有幸如愿考入华中师范大学语言研究所攻读博士学位，师从汪国胜教授。汪老师为我打开了语法研究的一片新天地，手把手指导我进入方言语法的研究。导师为人谦逊随和，仁爱无私，治学严谨务实，他从一开始就反复强调，方言研究是良心活儿，论述一定要严密，举的例子一定要真实可信，结论一定要经得起语言事实的验证。汪老师在学习上对我悉心指导，帮助我扩展学术视野。对于博士论文，从文章的选题到写作提纲的拟定，从研究的内容到具体资料的搜集，从论文整体的框架到某些篇章

后 记

重难点的突破，导师都付出了极大的心血，给予了极大的鼓励与帮助。在论文的写作过程中，导师在百忙中总是抽出时间认真听取每个阶段的论文汇报，并提出了许多非常有价值的意见，每次与汪老师的交谈，每次看汪老师对论文的修改意见，都是我宝贵的学习机会，千言万语，也无法表达出我对老师深深的感激之情！汪老师也是这部丛书的主编，本书写作修改过程中汪老师的指导也是一贯的具体而微，从体例到内容，从校对到格式，汪老师都倾注了大量的心血。没有汪老师的无私帮助，就不可能有这本书的完成出版。导师的学问和人品，是我终生学习的榜样！

特别感谢本丛书主编华中师范大学语言研究所邢福义教授和中国社科院语言研究所张振兴教授。作为后学，在学术成长的道路上，能够得到两位先生的提点，幸甚至哉！

该书选择否定范畴为研究对象，从否定范畴中否定标记的语音、语义、类型、层级、古今演变等方面进行较为全面性的综合论述。由于本人水平有限，不当之处还请专家、学者批评指正。本书也是国家社科基金青年项目"汉语否定范畴跨方言比较研究"（15CYY033）阶段性成果。

方言学的著作会有一些音标上的问题和麻烦，在编辑上要下更多功夫，感谢编辑们的细心和耐心。

陈 芙
2021 年 8 月 8 日

《汉语方言语法研究丛书》书目

安陆方言语法研究
安阳方言语法研究
长阳方言语法研究
崇阳方言语法研究
大冶方言语法研究
丹江方言语法研究
高安方言语法研究
河洛方言语法研究
衡阳方言语法研究
辉县方言语法研究
吉安方言语法研究
浚县方言语法研究
罗田方言语法研究
宁波方言语法研究
武汉方言语法研究
宿松方言语法研究
汉语方言持续体比较研究
汉语方言完成体比较研究
汉语方言差比句比较研究
汉语方言物量词比较研究
汉语方言被动范畴比较研究
汉语方言处置范畴比较研究
汉语方言否定范畴比较研究
汉语方言可能范畴比较研究
汉语方言小称范畴比较研究
汉语方言疑问范畴比较研究